CONSPIRACY

A HISTORY OF BOLLOCKS THEORIES, AND HOW NOT TO FALL FOR THEM

陰謀論。

謠言、八卦、帶風向、轉移焦點，
我們的恐懼焦慮如何成為影響社會的武器?!

TOM PHILLIPS
湯姆‧菲利普斯

JONN ELLEDGE
強恩‧艾立奇

著

彭臨桂————譯

強恩將這本書獻給艾格尼絲（Agnes）；

湯姆將這本書獻給父母——唐（Don）和科萊特（Colette）。

此外，我們都將它獻給我們的祕密霸主。

目次

Part 3 體系陰謀論蓄勢待發

2021年1月6日，在美國的參議院裡，一個男人站在副總統的桌子前帶領大家祈禱。

有幾條線索顯示這個男人並非副總統。其一，帶領參議院祈禱通常不是副總統會做的事；其二，這個男人透過大聲公說話，手裡拿著一根矛，上頭還繫了一面美國國旗。

最大的提示或許是這個男人臉上畫了紅、白、藍三色彩繪，胸口還有參考北歐神話為靈感的刺青。這些特徵之所以顯而易見，是因為他打著赤膊，僅在頭上戴著一頂有角的毛帽。這個人名叫傑克・安吉利（Jake Angeli），當過美國海軍，出生時名為雅各布・錢斯利（Jacob Chansley），不過在2021年則以「匿名者Q薩滿」（the QAnon Shaman）的名號為人所知。他的談話對象也不是參議員，而是由唐納・川普（Donald Trump）的支持者、激進分子和陰謀論者所組成的聯盟，另外再加上幾位神色不安的警員。

情況不應該這樣，參議院會議廳裡應該都是參議員，而且這些參議員應該要確認由喬・拜登（Joe Biden）當選成為第四

十六任美國總統才對。不過，他們為了自身的安全都逃走了。真正的副總統麥克・彭斯（Mike Pence）也離開了，而他的職責本來是監督參議院的確認程序。溜之大吉的還包括十四位共和黨參議員及眾議院的一百四十位共和黨成員，他們明確表示會投票反對確認拜登的資格，這些人實際上也算是站在抗議人士那一邊。隨著國會大廈的暴動持續下去，在裡面工作的每一個人幾乎都躲起來，不然就是逃之夭夭。

面對數千名為了阻止確認程序而在所不惜的人，這是很合理的反應。許多抗議人士都有武裝；其中一名就帶了十一顆汽油彈。國家廣場上架起了仿造的木製絞刑台，群眾吶喊著「吊死麥克・彭斯！」那一天，有好幾名報導抗議行動的記者遭到攻擊；十五名警員送醫治療；一名受指派保護參議院的警官霍華德・利本古德（Howard Liebengood）在幾天後自殺。而其中一名鬧事者是三十五歲的前美國空軍軍官艾希莉・巴比特（Ashli Babbitt），她在企圖闖入國會大廈時肩膀中彈，後來傷重不治。

在這場舉世矚目的電視直播中，有一群暴民打算推翻一場民主選舉的結果，其中某些人確信自己是在拯救民主。但後來，有許多人相當震驚，因為司法系統並不這麼認為。

為什麼會有好幾千人——來自一個以民主為核心的國家之公民——試圖在全世界的注目下發起這場行動，如果它不算政變（coup），至少也是類政變（coup-adjacent）吧？[1] 答案就在一項陰謀論裡，或者說得確切一點，就在幾項陰謀論裡，其中大部分都是假的，基本上只有一項是真的。

最主要的假理論，是總統川普在十一月四日選舉當天上午，以最簡潔有力的方式所發表的內容。「我們大幅領先，」他在推文中表示，接著又以慣用手法轉換語氣：「但他們想要『竊選』。」①

有許多理論都明確描述了民主黨人打算如何「竊選」，但其中大多數都……拼湊不起來。據稱有許多袋選票被丟掉，又有人神奇地發現了好幾箱全新選票，因此郵寄投票一定充滿了騙局；傳言有大批非法移民及死人都去投票了；許多理論宣稱投票機被動了手腳，惡意地將投給川普的票轉給拜登；大選過後六個月，亞利桑那州一場偽造的「驗票」行動，仍在仔細地從選票中尋找竹材的痕跡，努力想證明它們來自中國。②（這些指控集中於擁有大量非白人人口的主要市區，但其實川普在這些地方的得票率大幅提升，而是輸在郊區，這一點就暗示了是什麼在替這些主張火上加油。）

至於民主黨人爲什麼要「竊選」？答案應有盡有，從對於權力的基本渴望，到馬克思主義者掌控一切，再到相信總統始終以一人之姿對抗深層政府（Deep State）的陰謀集團，此集團的成員都是會吃人肉、崇拜撒旦的戀童癖，或許就在某家披薩店的地下室運作，而他們想要操縱選舉是爲了避免即將來臨的審判日。最後面的想法源於匿名者Q，他散布的陰謀論主要是基於一連串的匿名訊息，那些訊息來自網路酸民大量出沒的4chan網站，而戴著角帽的傑克・安吉利就曾經是訂閱者。

　　總之，美國保守派對於選舉的擔憂，因爲數十年來過度誇大或毫無根據的選舉舞弊之說而加深，後來又被川普總統從幾個月前就開始宣稱民主黨人企圖偷走勝利的主張帶到沸點。（別忘了，這個人可是在四年前贏了一場他堅稱受到操控而不利於自己的選舉。）這種情緒在選舉之夜期間被許多人所預測的「藍移」（blue shift）現象給放大，因爲此時的票數會開始計入來自不同區域以不同形式投下的選票。所有的事都在意料之中。[3]但如果你根本無法想像川普總統竟然會輸掉（結果證明爲數不少的美國人都是這種人），這一切看起來就會非常可疑。2021年5月的一項民調顯示，大部分的共和黨人士都相信選舉受到操弄，認爲唐納・川普仍然是眞正的總統，而國會大廈的暴動則是由左派抗議者主導，故意要給川普難堪。[4]

　　問題是，有相當確切的證據顯示某人眞的密謀竊取2020年總統大選結果，那個「某人」就是輸掉的人。早在選舉日之

前就有人通報，無論結果或證據為何，川普陣營都打算提前宣布勝選，讓選舉蒙上疑雲。⑤事後，川普總統也公開談論他的期望，認為在最高法院占多數的共和黨人士，會協助把勝利交到他手上；除此之外，他的陣營和各式各樣的馬屁精，也分別提出了超過六十項訴訟，企圖推翻各州的選舉結果，同時他們對各州選舉官員施壓，其中一些甚至是總統本人的指示。⑥

情勢在隔年一月初來到最高點：他們提出前所未有的法律理論，認為副總統（真正的副總統，不是戴毛帽的那個傢伙）有權單方面拒絕選舉結果，並宣布自己仍為副總統。我們會知道這件事，是因為他們竟然把計畫寫了下來，這顯然違反了美國影集中販毒集團軍師史金格・貝爾（Stringer Bell）對於我們是否該為陰謀做筆記所提出的規則。[2]

所以，這就是真正的陰謀論：一項以許多陰謀論為依據的真正陰謀，最後導致超過四百人被指控犯下聯邦罪行，還讓一個打赤膊的男子在美國參議院裡帶領祈禱。

關於這件事有幾點值得注意。第一，川普陣營的陰謀論（無論他們是否真的相信），看起來完全就像是總統與其同路人一起策畫的真正陰謀；第二，陰謀思維往往被視為屬於門外漢、怪胎及通常會被剝奪投票權之人的專利，卻被真正的美國總統本人大肆宣揚。

第三點是陰謀論會產生真正的後果。有人因此死去，而這也是包含真正內戰期間舉辦的一場選舉在內，美國史上第一次

無法完全和平轉移政權。

這一切都讓人不禁想問：我們到底是怎麼變成這樣的？

無庸置疑，那些協助驅使國會暴動的陰謀論是現代的產物，它們誕生於網站4chan這個溫床，透過YouTube和臉書（Facebook）推廣，再由一位只會用推特（Twitter）治國，並從有線電視新聞獲得智慧的總統擔任先鋒。有時，這會讓人覺得，陰謀論在全世界政治中扮演了前所未有的重要角色。社群媒體讓宣傳陰謀論變得更容易，再加上用於吸引人們點擊頁面或觀看影片的演算法成為輸送帶，把大家拉向更極端也更具傳染力的內容。

在為了達成目標而利用及散布陰謀論的人當中，唐納・川普或許算是最著名的政治領袖，不過在近代歷史中，匈牙利的奧班（Viktor Orbán）或巴西的波索納洛（Jair Bolsonaro）都提醒了我們，川普並非特例。除了這一切，後來又發生了新冠肺炎（Covid-19）傳染病，讓大家必須勉強接受一個事實：在中國中部，有一隻蝙蝠咳嗽，結果造成上千萬人死亡（我們則是被困在家裡超過一年，沒料到自己竟然過起了獨居生活，同時，有些人失業，有些人則是真的愛上了酸種麵包）。

雖然，我們偶爾會覺得自己活在偏執狂的黃金時代，但千萬別忘了，陰謀論有著非常悠久的歷史。它們存在於古雅典和古羅馬的政治中。[7]儘管許多歷史上的陰謀論已經佚失在時間

的迷霧中，有一些卻留存了下來，之後我們將會看到，許多刺激了國會暴動者的理論，都可以回溯到好幾個世紀以前。

的確，在2021年1月那天，遭到陰謀論威脅的美國民主，最初就是建立在陰謀思維的基礎上。幾位歷史學家認為，在內容中嚴重警告英國祕密策畫施行暴政並列出一長串所謂「濫用職權和強取豪奪」清單的《獨立宣言》（*Declaration of Independence*），並不包含陰謀論，因為它本身就是陰謀論。⑧或許陰謀論目前大為流行，但這不表示它們是全新的。

這些理論很少憑空產生。它們往往改編自先前的版本，而且會更新與調整內容，以符合新的社會背景。這當中的壞蛋（無論是個人、機構、整個族群或宗教團體）偶爾會隨著時間改變，有時候則不會——過去一千年裡，試圖在歐洲生存的許多猶太人，大概就會這麼告訴你。

關於陰謀論的刻板印象，通常是大眾相信社會的菁英分子以弱者身分在對抗強者。有些時候這是事實，不過，我們在之後會看到，陰謀論經常是由菁英自己創造與傳播的。「只有菁英才能保護那些遭到遺棄、教育不足、見識淺薄的人」這種高高在上的觀點，實在大錯特錯。我們在本書中會看到的陰謀論信徒，包括了君主與政治領袖、律師與商人、數學家與化學家、卓越的物理學家與創新的發明家。當中有許多軍官，也有幾位牧師，另外還有一位必定能名列「二十世紀最聰明人物」的諾貝爾獎得主。

無論是政治上的左派、右派或中間派，每個人都不免會相信陰謀論。我們的大腦原本就會注意到世界上的各種模式，有時候甚至厲害到連不存在的模式都看得見。同時，我們的世界往往是被看不見的力量以深刻的方式形塑而成，彷彿就像刻意設計出來的產物，從社會變遷、疾病模式到市場效應皆是如此。

　　正如亞當・史密斯（Adam Smith）在1776年的著作《國富論》（*The Wealth of Nations*）所述，其中許多力量「起初並非任何人類智慧的結果」，而只是「人性中的特定傾向所造成的後果」。[9]人們終其一生都不斷被無形之手拉扯及戳弄。如果人們偶爾會想像那些手一定能連接到某人身上，這也很正常吧？陰謀論可以使我們更了解那些力量，也更明白占據人們內心的那些最原始的恐懼與最深沉的焦慮。陰謀論能讓我們有責怪的對象。

　　在我們過度深入細節之前，得先說明另一個重點：**有時候，陰謀論是真的。**

　　當然，我們可以自信地說地球是一個球體，而飛機所留下的「化學尾跡」（chemtrail，俗稱飛機雲）是無害的凝結物而非某種生化武器，以及比爾・蓋茲（Bill Gates）並未利用疫苗接種計畫把人類變成自己的奴隸大軍。不過，在1956年，英國和法國政府確實祕密協調讓以色列人入侵埃及，這樣他們就能以和平使者之姿大舉進軍，控制蘇伊士運河（Suez Canal）。美

國國防部眞的制訂了計畫（但未執行），打算發起一場假旗行動（註：即自導自演再嫁禍給其他組織），在美國本土策動恐怖攻擊。而美國公共衛生局（PHS）和疾病管制與預防中心（CDC）也眞的曾經爲了實驗，在數十年間對幾百位非裔美國人進行梅毒治療，還跟這些人說他們很健康。光是那些曾經被視爲瘋言瘋語，結果卻千眞萬確的陰謀，就足夠我們再寫另一本書了。

不要以爲你很多疑，就不會上陰謀論的當。它們可能只是沒打算騙你（但也可能會）。

所以，如果想了解陰謀論在社會中所扮演的角色，包括它們如何影響我們的政治、文化，以及如何將我們所愛之人拉進妄想的兔子洞，就得先了解其歷史。我們必須知道陰謀論源自何處，爲什麼人們會相信？爲什麼它們在某些環境中就是比較容易出現？以及人們的腦袋爲何傾向於相信它們？

在本書的前半部，我們會深入探討陰謀論背後的理論：陰謀論是什麼，有哪些不同類型，以及人們的腦袋爲什麼會難以抗拒地受到吸引？接著，我們會討論在歷史上試圖解釋特定事件的一些陰謀論，從革命、暗殺、幽浮到疫情，其中許多陰謀論都在難以置信與太過合理的邊界上搖擺著。

接下來，我們會看到因爲範圍擴展而變得脫離現實的陰謀論。這些陰謀論暗示世界並非我們所知的那樣，全球大事其實都經過精心策畫，一切都被某些神祕的團體控制，也許是光明

會（Illuminati），或者可能是外星人。我們會看到這些陰謀論如何隨著歷史發展，並且探討歷史本身是個謊言的可能性。

之後我們會回到現在，思索當代的陰謀，並在最後會提出一些讓你避免掉進兔子洞的小訣竅。你該如何分辨胡扯的理論與真正的陰謀？

本書提及許多陰謀論，它們偶爾會連結起來，但大部分時候不會。探討得愈深入，我們更能明白為何人們始終設法找出它們之間的連結。隨著書中的進程，我們會看到陰謀論如何協助創造了我們生存的世界，以及它們如何向我們映照出社會和自我的樣貌。我們知道光明會確實想要暗中改變世界，但事實並沒有聽起來那麼可怕，而且說真的他們也沒做得多好。我們會發現，有時候陰謀會憑空出現，而不是源自某人興奮地認為你所知的一切都是錯誤。我們會看到許多陰謀論都很奇怪；有些很滑稽；有些則很可怕。而我們也會明白每個人都有可能會相信它們。

不過，首先要問的是：陰謀論到底是什麼？

附註 ————

[1] 此處就牽涉到學術爭論了，其內容基本上可以歸結為：「我們如何定義政變？」

[2] 在影集《火線重案組》（*The Wire*）中，伊卓瑞斯‧艾巴（Idris Elba）飾演具有經濟頭腦的史金格‧貝爾，他是販毒集團的軍師，打算替巴爾的摩的快克及海洛因生意引進現代化管理技術。有個熱心的小嘍囉搞不清楚狀況，在與對立集團碰面時開始做起會議紀錄。雖然劇中並未清楚說明規則，不過從貝爾一把抓起筆記本之後說的話就能推論出來：「你在寫他媽的犯罪陰謀筆記？你他媽的在想什麼？」

Part 1

陰謀論背後的理論
Theory about Theories

我們會試圖理解陰謀論到底是什麼，
以及爲何我們的大腦這麼熱愛它們。

1 什麼是陰謀論？

What Is a Conspiracy Theory?

西元 1144 年聖週（Holy Week）的星期六早晨，一具男童屍體在森林裡被發現。事實上，他已經被發現好幾次，但由於通報死亡會帶來無止境的麻煩，所以最早發現屍體的幾個人，決定讓別人來煩惱這個問題。因此，一名農夫和一名修女看到這個死去的孩子後視而不見，直到最後農夫才告訴了林務官，而林務官不得不承認這是他自己的問題，因為森林是他負責掌管的。

那個男孩名叫威廉（William），那個地方則是英國索普森林（Thorpe Wood），涵蓋了諾里奇市（Norwich）東北方的一大片區域。歷經數個世紀的砍伐，代表了今日該處的林地比當時更少，而小威廉陳屍的確切位置已不可考。不過，在距離市中心幾英里的地方，有一個十二歲男孩被發現死於一棵橡樹的樹下，從此展開了歷史上持續最久、最具破壞力的陰謀論。

威廉的死成為「血祭誹謗」（blood libel）的起源，但「血祭誹謗」是一個徹底虛構的主張，聲稱猶太人會殺死基督徒的

孩童用來獻祭，在宗教儀式中使用他們的鮮血。後來，這個理論從諾里奇市散布到中世紀的歐洲及其以外的地方，而君主、政客和神職人員都接納、譴責並利用了這個理論，同時它也深植於數個大陸各種文化的信仰系統。它引發了個別的指控與惡名昭彰的審判，促成好幾個世紀的宗教迫害、種族清洗（ethnic cleansing）和大屠殺。時至今日，仍有許多人相信這個理論。在當代的陰謀論中也可聽見與其呼應的內容，包括1980年代與1990年代的撒旦恐慌（Satanic panic），以及在2021年1月6日驅動著許多國會暴動者的匿名者Q理論。

　　現今，大多數人並不會稱「血祭誹謗」為陰謀論，只認為它是個「迷思」（myth）或「民間傳說」（folklore），或是一種「反猶太主義謠言」（anti-Semitic canard）。這些當然都正確，但如此一來似乎在暗示它是某種永恆且必然的東西；但其實它完全源自於人們自古以來所累積的偏見與迷信。我們將看到血祭誹謗的細節如何發展，這個故事裡有一位悲傷的叔父、一個放蕩的騎士、一名野心勃勃的修士，你將會知道血祭誹謗的主張完全不是事實。

　　血祭誹謗能夠散播，原因在於這是關於一項陰謀的理論。

　　最近，大家太常說出「陰謀論」一詞了。關於名人八卦的推特討論串，被當成陰謀論；此外，完全標準的歷史詮釋，通

常會被看不順眼的人烙上陰謀的污名；還有，政治人物基本上會譴責任何針對他們的批評，將其斥爲陰謀論，還會一臉嚴肅地哀嘆著公共論述水準低下。每件事都會用上這個詞彙，包括校園裡私下議論紛紛的誹謗謠言，到以電子郵件轉寄關於邪惡便車客的都市傳說。人們對這種說法的使用極不嚴謹，也耗費太多精力在爭辯應該爲何人或何事釘上此標籤，而且「陰謀論」幾乎算是貶義詞。你是陰謀論者；我只是在提出問題。

但由於這本書都在探討陰謀論，所以還是值得問一下：所謂的「陰謀論」到底是什麼意思？

這個議題看似簡單，實而複雜，還好從這個詞彙的字面意義就看得出來。陰謀論有兩個關鍵要素，它很明顯必須是關於⑴**陰謀的**⑵**理論**，但較鬆散的用法往往會缺少其中一項要素。

大多數的用法並未牽涉到一群人在祕密做著某件事。「陰謀論」經常用來指先前所不知道的事實，無論是名人的八卦或外星人的存在。但除非這當中有人努力想隱瞞事實，否則就不能叫陰謀論。你不能把沒人正在密謀的事，稱爲「陰謀」。

然而，你不一定能從媒體對這個詞彙的用法學會這件事。就以幾個最近被描繪成「陰謀論」的例子：「尼斯湖水怪是真的」，這不算是陰謀論，只是推測生物學（speculative biology）；「演員安・海瑟薇（Anne Hathaway）其實是莎士比亞妻子安・海瑟薇的轉世化身」，這不是陰謀論，只是大家被名字的使用方式弄糊塗了；而「安娜（Anna）與艾莎（Elsa）

的弟弟是泰山（Tarzan）」，這也不是陰謀論，因為安娜與艾莎都是動畫電影《冰雪奇緣》（*Frozen*）裡的虛構角色，她們跟泰山這個虛構角色是否有任何關係，完全出於想像。[1]

然而，「一群人祕密做某件事」也不能算是陰謀。他們還要有某種影響廣大世界的企圖才行，像是取得某種優勢、整垮某個人、改變歷史走向。比如，你說英國內閣會議每次到最後都會變成祕密群交派對……呃，雖然那真是不舒服又可怕的畫面，但還不到陰謀的程度。陰謀必須對其外界造成某種實際且蓄意的影響，否則就不算陰謀，比較像是一種私人俱樂部。

在將陰謀定義為「人們祕密做某件事」時，另一個意外棘手的問題是「祕密」的確切意義。祕密做某件事的涵義，並非只是不公開地做這件事，這種情況只能算是「私下」去做，而我們在生活中都會做很多私事。「祕密」暗示著你積極採取行動來隱瞞自己正在做的事。

聲稱某件事為「祕密」，就是陰謀論的關鍵，這也是人們受其吸引的理由，因為只要冠上「祕密」之名，幾乎所有事情都可以變得邪惡或淫穢，這一點任何通俗小報的編輯都很清楚。（「祕密愛巢」聽起來比「你跟另一半一起住的公寓」更能令人興奮。）我們熱愛那些自己不該發現的事，而「保證揭露幕後消息」這種說法肯定能引起人們關注。但就算你不知道之前發生的事，也不代表有人想要隱瞞。在新冠肺炎疫情期間，有些疫苗陰謀論主張自己正在揭發祕密資訊，但其實相關

組織早在幾個月前就已經公開發表過了。

除此之外，公開、私人、祕密之間的界線相當模糊，大家也沒有明確的共識。許多影響我們日常生活的大小事，就發生於那些沒人看到的隱晦地帶。壞事偶爾會在私底下發生，但日常生活中的許多私事也是。難以區分這兩者，就是我們有時會覺得陰謀隨處可見的原因。

我們回來看諾里奇的威廉事例，在他死後不久，首次出現了對於一項陰謀的指控。

根據威廉的母親所述，男孩最後被看見時，走進了當地一戶猶太人家，原因是某個可疑人士宣稱要給那孩子一份很有聲望的工作，地點就在副主教的廚房。母親的證詞可靠與否有待商榷，畢竟其內容主要是根據她所做的一個夢，她夢見自己被一些猶太人攻擊。不過，由於人們都會推測在那扇關起的門後面可能發生了什麼事，所以這份單一的證據很快就散播開來；不久，大家就開始對諾里奇的整個猶太人團體提出指控。①

至此，情況便往令人熟悉又沮喪的方向發展：他們是一小群新移民（的確，這次指控也差不多是證明此團體存在的第一項歷史證據），因而成為一般人懷疑與怨恨的對象。這類問題也被當時的社會背景給放大：猶太人被視為有錢人，而且跟不到一個世紀前征服了英國的諾曼人（Norman）菁英有強烈關聯。西元1144年，英國和諾曼第（Normandy）正處於一場持

續長達二十年的殘忍戰爭，亦即後來所謂的「無政府時代」（the Anarchy），它分化了族群，導致秩序大規模瓦解，還讓各地瀰漫著一股充滿猜疑與偏執的氛圍。此外，歐洲許多地方在1140年代掀起了一波反猶太情緒，其中部分原因來自十字軍東征，這項運動營造出一種宗教暴力的普遍氣氛，也迫使參與任務的十字軍戰士為了裝備而負債。有不少債主就是猶太人。

威廉的母親或許是指控的最初來源，不過提出「猶太社群應為男孩之死負責」且嚴厲譴責的人，則是男孩的叔父戈德溫（Godwin），他同時是當地的牧師。在年度的宗教會議上，他要求將猶太人帶到教會法庭接受神明審判（trial by ordeal）。意外的是，即使由這位在團體中受到敬重的人物提出指控，他的許多同伴仍然對此存疑；審判從未舉行，儘管他的雄辯確實激起了當地反猶太人的情緒，擔任治安官的諾曼人約翰・德・切斯尼（John de Chesney）卻保護了這個群體，直到一切平息下來。

情況真的平息了，而且平息得很快。關於這項最早提出的指控，它最明顯的特徵就是消退的速度有多麼快，大家似乎都覺得這件事沒什麼大不了。人們還有更重要的事情要擔心。除了威廉的親戚之外，大多數人都在幾年內就忘掉威廉了。

可是，後來有一名負債累累的騎士殺了他的債主，因此需要法律辯護。

這名騎士是賽門・德・諾弗斯爵士（Sir Simon de

Novers），而且他是個壞傢伙。雖然欠下如此巨額債務的原因並不明確，不過歷史學家E・M・蘿絲（E. M. Rose）在其著作《諾里奇的威廉之死》（*The Murder of William of Norwich*）中提出，最合理的解釋是他參與了第二次十字軍東征──這是一場悲慘的失敗，讓許多小貴族在1140年代晚期返家時，面對了堆積如山的債務，卻沒有戰爭掠奪而來的戰利品可以支付，當然也未受到英雄般的歡迎。

總之，無論原因為何，1149年，賽門爵士埋伏起來等候債主，並在諾里奇市外的林間道路上殺死了對方。受害者是城裡最富有的人之一，而且也是猶太人。

以當時的標準，即使國家正處於內戰，這件事也不可能被輕易放過。猶太人團體要求討回公道，史蒂芬國王（King Stephen）必須向大家展現法律與秩序並未完全崩解，而賽門爵士也沒有替自己辯駁，幾乎毫不掩飾這件事就是他做的。1150年，賽門爵士在國王面前接受審判，這本來會是一件簡單解決的案子，結果他的辯護人──當地的神職人員威廉・特伯（William Turbe）主教──策畫了一樁狡詐的計謀。

在答辯上站不住腳的特伯，決定轉而採取攻勢，重新提出戈德溫對於姪子威廉之死的主張。特伯在毫無根據的情況下，聲稱死者其實是謀殺諾里奇之威廉的猶太團體首領。賽門爵士並非想要躲避債務；他只是在伸張正義！特伯不必提出特別令人信服的理由（他也沒這麼做），只需要丟出夠多的指控，埋

下足夠的不確定因素，就能將一件審判騎士犯錯的單純案件，轉移成 E・M・蘿絲所謂的「雙重審判」，使得諾里奇的猶太人突然也要面對裁決。

這一招奏效了。這件案子意外變得混亂複雜，另一方面，國王在其政治立場上，認為不值得為此冒犯任何利害關係人而失去他們的支持，因此他和顧問們決定不做出任何判決。他們把案件塵封起來，不再提及。賽門爵士自由地在諾里奇一帶，繼續當個混帳度過餘生；同時，針對猶太人團體謀殺孩童的指控，也在永遠受到猜疑的灰色地帶中日益惡化──未經證明，卻也未被反駁。

這個陰謀的指控內容，證明了它有持續存在的力量，而且能被有力人士為了一己之私所利用。不過，直到後來出現一位野心勃勃的修士，才把這項陰謀的主張發展為成熟的理論。

在「陰謀論」一詞出現之前，真正的陰謀論早就存在了。這個詞彙算是相對較新的發明，而且關於它的來源自然也產生了一項陰謀論，主張者認為這個詞彙出自 1967 年的美國中央情報局（CIA），旨在駁斥對於甘迺迪遇刺案的《華倫報告》（Warren Report）之批評聲浪。這當然不是中情局發明的；在這份證據文件中，中情局把針對他們的指控稱為「陰謀論」，顯然這個名詞在當時就已普遍使用了。[2]

不過，陰謀論的定義會隨著時間改變。十九世紀晚期的媒

25

體最早使用此一說法時，跟我們現今理解的意義不太一樣。事實上，它的意思非常接近數個世紀前對於諾里奇猶太居民之陰謀的指控。當罪行發生，報紙就會報導，而調查案件的警方會提出一項「陰謀論」，這就跟他們提出的「縱火論」（arson theory）差不多。③一直到幾十年後，從1950年代起，才會大量出現這個詞彙的現代用法。

這種改變可歸結到我們對於陰謀論第二個要素的認知，亦即「理論」的部分。我們使用這個詞的意思，不只在暗示「我認為發生了這件事」，而是要提供更完整的解釋，將其置於一個架構之中，用於理解整個世界。重要的是，它也暗示了有對立的理論（也就是「官方說法」）存在，而這種理論必須針對「官方說法」提供另一種說法。

這一點可以從人們對陰謀的態度會隨時間改變而看出來。中世紀晚期與近代早期歐洲的菁英階層，幾乎普遍瀰漫著對陰謀的恐懼，畢竟他們不斷地面對了宗教分裂、頻繁戰爭，以及各式各樣的宮廷密謀。但這並不意外，因為在那些社會中，陰謀幾乎就是達成目標的主要方式，而且當時也缺乏現代民主社會的許多特質，例如「批評國王而不會被砍頭」。所以，儘管十六世紀宮廷裡的公爵和男爵可能隨時都會看到陰謀發生，但他們對陰謀的看法跟現代對於陰謀論的概念卻不太一樣，因為他們的陰謀不一定是要為對立的說法提出另一種解釋。雖然一切都是在暗中發生的，但可以區分陰謀及日常事務的線索其實

不多。

一項看法不一定要完整解釋所有的細節，才算是陰謀論。我們之後會發現，其實很多看法都不會這樣。但它們確實必須提出另一種觀點，將對於事實的解讀連結起來。你不能只是到處隨便亂喊：「哈利・史泰爾斯（Harry Styles）其實已經死了！」「牛是機器人偽裝成的！」「太陽實際上是個精心擺放的圓柱體！」這樣只會讓人覺得你有點奇怪。一個適當的陰謀論必須提供某種解釋。你至少得在某種程度上探究情況是「如何」及「爲何」發生的。

否則，你所提出的說法只能算是陰謀假說（conspiracy hypothesis）。

蒙茅斯的托馬斯（Thomas of Monmouth）是來自威爾斯的修士，對諾里奇的威廉一事非常著迷，後來還逐漸將一項單純的指控轉變成某種更重大的事件。他提供了解釋陰謀的理論。血祭誹謗之所以會傳播開來，最應該負責的人就是托馬斯，因爲他寫了《諾里奇之威廉的生平與受難》（*The Life and Passion of William of Norwich*），這本大部頭著作花了二十年才完成，內容則始於賽門・德・諾弗斯爵士接受審判的那一年。

值得注意的是，托馬斯並未目擊他所記載的任何事件。威廉死亡的時候，他並不在諾里奇；他是在事情發生後的1140年代晚期才出現的。他會對威廉感興趣，大概是因爲他在跟諾

里奇的基督教居民相處時，發現特伯主教用來為賽門爵士脫身而在審判中提出的主張，可以有另一種用途。如果像威廉這樣信奉基督教的好孩子，確實在一場可怕的宗教殺戮中遇害，那麼他就是殉道者；而如果他是殉道者，就可以成為聖徒。

當時，諾里奇是英國的第二大城，也是貿易與學術的主要樞紐，不過那裡沒有聖徒，但其他沒那麼重要的地方都有聖徒了。這種身分對地位真的很重要，而大家對缺少聖徒這件事的感受也格外強烈；所以，托馬斯決定致力於替威廉爭取聖徒的身分。

為此，他針對威廉家人最初的指控，以及特伯主教替賽門爵士所做的答辯，填補了其中的缺漏之處：**他加上了「如何」以及「為何」**。他宣稱猶太人在逾越節（Passover）的宗教儀式中，必須殺死一名基督徒的孩童；因此，他們在復活節之前選擇了威廉，用一頂假冒的荊棘冠折磨他，然後「拙劣地模仿耶穌受難，判決將他釘死在十字架上」。④托馬斯也擴大了這個陰謀的範圍；根據他的暗示，他們不只密謀殺害威廉，就連當地的治安官約翰・德・切斯尼也參了一腳，受到那些兇手賄賂而提供保護。

托馬斯的書或許是在超過八個世紀前寫成，卻與現今出版的陰謀文學有許多相同特徵。雖然書中花了很大的篇幅整理出跟威廉遺體有關的奇蹟（這是成聖過程的另一個關鍵要素），不過在謀殺的部分則立下了後人所熟知的範本。當中以華麗的

修辭敘述了祕密發生的事件，而這些事件是作者本人絕對不可能知道的。此外，書裡也為這個主題堆疊了大量的「證據」，它們在單獨來看時沒有一項能夠令人信服，可是將之拼湊起來，並在作者所主張的陰謀背景下閱讀，就會產生一種完全不符合現實的確定感。托馬斯也把自己的角色塑造成一位固執追尋真相的調查者，會檢視犯罪現場並發現重要線索。（一位學者還真的認為可以把它當成偵探故事這種「獨特英語文類」的最早範例，在故事中「調查者是一位不具官方身分的業餘人士」。）⑤

　　為了讓一名死後幾乎被徹底遺忘的孩子受封聖徒，托馬斯寫出一本書來誹謗諾里奇的猶太人，不過，如果事情真的這麼簡單，我們現在就不會談到這件事了。托馬斯在將陰謀指控發展為陰謀論時，還讓這個理論變得能夠重複使用。原本適用於某起事件的解釋，也可以用在其他事件上。而隨著威廉暫定封聖的消息散播開來，人們便開始好奇著，發生在自己居住地的小小悲劇是否也能獲選。

　　在接下來的數十年，托馬斯的理論在別處再次出現，首先是英國的其他地區，接著是海外。它正在開始傳播。血祭誹謗漫長而致命的旅程自此展開。

　　陰謀論不一定都是一樣的。托馬斯起初所寫的內容，是針對一項特定事件只關注某個重點的理論；但這個理論後來變成

一種不斷蔓延與突變的信念，被用於解釋並合理化在後來許多世紀所發生的大量恐怖事件。1903年，有人出版另一本惡劣的反猶太主義陰謀論著作：《錫安長老議定書》（*The Protocols of the Elders of Zion*），這部粗糙的偽造作品剽竊並拼湊了多個來源的內容，描述猶太人想要統治世界的祕密計畫。此時的陰謀論顯然又演變成了另一種東西。

要將陰謀宇宙劃分並歸類可能有許多方法，但因為篇幅不夠，所以我們就著重於最有趣的兩種方法（或者，我們是不是在隱瞞什麼呢？）。政治學教授麥克・巴昆（Michael Barkun）在2003年的著作《陰謀文化：當代美國啟示錄》（*A Culture of Conspiracy: Apocalyptic Visions in Contemporary America*）中，提出了分類並理解陰謀論最實用的方式。他把它們分成三個基本類型：**事件陰謀**（event conspiracies）、**體系陰謀**（systemic conspiracies）、**超陰謀**（superconspiracies）。

事件陰謀

事件陰謀是陰謀論的基本形式，將一項祕密陰謀假設為真正的原因，企圖藉此解釋單一事件或是一連串密切關聯的事件。飛機失事、政府垮台、在某個族群中肆虐的疾病、死於車禍的王妃等等，發生這些事件的原因可能是隨機性的，是一系列複雜的社會因素，或甚至是大家公認名人會做出的行為，結果卻被解釋成一個祕密團體為了自身目的而操縱事件的詭計。

從「陰謀者想要什麼？」這個問題的回答，就可以看出這類理論的明顯特徵。事件陰謀通常會提出一種相對簡單的答案。策畫者會有一個清楚、限定範圍、容易理解的目標，像是進行宗教儀式、取得政治優勢，或是謀殺兩位最高法院法官，以便讓法院做出有利於路易斯安那州鑽探石油計畫的裁決。這些策畫者可以設定目標、達到里程碑，並且有定義明確的成功指標。如果暗中操盤者的組織有年度審查程序這種東西，內容應該會相當直接明瞭。

由於事件陰謀論著重的範圍相對較為狹窄，如果你相信它們，可能不太會影響到你的其他世界觀。畢竟，有些事件的解釋**確實**來自在暗中策畫的祕密集團，但這並不意味著其他的一切也都是陰謀。

體系陰謀

這類陰謀的規模與範圍都更大，這些理論不會嘗試解釋一組沒有關聯的事實或事件，而是將陰謀者連結到各式各樣的事件，認為他們長期在許多地點運作，存在於生活中的不同領域。這種陰謀不會只侷限在少數特定的活動，而是有個組織滲透並影響許多機構及各行各業，包括政府、企業、學術界、媒體，諸如此類。

比起事件陰謀，體系陰謀的目標應該會更具有野心，但通常也更模糊。策畫者經常被描述成想要獲取「權力」或「控

制」這類廣泛的能力，也往往帶有某種支配著一切的意識型態或宗教動機。

體系陰謀的本質具有概括性，因此能夠對信徒的世界觀造成重大影響。如果信徒不理解這種陰謀的現實，就會變得很難理解現代世界的許多方面。處理陰謀彷彿變成了一種首要之務；政治與文化可能會廣泛地重新建構，變成陰謀者與反抗者之間的鬥爭。正如理查・霍夫施塔特（Richard Hofstadter）在其經典論文〈美國政治中的偏執風格〉（The Paranoid Style in American Politics）指出，從這個觀點來看，「歷史就是一種陰謀，由幾乎至高無上的邪惡力量所推動，如果想擊敗它，不能只靠政治妥協這種常用方法，而是要發起一場全力以赴的運動。」⑥

超陰謀

陰謀論的最後一種類型是超陰謀，也就是一大堆不同的陰謀聚在一起開派對時會發生的情況。從形式來看，超陰謀跟體系陰謀沒什麼差異；不同的地方在於規模，因為這種類型會把許多不同的理論合而為一。在超陰謀的世界中，不再出現單一的陰謀組織，而是有一種巨大的陰謀網絡或層級，只要你愈接近那片網絡的中心，陰謀就會變得愈隱密也愈邪惡。光明會在替外星人做事，或者外星人在替光明會做事；又說不定兩邊都在替某個超有權力的神祕第三方做事。這是有如漫威電影的宇

宙陰謀，充滿了跨界合作、互相連結，以及混雜的劇情線。

　　對於信徒的世界觀，超陰謀的影響力幾乎是全面的。此時，世界上的一切都要透過這個陰謀網絡來理解與解釋。陰謀是難以抵擋的推動力，塑造了人們周圍的世界，而任何人或機構都可能會被懷疑在某些方面參與其中。

　　這種分類系統有一個要注意的重點，那就是情況會有逐漸惡化的趨勢。這可用於說明一個人陷入陰謀主義的過程，簡單的陰謀就像入門毒品，會使人陷入更複雜的陰謀。而我們之後會發現，陰謀論也是以這樣的方式隨著時間演變，一開始是基本的事件陰謀，後來理論家會以先前的陰謀為基礎，使其逐漸發展成體系陰謀。雖然超陰謀是在最近幾十年才真正竄起（麥克‧巴昆認為它們的爆發可以追溯到1980年代），不過目前在人們普遍認知的陰謀論文化裡，卻占了很大的比例。

　　這種分類陰謀論的方法，是根據理論本身的描述，而不是著重於理論的可信程度。

　　如果你想知道可信程度，那麼最好採用另一個主要的陰謀分類法，這是美國研究員艾比‧理查茲（Abbie Richards）於2020年9月在一段抖音（TikTok）影片中所提出的。不同於巴昆分類法之處是，理查茲的「陰謀分類圖」（Conspiracy Chart）並不考慮理論本身的敘述，只在乎理論與現實的關聯性。分類圖的形狀是一個倒三角形，切割成幾個部分，最底部是「根據

現實」，最上層則是「脫離現實」。

　　最底部是「確實發生過的事」，這類陰謀論都是已經證明的事實，例如中情局的非法實驗計畫MKUltra[2]和聯邦調查局的非法計畫COINTELPRO[3]。在越過「推測界線」後，我們會看到沒有證據支持的陰謀論，但只要證明它們是真的，基本上就不會破壞現實，例如關於甘迺迪遇刺案或是五十一區（Area 51）祕密性質的陰謀論。

　　隨著情況逐漸惡化，跨過了「離開現實」界線，我們會發現這類陰謀論不僅缺乏證據，還跟我們對世界的認知大相矛盾。這些理論愈脫離現實，就會變得愈危險，相對無害的理論像是外星人綁架或貓王還活著，而傷害更大的理論則像是反疫苗陰謀論。最後是越過理查茲所謂「反猶太臨界點」的理論，而她提到，在這個部分「只要你相信其中之一，通常就會相信大部分的理論」。上方這一層的理論包括了《錫安長老議定書》、匿名者Q、光明會，以及火星上的奴隸殖民地和月球上的納粹。

　　如果比較麥克·巴昆和艾比·理查茲的架構，儘管兩者各自使用了不同的評判標準，但你最先注意到的想必是兩者其實非常相似。在理查茲金字塔下層較貼近現實的部分，通常有許多簡單明瞭的事件陰謀；愈往上升，你就會碰到更多的體系陰謀，而抵達頂部時，你就會發現那些組成超陰謀萬神殿的信念。正如巴昆的暗示和理查茲的明示，到了一定程度後，對於

陰謀分類圖 （2021年）

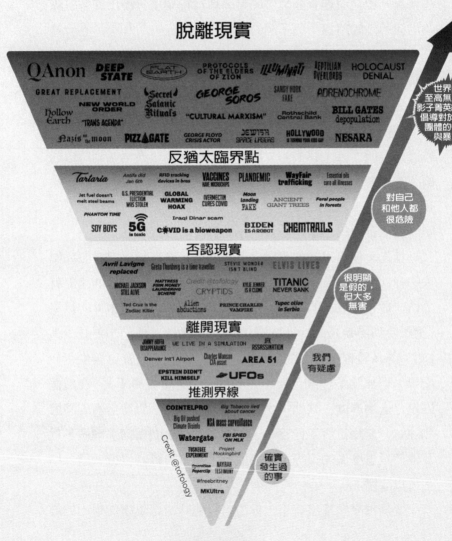

脫離現實

QAnon　DEEP STATE　FLAT EARTH　PROTOCOLS OF THE ELDERS OF ZION　ILLUMINATI　REPTILIAN OVERLORDS　HOLOCAUST DENIAL

GREAT REPLACEMENT　Secret Satanic Rituals　GEORGE SOROS　SANDY HOOK FAKE　ADRENOCHROME

NEW WORLD ORDER

Hollow Earth　"TRANS AGENDA"　"CULTURAL MARXISM"　Rothschild Central Bank　BILL GATES depopulation

Nazis on the moon　PIZZAGATE　GEORGE FLOYD CRISIS ACTOR　JEWISH SPACE LASERS　HOLLYWOOD IS TURNING YOUR KIDS GAY　NESARA

世界由至高無上的影子菁英統治，倡導對於邊緣團體的憎恨與暴力

反猶太臨界點

Tartaria　Antifa did Jan 6th　RFID tracking devices in bras　VACCINES HAVE MICROCHIPS　PLANDEMIC　WayFair trafficking　Essential oils cure all illnesses

Jet fuel doesn't melt steel beams　U.S. PRESIDENTIAL ELECTION WAS STOLEN　GLOBAL WARMING HOAX　IVERMECTIN CURES COVID　Moon landing FAKE　ANCIENT GIANT TREES　Feral people in forests

PHANTOM TIME　Iraqi Dinar scam

SOY BOYS　5G is toxic　COVID is a bioweapon　BIDEN IS A ROBOT　CHEMTRAILS

對自己和他人都很危險

否認現實

Avril Lavigne replaced　Greta Thunberg is a time traveller　STEVIE WONDER ISN'T BLIND　ELVIS LIVES

MICHAEL JACKSON STILL ALIVE　MATTRESS FIRM MONEY LAUNDERING SCHEME　Credit @tofology CRYPTIDS　KYLIE JENNER IS A CLONE　TITANIC NEVER SANK

Ted Cruz is the Zodiac Killer　Alien abductions　PRINCE CHARLES VAMPIRE　Tupac olive in Serbia

很明顯是假的，但大多無害

離開現實

JIMMY HOFFA DISAPPEARANCE　WE LIVE IN A SIMULATION　JFK ASSASSINATION

Denver Int'l Airport　Charles Manson CIA asset　AREA 51

EPSTEIN DIDN'T KILL HIMSELF　UFOs

我們有疑慮

推測界線

COINTELPRO　Big Tobacco lied about cancer

Big Oil pushed Climate Disinfo　NSA mass surveillance

Watergate　FBI SPIED ON MLK

TUSKEGEE EXPERIMENT　Project Mockingbird

Operation Paperclip　NAYIRAH TESTIMONY

Credit @tofology

#freebritney

MKUltra

確實發生過的事

根據現實

某個陰謀論的信念，也會讓你傾向於相信其他的陰謀論。綜合起來看，巴昆與理查茲提供的是一種行程規畫，指出許多陰謀論信徒所走的路線：兔子洞的地圖。[4]

所以，你該如何分辨誰是陰謀論者，誰又只是在描述真正的陰謀呢？你要怎麼知道對方是掉進兔子洞的人，或者只是曾經遇見兔子的人？

其中一項最明顯的線索，是觀察他們如何看待相互矛盾的證據。一般而言，我們的大腦不太喜歡承認錯誤。遇到跟信念衝突的證據時，我們最常用的方法是直接忽視。我們樂意對真相視而不見，然後繼續挑選支持自己論點的證據。相比之下，陰謀論思維會提出跟矛盾資訊正面對決的方式。

首先，你可以經常改變自己的理論。陰謀論通常會發揮極大的彈性，圍繞著一個固定的信念，而這個堅定不移的論點就是信徒最希望成真的東西。這個固定之處，可以是事件的結果（選舉受到操弄），也可以是事件背後的動機（他們想要減少人口）；許多時候，它是犯罪者的本質（雖然不太確定發生了什麼事，但無論是什麼，反正光明會一定是幕後黑手）。在這個固定之處的周圍，其他一切都可以追溯修訂，以符合新的證據和陳述。無論是發生什麼事、是誰做的、他們為何那麼做，以及他們是怎麼做的等等，只要能合乎陳述的核心目標，這一切都可以改變。

要是這麼做都沒有用，你也可以隨時使出陰謀文學中的經

典招式：宣稱一切不利於陰謀論的證據，其實就是陰謀本身的一部分。陰謀論就是這樣塑造出自己不可證偽（unfalsifiable）的樣貌，而這就是成功理論得以長時間維持的一項要素。如果沒人能夠證明你錯了（因為做得到的人都是陰謀的一部分），那麼最後笑的人就是你。

當然，改變理論以配合證據，以及質疑證據正確性的作法，通常都被當成好事。這基本上就是最簡單的批判性思考。我們往往會直接忽視自己不喜歡的資訊，而跟這種傾向比較起來，前述的作法好像更值得讚美。的確，陰謀文學有一項違背直覺的特徵，那就是它愛死了證據，或者至少是**感覺**像證據的東西。理查·霍夫施塔特指出，陰謀論者會「小心謹慎並近乎癡迷地累積『證據』」[7]，而且會盡責地標示出處並補充說明。

問題是，他們無法將那種批判性思考運用在自己的理論上。陰謀論者或許會累積證據，卻很少加以評估。他們可能會為了配合新的資訊而修改理論，可是那些固定之處絕對不能改變。然而，當你不屑地把自己不喜歡的一切都視為謊言，那麼質疑證據的意義也就變調了。如此看來，他們還是只會專挑對自己有利的部分。

而這也正是為什麼陰謀論本身會隨著時間成長，並且更加吞噬信徒的現實。當一切令人困惑的證據來源都被指控為陰謀，這個世界的現實也會愈來愈深陷其中。（別忘了，這正是蒙矛斯的托馬斯所做的事，他聲稱那個懷疑案情並擋下最初指

控的治安官，其實也參與了陰謀。）在麥克‧巴昆和艾比‧理查茲的架構中，陰謀就是這樣逐漸發展的：一個簡單的事件陰謀變成了體系陰謀，而原本根據事實的推測慢慢脫離現實，進入了幻想的領域。

這也是你陷入陰謀愈久就會愈難脫身的一項原因。當陰謀論的內容愈包羅萬象，你必須摒棄的證據愈來愈多，那麼現實要重新發揮作用的可能性就愈來愈低；不過，在這種情況下，至少你不會感受到承認自己完全錯誤的那種心理痛苦。

這不只會讓人難以捨棄陰謀。它還為原先並非陰謀論者而只是相信虛假論點的人，提供了一條通往兔子洞的路線。世界上充滿了各種不算是陰謀論的想法，但面臨排山倒海的證據，這些想法會愈來愈難維持原有的樣貌，也讓人很難**不相信**有個想要隱瞞真相的陰謀存在。我們將此稱為「隱性陰謀主義」（implicit conspiracism），這個概念在本書的後文也會多次提及。舉個例子：在新冠肺炎疫情早期，相信「真正的致死率是0.1％，而非更高的0.5％」，這並不算是陰謀論。可是隨著相反證據逐漸累積，你會愈來愈難堅持自己是對的，同時也會想像衛生單位是不是在統計數據上動了手腳，以便誇大疫情（至少英國某大報的一位專欄作家就是這麼想）。

結果證明，當你把誘因以特定方式排列起來，讓大家決定要「承認錯誤」或「成為陰謀論者」，許多人都會選擇後者。

說到錯誤，有個議題值得討論：陰謀論一定是假的嗎？

畢竟，「陰謀論」這個詞通常都是這麼使用的。當政客將針對自己的指控斥為「陰謀論」時，就是在暗示聽眾，那根本在胡扯（儘管他們小心翼翼地避免做出斷然否認的行為）。

這不是在責備你以那種方式使用這個詞。我們又不是陰謀警察（或者我們就是呢？）。不過，在本書中，我們會使用比較中立的方式，也就是：**如果這個理論是在說明世界上有一群人為了達成某個目標而暗中合作，那麼無論其為真或假，都算是陰謀論。**

我們會這麼做是基於一個非常實際的理由：很多時候我們難以判定真正發生的事。挖掘真相其實很困難，尤其是深埋於過去的事件，甚至包括許多現今的事件也一樣，我們沒有足夠的證據能夠確定某些理論錯了；若是要枯等可能永遠不會出現的證據，然後再決定某件事算不算陰謀論，這麼做似乎太綁手綁腳了。我們會永遠卡在這裡的。

不過，堅稱「只有其理論內容錯誤才能算是陰謀論」的作法，也算是一種循環邏輯（circular logic），尤其是「陰謀論」這個詞又經常帶有貶義。最後，你會被困在一個無限循環裡：「你怎麼知道這是錯的？」「因為這是陰謀論。」「你怎麼知道這是陰謀論？」「因為這是錯的。」

陰謀論的一項常見特徵，是將自己不同意的每件事一概鄙斥，有鑑於此，我們認為最好還是避免對陰謀論那麼做。這種

作法也很有幫助，因為以這樣的方式來思考什麼是陰謀論，可以發現一些有趣的事。

以麥田圈為例，如果有人問你：「麥田圈是不是陰謀論？」我們猜你很有可能會回答「是」。（我們兩人在為這本書列出可能要寫的題材時，也都這麼回答）。畢竟，這是一種既怪誕又冷門的興趣，跟 1990 年代爆發的超自然與幽浮相關陰謀論有高度關聯，而且還有人提出各式各樣奇異的概念來解釋：它們是來自外星人的訊息；它們是在地球能量線（ley line）神祕交會時所產生的；它們是由球狀閃電（ball lightning）造成的；它們的出現是地球想要跟我們說話，叫我們減緩氣候變遷。

雖然這些解釋很有趣，但都不能視為陰謀論。沒錯，它們是理論，可是並未牽涉到密謀。事實上，在關於麥田圈的解釋之中，只有一個真正算是陰謀論：它們是騙局，是有人在晚上用繩子和幾片木板偷偷壓平小麥，刻意製造出來的。

換句話說，在此例中，這個無聊、明智、合理的主流解釋才是陰謀論。在這裡，我們要孤軍奮戰，用稍微有點把握的語氣告訴大家，這個陰謀論也正是**對的**解釋，而理由我們稍後會再探討。地球能量線的粉絲，抱歉囉。

如果我們很難承認自己錯了，也會很難承認這個世界有我們根本不知道的事。

實際上，諾里奇的可憐威廉到底是怎麼死的，這個謎團永遠都無法解開，而我們只能推測。在當時，慘死並不需要什麼特別說明，因為一場戰爭正在進行，隨之而來的是法律與秩序崩解。士兵或盜匪殺人的情況並不罕見；其中很多時候還伴隨著殘酷的折磨或砍斷手腳，這很符合威廉受到的傷害，但後來卻被解讀成是在模仿十字架釘刑。另一種經常發生的情況是，威廉可能被熟人基於某種微不足道的理由殺害。說不定威廉根本就不是被謀殺的；E・M・蘿絲在以威廉為主題的書中提出，他也有可能是自殺的。他的親戚之所以會激烈地指控有人謀殺，可能是針對自殺屬於宗教禁忌，所做出的自然反應。

這種推測不像是令人滿意的故事，而現實往往都是如此。雖然我們很想把它當成「真實犯罪播客」（那位急於將矛頭指向別處的叔父似乎有點可疑，你不覺得嗎？），但這正是我們必須抗拒的誘惑。

然而，我們也得抗拒另一種誘惑，不將這一切貼上完全不合理的標籤，也不將其視為只是出自迷信或憎恨的產物。威廉的故事告訴我們，陰謀論一開始通常只是想要根據不完整的證據來解釋現實。而它們會發展茁壯，是因為滿足了人們的一些需求，例如：提升權力、推諉塞責、讓世界擁有某種意義。正如E・M・蘿絲所寫的：「這個所謂『荒謬』、『古怪』的『文學用語』，是經過清晰中肯的論證後所得出的產物，在執行委員會中經過深思熟慮與謹慎討論，由頭腦清醒的人士仔細判

斷，而且不是在受到無思想性的群眾暴力壓力之下所做出的反應。」⑧

這本書會提到很多陰謀論，其中有許多會讓你覺得怪異到了極點。請記得，那些陰謀論全部都是從某個地方開始的，而它們的起源及理論最後到達的幻想之處，可能會有很大的差距。它們只會愈演愈烈，因為這應該算是陰謀論的一種本質。

下一個問題，當然是我們一開始為什麼會受到這種解釋的吸引。

附註 ————

[1] 結果，執導迪士尼1999年《泰山》（*Tarzan*）且身為《冰雪奇緣》聯合導演的克里斯・巴克（Chris Buck）說，他同意泰山確實是《冰雪奇緣》姊妹的弟弟。那就沒什麼好說的了。

[2] MKUltra：一項非法的中情局實驗計畫，牽涉了LSD迷幻藥、洗腦、精神控制企圖、加拿大人，以及其他不尋常的事項，在許多相關作品中，讀者最為熟知的或許是強・朗森（Jon Ronson）的《瞪死一隻羊》（*The Men Who Stare At Goats*，註：這部作品曾經改編為電影《超異能部隊》）。

[3] COINTELPRO：聯邦調查局一項長達十五年的非法計畫，以「具顛覆性」的團體與個人為目標，所發動的事件包括成功刺殺黑豹黨（Blank Panther）主席弗雷德・漢普敦（Fred Hampton），以及使用骯髒手段對付女演員珍・西寶（Jean Seberg）並可能導致其自殺。

[4] 在此簡述另外兩種用於劃分陰謀宇宙的體系：《理性》（*Reason*）雜誌的傑西・沃克（Jesse Walker）建議可以根據敵人的性質來分類：外部（outside）、內部（within）、下層（below）、上層（above）、善意（benevolent），而「善意」是指完全沒有敵人的極少數情況。而經濟歷史學家莫瑞・羅斯巴德（Murray Rothbard）則將陰謀對比為「淺」（根據誰可能得到好處而妄下結論）與「深」（某人有種直覺以後，就開始自行研究）。

2 嚇唬你的！

Psyche!

　　由於群眾相當熱情，因此車隊行進的速度落後了。豪華敞篷車甫進入迪利廣場（Dealey Plaza），德州州長之妻娜莉・康納利（Nellie Connally）便轉頭對約翰・F・甘迺迪（John F. Kennedy）說：「總統先生，你可不能說達拉斯不愛你啊。」①

　　據說，曾經以謙遜之姿誘惑瑪麗蓮・夢露（Marilyn Monroe）的甘迺迪這麼回答：「對，當然不行了。」[1]

　　這是他最後說的話。不久，從德州教科書倉庫大樓（Texas Book Depository）的窗戶傳出三聲槍響，接著甘迺迪總統就倒臥在妻子懷中。當你知道他即將遭到槍擊，而達拉斯也會永遠背負著甘迺迪遇害之地的名聲，一定會覺得他們最後說的那些話實在諷刺至極。

　　不過，現在看來，甘迺迪人生最後時刻發生的一切，似乎充滿了這種諷刺，而且在你觀看由當時站在路旁的民眾亞伯拉罕・澤普魯德（Abraham Zapruder）剛好拍到的暗殺過程之無聲影片（俗稱Zapruder film）後，想必會冒出一堆問題。[2] 為

什麼有個陌生女人站在埃爾姆街（Elm Street）和緬因街（Main Street）之間的草地上？這個女人戴著俄式風格的頭巾，因此得到「頭巾女士」（Babushka lady）之稱。為什麼在熾烈的陽光下，會有一個男人帶著雨傘？為什麼他要在總統座車經過的時候撐開那把傘？其中有什麼**意義**？我們的大腦無法處理這個可能性，也就是人們看著那輛車經過時，並不知道自己即將目睹歷史上的重要一刻。亞瑟．戈德維格（Arthur Goldwag）在2009年的著作《邪教、陰謀與祕密社團》（*Cults, Conspiracies and Secret Societies*）中寫道：「發生重大事件時，跟事件密切相關或不太相關的一切，似乎也會變得很重大。就連最瑣碎的小事，彷彿都具有重要意義。」

在事件過後建立陰謀論時，我們也經常會有類似的心理衝動，極力想要替一團無意義的紛亂事件，強加上令人滿意的陳述。甘迺迪仍然是最年輕的美國總統當選人，就職時才四十三歲，而他的勝利也被塑造成權力即將移交給新世代。[3]姑且不論任何國家領袖死亡會造成的創傷，光是「處於全盛時期的甘迺迪突然被奪走生命」這件事，就讓人覺得**不應該**：只有一個人做出的決定，怎麼可能會讓數百萬人受到那麼大的衝擊？亞瑟．戈德維格接著提到：「陷入災難的強烈壓力時，我們會探求能夠對應事件嚴重性的特殊含義……即使過了好幾年，塵埃早已落定，那股衝動依舊存在。」②

本章要討論兩個問題：為什麼人們會相信陰謀論，以及誰最可能上當。你會發現，其中一個問題回答起來比另一個容易許多。

拜線上演講或電視節目所賜，你心裡可能已經有了對陰謀論者的印象。他——這種人大概都是男性——有一點邋遢；他的穿搭很糟糕，樣子不太好看；他需要修剪一下頭髮，儘管他的頭髮愈來愈少了；他會花很多時間上網，搞不好還跟父母同住；或許他在跟你說話時很難會有眼神接觸，幾乎都是對著自己的鞋子說話。

這種形象令人欣慰，這暗示了陰謀論者是別人，是**他們**。然而，許多時候，他們就是我們。超過半數美國人都相信政府隱匿了911事件的真相；三分之一的人相信「出生地懷疑派」陰謀論（認為歐巴馬其實在外國出生）有部分是事實；[3]有五分之一的人則相信外星人墜毀於新墨西哥州的羅斯威爾（Rosewell）。[4]1970年代中期，高達81%的民眾相信「刺殺甘迺迪的涉案者不只一人」，即使在懷疑氣氛沒那麼強烈的時候，這個比例也從未低於50%。請記得，這就是最典型的陰謀論，而且始終能得到大多數美國人的支持。[5]我們並不是說這種傾向只會影響美國人，例如2018年的一項調查就指出，其他國家也有相當數量的少數民眾相信政府隱瞞了真正的移民數據，包括瑞典（29%）、英國（30%）、法國（32%）、德國（35%）、匈牙利（48%）。[6]

因此，陰謀論者當然不是全都長得像《辛普森家庭》(*The Simpsons*) 裡的宅神 (Comic Book Guy)。從數學上看就不可能，因為陰謀論者來自所有的年齡層、種族、政治傾向及性別。⑦

用以偏概全的假設來側寫陰謀論者，還會產生另一個問題：我們對他們的了解，可能遠比你以為的更少。很多針對這個主題的專門著作，都是相當晚近才推出，有些研究似乎又跟其他研究相互牴觸。一個人若要陷入陰謀論，似乎必須擁有能夠接受新觀念的開放心胸；而一個人若要繼續支持陰謀論，好像又得拒絕新觀念才行。某些證據顯示，教育程度愈高的人比較不會被捲入陰謀主義；有些證據則指出，其實聰明人可能更容易受到影響，因為他們比較會替自己的信念找出合理解釋。更糟的是，相關研究經常會被媒體扭曲，把關聯性捏造成原因，或是將整體的趨勢套用在個人身上。⑧

另外，當然還有一個棘手的問題，那就是什麼才算是陰謀論，或者至少得定義什麼是假陰謀論。例如，研究中有個問題是你對以下陳述的同意程度：「儘管我們生活在民主之中，但總是由少數人管理事務。」⑨很多陰謀論者想必會非常認同這一點，不過你也可以把它解讀成相當直白的敘述，意指代議民主 (representative democracy) 或是現代中央集權國家的真實情況。1999 年的另一項研究則驚訝地指出，許多非裔美國人「出乎意料地強烈相信」那些「陰謀論」，認為他們「會被警察

不斷騷擾，是因為自己的種族，以及刑事司法系統對黑人不公平」。⑩

　　這不是說我們無法從中找出一些趨向。然而，就我們所知，從人口統計資料中，可以明顯看出的是誰可能會相信**何種**陰謀論。非裔美國人比較可能會相信，政府要為愛滋病的傳染性或市內貧民區的毒品文化負責；而美國白人比較可能會認為，政府想要奪走他們的槍支，準備建立起社會主義者的單一世界政府（one-world government）；⑪左翼人士比較可能會指責邪惡企業；右翼人士則會怪罪自由的學術機構；⑫諸如此類。⑬

　　雖然許多人會在某個時候相信某個陰謀論，但具有某些特徵的人確實比其他人更容易受影響。政治極端分子比觀點沒那麼強烈的人，更容易相信陰謀論，這或許是因為他們傾向於相信能夠「用簡單的方法解決複雜的政治問題」。⑭一些針對美國人的調查發現，不信任伴侶或政府的人更有可能相信陰謀論。還有一點也不令人意外，那就是擁槍權或認為世界末日會在自己有生之年到來的觀念，似乎也跟陰謀主義有所關聯。⑮

　　2013年，倫敦大學金史密斯學院（Goldsmiths, University of London）的三位心理學家，嘗試從這一切整理出一些規律。研究的其中一個主題，證明了以下這件事：已經相信一項陰謀論的人，更可能會認同其他陰謀論，包括跟他們現有信念矛盾的理論，或是研究者在現場即興編造出來的內容。這表

示，對陰謀論的信念「不一定是理性評估各項陰謀論主張相關證據後的結果」；其實，有些人在審視這個世界時，就是會比別人更容易看到陰謀。金史密斯學院的團隊將此特徵稱為「陰謀論者思維」（conspiracist ideation）。此外，他們還提到，受到陰謀主義欺騙的傾向，似乎真的跟某些人格特質有關，例如低人際信任、多疑、容易接受其他不尋常的信念等等。⑯

因此，他們設計出了「通用陰謀論者信念量表」（Generic Conspiracist Beliefs Scale, GCBS）。這份量表會提出一連串問題，它們都跟特定的陰謀論無關（例如：「有一個小型祕密團體要負責做出所有重大決定，像是參與戰爭」；「會傷害現有產業的先進新技術，都被查禁了」），藉此大致量化出一個人容易受到陰謀思維影響的程度。[4]

但是──總會有但是──「通用陰謀論者信念量表」只能突顯出相關性。而就連傻瓜也知道相關性不等於因果關係。最早概述這份量表的論文，在一開頭即表示：「我們還不清楚關於陰謀論信念的心理特點。」也就是研究者還無法解釋這種情況，像是為什麼你跟弟弟有一模一樣的基因遺傳，也得到了相同的教養，可是他在2020年一直堅信自己收到了Q的私訊，於是你跟他漸行漸遠，心想能不能別讓他再看YouTube了。

也許科學仍在嘗試釐清某些人較容易產生陰謀思維的原因，但它在人腦為何極易接受陰謀論的研究上，顯然取得了更

多的進展。許多經過證實的心理捷徑（mental shortcut）和心理偏誤（psychological bias），都會促使我們相信那些並非事實的資訊。⑰

這其中有兩種偏誤最重要，而試圖了解甘迺迪遇刺案的人也正是受其所苦。第一種是「**後見之明偏誤**」（hindsight bias），它有點類似「潛在決定論」（creeping determinism）或「早就知道了」（knew-it-all-along）現象。這是一種將歷史倒著解讀的傾向，把本來就不確定或偶發的事件視爲必然，因此也就更容易預測了。

這種偏誤強大到可以扭曲人的記憶，讓他們以爲自己在事前眞的知道一些什麼。不僅如此，倘若某個事件是可以預測的，那麼認爲「一定有人預測到了」應該也不算太過分。要是這促使你相信「政府裡的其他人一定知道甘迺迪有生命危險」，那麼問題就會變成：「爲什麼他們不救他？」唯一合理的答案是，某個地方的某個人不想這麼做。

與此有關的是「**比例性偏誤**」（proportionality bias），以「通用陰謀論者信念量表」的其中一位設計者羅伯・布萊瑟頓（Rob Brotherton）的話來說，它指的是「發生大事時，我們會很容易認爲起因一定也是大事」。

對於甘迺迪的案子，光是一個憤怒又有武裝的失敗者就能造成如此巨大的傷害，這個理由似乎不夠充分。因此，陰謀論傾向於加上其他因素，好讓天秤能夠平衡。在比較沒說服力的

版本中（這些嚴格來說算是陰謀論，但規模比較小，不需要太多祕密連結），通常還會有另一個槍手站在草丘上，顯然一定還有其他人涉案。而比較有說服力的版本，則可能把範圍擴張到牽涉俄國或古巴或多個政府機構的巨大網絡，它們全都密謀要解決掉一位可能會阻止戰爭在越南爆發的總統。總之，一個人和一把槍，這個原因感覺起來就是跟事件不相稱。

比例性偏誤也可以應用於有真正陰謀的情境中。數十位蓋達組織（al-Qaeda）的成員確實密謀駕駛飛機撞擊世貿中心、五角大廈與其他目標。但即使在當時，這似乎不足以解釋為什麼在世界唯一超級大國心臟地帶會發生超過三千人死亡的事件，所以某些人開始確信一定還有其他因素。政府裡一定有人被動地讓事情發生，或是出於自己的理由（例如想要發起大戰）主動地使它發生。不知道為什麼，比起美國境內有幽暗的力量故意這麼做，更嚇人的是強大的美國政府竟然會被這種大事攻擊得措手不及，或是紐約可能很容易遭受攻擊。

美國科學作家兼懷疑論者協會（Skeptics Society）創辦人麥可・薛默（Michael Shermer），創造了兩個術語[5]來描述會讓大腦接受陰謀思維的認知偏誤。第一個是「**模式性**」（patternicity），也就是在無意義雜訊中尋找有意義模式的傾向。如果你曾經在下棋類遊戲中，開始根據前幾次擲出的骰子預測下一次的號碼，或者開始在掛衣鉤或烤焦吐司這類無生命的物體中看出臉孔，那麼你就是陷入了模式性偏誤。

大腦會玩這種把戲，其實有進化上的原因。人們能夠注意到模式，像是矮樹叢裡的那張臉可能是一隻老虎，天氣的改變表示暴風雨要來了等等，這對於生存之戰是一項明顯的優勢。在瘦小多毛的人類祖先當中，能夠看見不存在的威脅，會比看不見存在的威脅更容易存活，將基因傳遞下去的機會也更大。雖然疑神疑鬼在東非草原上算是很好的生存策略，但在今日看來卻可能被當成反動觀點或是差勁的決策。以前，我們可能只是把樹葉誤認成老虎而嚇得跳開，在現代社會，這種模式性偏誤可能會導致我們在純粹巧合的情況中看到陰謀。

　　此外，有些實驗發現，許多人在感到無力或失控時，更容易在雜訊中發現模式。或許這可以解釋為什麼陰謀主義似乎在流行病、災難或經濟危機出現時特別盛行。我們愈感到焦慮，就會愈難克制自己不去尋找老虎。

　　這種情況也許不會太糟，但麥可‧薛默又找出另一種認知偏誤：**行為主體性**（agenticity），也就是「將模式賦予意義、目的及行動主體的傾向」。這代表我們不只看到模式，還認為有人必須為此負責。

　　薛默將這種現象歸因於我們的心智理論（theory of mind），它讓我們能夠明白他人跟自己一樣擁有欲望與動機，是一種理解世界及預測可能情況的重要工具。[6]然而，這表示我們在試圖理解複雜與冷漠的世界時，偶爾會誤以為有人在幕後主使。以前，人們對於自然災害或瘟疫，會認為是神靈發怒了。隨著

世界變得愈來愈世俗化，同時災難繼續發生，人們突然沒有可以歸咎的對象了。

你可能已經猜到，陰謀論就是在這時候興起的。由抽象力量所導致的災害，不再源自神明的憤怒，而是可以怪罪到你不喜歡的某個團體。流行病害死了村子裡的幾十條生命？說不定有外人在水源裡下毒！難以形容的技術改革與國際資本主義浪潮摧毀了經濟？何不責怪那些猶太人？

換句話說，認為某人一定在某處幕後操縱的行為主體性偏誤，會讓我們不知不覺以為「壞事會發生，全都是因為壞蛋想要那麼做」。將各種令人眼花繚亂的對象視為社會真正的強權者，從共濟會成員（Freemason）到畢德堡集團（Bilderberg Group，註：世界級非官方菁英會議，不曾開放媒體採訪）再到，呃，又是猶太人，這種傾向的前提就是認定在某個地方必定有真正的強權者。

奇怪的是，關於這種現象有一點似乎值得欣慰。行為主體性偏誤並不只是相信神明在看顧我們，或者有黑暗力量在操縱一切（從戰爭、病毒到食物供應），它也帶有一種異常固執的信念，認為只要政客沒那麼懶散、腐敗和墮落，政府就能夠修復一切。如果擋在我們與烏托邦之間的只是一些壞蛋，這就表示烏托邦確實存在，而且有通往那裡的路徑，儘管那條路無比可怕。

另一方面，倘若壞事會發生的原因，在於這世界就是個冷

漠又殘酷的地方，如果你的生活被毀掉，是因為在墨西哥雇用工人比較便宜又簡單，或是因為中國有一隻蝙蝠身上的病毒產生突變，這就表示完全沒有人在控制局勢。那不是很可怕嗎？

從這個觀點來看，陰謀論者就只是過度感受因果關係的人而已。根據麥克・巴昆的說法，陰謀主義這種世界觀認為「世事無偶然」、「每件事都有關聯」以及「一切都不是表面上那麼簡單」。[18]而對戈德溫牧師來說，陰謀論提供一種「總是有意圖的世界，無論那有多麼可怕」。[19]

因此，想要嘲笑陰謀論者的時候，我們不只要記得「每個人都會受到一些陰謀主義的影響」，也要記得，推動那些陰謀論的心理捷徑，讓人類的祖先得以生存並建立文明，而我們正在這個文明之中嘲笑這種傾向。

沒有任何單一、整合的理論，能夠解釋為何所有陰謀論者會相信所有的理論。人類的大腦既複雜又混亂，我們的心理偏誤也是如此。不過，至少要認真探討一些其他的理由，了解人們為什麼會掉進兔子洞，而且不想再爬出洞口。

1. 失調

所謂的認知失調（cognitive dissonance），是你在行為與認

同感發生衝突，或者新資訊和精心建構的信仰系統相互牴觸時，所感受到的心理不適。一邊想著自己有多喜歡跟朋友的那隻寵物迷你豬玩耍，一邊大口嚼著培根三明治，你知道那種感覺有多麼不舒服嗎？或是用實際的紀錄來核對你所選的足球隊是否為史上最強隊伍時的那種感覺？這樣你應該就懂了。

大腦有一些應付這種失調的招數。其中一種是**驗證性偏誤**（confirmation bias），這種傾向會讓人忽視難以接受的資訊，挑選符合自身偏好的觀點，像是「哎呀，說句公道話，最近那一隊的運氣太差了」。另一種是**自我辯護偏誤**（self-justification bias），這種能力會使我們建構前後一致的說法，確信自己的行為是出於好意，而且幾乎採取了最佳作法，像是「哎呀，這兩種豬又不同類，而且這些體型比較大的豬要是有機會，一定也會吃掉我」。

這些心理防衛的方式可能有其用途。想像一下，要是我們每次碰到矛盾的事，就得徹底改寫自己的信仰系統，那會有多麼麻煩。不過，它們也讓信徒擁有非凡的天分，能夠針對不利於自己的資訊加以辯解。

在七十年前，芝加哥有一個名叫桃樂絲・馬汀（Dorothy Martin）的家庭主婦，確信外星人會透過自動書寫（automatic writing）跟她溝通，認為克拉里昂（Clarion）行星上的居民想要警告她，地球即將在 1952 年 12 月 21 日降臨一場可怕的大災難。外星人會在前一晚駕駛一艘飛碟過來，救走少數獲選的

人，前提是這些人的身上沒有金屬。12月20日午夜之前的幾個小時，有許多剛結束關係、辭去工作或賣掉家當的人，聚集在馬汀的家，一起移除掉身上的鈕扣、拉鍊及任何含有金屬的東西。隔天（抱歉爆雷了），她斷言的災難並未發生。

一般人可能以為這會讓追隨者對馬汀的預言失去信心，而其中一些人確實如此。不過，其他人卻**更**相信她了，因為她後來收到了一則訊息，告訴她，「地球之神」對他們這個團體單純的信仰覺得很感動，所以決定取消世界末日。馬汀一直都是錯的，但這個顯而易見的事實很順利地被整合成一個徹底更新過的理論，主張她從頭到尾都是對的。[20]

這起事件現在看起來帶了一點黑色幽默。[7] 其他事件就不是這樣了，例如最近突然湧出許多認為「大規模槍擊其實是『假旗』（嫁禍）事件」的主張，並且強調這證明了擁槍權的重要性。

2. 知的需求

有時候，我們會相信陰謀論是為了想要填補一個不完整的故事。社會學家澁谷保（Tamotsu Shibutani）把謠言稱為「即興新聞」（improvised news），認為謠言之所以容易傳播，是因為大眾對新聞與資訊的需求，超過了正規機構管道所能提供的內容。[21] 此段描述通常也可用於陰謀論，畢竟謠言再往下發展就變成陰謀論了。

正因如此，重大新聞事件才會像磁鐵般不斷吸引陰謀論。人們渴求著相關資訊，但實際能夠取得並經過證實的資訊，往往無法滿足人們的欲望。一個孩子被殺害的懸案、一架飛機從空中墜落、一種新疾病的傳播，在這些情況中，人們極度渴望得知事件的全貌，但就算真的能夠拼湊出完整的故事，可能也要等上好幾年。這就像你在閱讀一篇偵探故事，卻發現有人撕掉了最後五頁，你的大腦必須開始瞎猜誰是兇手。

3. 渴望感到特別

在萬物的龐大架構中，大多數人都不重要也不特別。而我們在生命中做的許多事，例如擁有信仰、參與政治運動、經歷一段又一段輕率的戀愛關係，或是成為某歌手／運動隊伍／電視節目的瘋狂粉絲，在某種程度上都是為了擺脫這種情況，主張我們獨特的蛋白質組成及生物過程其實很重要。

現在，想像世界上只有你跟少數人知道這顆行星的真正形狀，或是外星人存在，或是美國政府的大規模精神控制實驗。你突然就變得很特別了，因為你是少數知道真相的人。

我們沒有必要詳細說明為什麼這是一種非常誘人的感覺，重點是這能讓你擁有自己所缺乏的地位感。如果你隸屬於一支雜牌軍，要打擊政府最高層級的腐敗，那麼你就不只是追尋真相的人，而是個英雄。

而且，有些陰謀論就像邪教，會鼓勵信徒去吸收朋友和親

戚加入，若對方拒絕的話，就要求信徒跟對方切斷關係。即使該陰謀論團體不做這種事，也會讓信徒擁有新朋友、新對象和社交圈，如此一來，如果你不再相信這個陰謀論，就不只是拋棄了這個理論，也要向朋友們說再見。這一切都表示，只要你陷進去，就很難脫身。

4. 原始的恐懼

在人類各種文化中有許多普遍的恐懼，例如害怕蜘蛛或黑暗。另外，有些特殊的恐懼會把自己塑造成符合其所處的文化或社會環境，像是現代對於 Airbnb 民宿裡針孔攝影機的恐懼，或是海地在奴隸時代的殭屍傳說。

我們不只有這些恐懼，還有一種想要表達與分享的強烈衝動。人類的大腦似乎很愛嚇自己。或許那只是一種避免自滿並使感官保持警覺的機制；或許我們藉此得到了宣洩。說不定兩者皆是，我們在嚇唬自己的過程中，同時鍛鍊並驅除了恐懼。總之，知道了並非只有我們自己害怕某些事，而是大家都會，這是一種特別的樂趣。

因此，利用這些原始恐懼的陰謀論，通常能夠非常成功地迅速傳播。懼怕污染、外人、孩子受到傷害等，全都是陰謀傳說中一再出現的主題，這種陰謀通常也能持續存在許久。

5. 懷舊與焦慮

　　有時候，陰謀論的動力來自於對改變的焦慮，只是一種渴望，想要活在熟悉的過去而非不確定的未來。這種焦慮偶爾會變得非常強烈，導致人們希望活在客觀來說相當殘酷的過去。例如，上了年紀的英國嬰兒潮世代，就很懷念以前每週有限供電三天（three-day week）的那段日子，人們有時候很喜歡那種生活，至少他們不會因為工作而背痛。

　　1991年3月，蘇維埃社會主義共和國聯盟（USSR，以下簡稱蘇聯）實施重建（perestroika）的幾年後，針對一項新的協定舉辦公投，內容是修改其眾多共和國之間的關係。雖然這項協定以壓倒性的票數通過，不過在那年夏天一場失敗的政變之後，蘇聯還是垮台了。

　　或者其實沒有呢？由曾經加入蘇聯的十五個國家所組成的蘇聯公民運動（Soviet Citizens Movement），堅持蘇聯從未垮台，而當初的協定也依然有效。[22]在這個架空的現實中，現代的俄羅斯聯邦（Russian Federation）不像是一個國家，而像是註冊在美國德拉瓦州的一家私人境外公司。自2020年起，執掌政治局（Politburo）的莫斯科退休勘測員瓦倫緹娜・蕾諾娃（Valentina Reunova），開始忙著頒發政府命令，給她的五萬一千五百位YouTube訂閱者。（2021年，該頻道因為版權侵害的問題遭到移除，政府的通訊就被中斷了。）

換句話說，在現今生活於前蘇聯區域的三億人之中，有少數但占了一定比例的居民對於後蘇聯資本主義感到非常失望，以至於他們打算否認蘇聯已垮台這件事。這就像電影《再見列寧》（*Goodbye Lenin*）的情節，只是這種情況已持續播放了三十年。

巧妙的是，美國人的陰謀論主張普丁（Vladimir Putin）控制了川普；而俄國人的陰謀論則認為喬・拜登控制了普丁。

下一點也與此類似。

6. 慰藉

2016年，大西洋兩岸的進步自由左派力量都受到很大的打擊。六月，英國投票脫離歐盟，部分原因是工黨工人階級傳統票倉的支持。才過了四個月，美國人選出了川普總統，部分原因是中西部也有類似的選民組成。

兩邊的選舉結果在不久後就被套上了陰謀論，或者應該說，兩邊的選舉結果在不久後就被套上了**相同的**陰謀論，也就是：由劍橋分析（Cambridge Analytica）顧問公司和許多暗中操縱者組成的邪惡聯盟，以某種方式獲取了票數。之後我們會看到，這些主張所提出的證據漏洞，比你以為的更多。但為何它們會得到那麼多關注？

答案很明顯，因為這是一種慰藉。輸掉選舉是一種創傷，而且要面對同胞選擇投票給另一方的事實，也很可怕。認定大

多數人實際上是站在你這邊的，感覺欣慰多了；那只是因為黑暗力量以某種方式操控選舉來對付你。這樣一來，至少你就有值得對抗的敵人了。

7. 將最糟糕的衝動合理化

陰謀論吸引我們的另一點，是能夠給我們藉口去滿足那些體制要求我們壓抑的渴望與行為。畢竟要是**他們**不遵守規則，我們又幹嘛要遵守？

在研究陰謀論的歷史時，你會發現，那些信徒的行為往往呼應了他們堅稱存在的陰謀。他們會祕密組織起來並散布謊言，因為他們認為這能促使人們更接近真相；他們會試圖隱瞞或消除一些自己認為危險的觀念。當你面對強大奸詐的敵人，什麼事都有可能發生。

這是一種熟悉的局面：要是他們宣傳某種思想，我們也應該那麼做；要是他們操縱選舉，我們也得操縱選舉才行。最近，有一項針對美國黨派政治的研究[8]指出，「認為『對手支持政治暴力』的錯誤信念」以及「自身對於政治暴力的態度」之間，存在著一種關聯。㉓如果你會高估對方為了達成政治目標而贊同使用暴力的人數，你就更有可能支持自己這一方也做出同樣的事。

從個人的層面看，這表示將個人既有的偏好（例如不想在疫情期間配戴口罩）合理化的那些陰謀論，能夠吸引人們。從

國家的層面來看，這也是為什麼獨裁統治者會認為陰謀論是用來強化專制政策之支持度的有效作法。

　　如果說人類大腦的運作會產生使我們對陰謀論信以為真的荒謬理由，那麼值得一提的是，這個世界的運作有時也會產生讓人相信陰謀論的合理原因。其中之一是當權者不一定會想幫自己一把。舉例來說，美國專利制度的經營方式，讓你可以投機地對現實中還不存在的發明提出專利申請，因此目前有包括太空電梯和太空船等各式各樣的專利，提出者都是具有新創精神的人，而他們希望有朝一日可以向那些實際努力讓理論科學成真的人，要求成千上萬的補償金。有鑑於此，難怪某些人可能會上當，相信這種先進技術確實存在，而且還被隱瞞著。㉔

　　此外，有時政客的所作所為彷彿就是想要激起大家對於某個陰謀論的偏執。眾所周知，理查·尼克森（Richard Nixon）總統曾經把橢圓形辦公室（Oval Office）裡發生的一切全部錄音，也不讓自己的軍事將領查看文件，因此有些職員得去竊取那些資料，才能讓自己的上司知道發生了什麼事。再往前幾年，大家也都知道詹森（Johnson）總統要求調查甘迺迪遇刺案的華倫委員會（Warren Commission）做出結論，認定槍手李·哈維·奧斯華（Lee Harvey Oswald）是獨自行動的。

　　我們幾乎可以篤定，這是因為詹森想要阻止委員會挖出中情局和其他安全機構確實參與過的惡毒事蹟，例如他們曾多次

企圖刺殺當時的古巴領袖卡斯楚（Castro），以及他們與黑手黨（Mafia）之間的密切聯絡人。不過，某些地方的解讀是，這代表了詹森總統深陷其中，因為他能得到這個職位是由於前一任總統被射殺，而他算是這場刺殺案中獲益最大的人。中情局的首席歷史學家認為，自家單位的閃爍其辭及隱藏證據一事，「或許對委員會的可信度造成了最大的破壞。」[25]也許他們並未參與陰謀，但肯定助長了陰謀論。而且之後我們也會一再看到，行事不透明的政府會導致人民認為他們做了更糟、更嚴重的事，倒不如一開始就誠實以對。

促成陰謀論發展的另一個因素，雖然之前已經提過，但很值得強調：**有時候，事件背後是真正的陰謀**。尤利烏斯・凱撒（Julius Caesar）大帝、前美國總統亞伯拉罕・林肯（Abraham Lincoln）和奧匈帝國的法蘭茲・斐迪南大公（Archduke Franz Ferdinand），都被暗中行動的敵人所安排的計畫殺害。水門案（Watergate scandal，註：華府水門大廈民主黨全國總部遭人潛入偷拍文件和安裝竊聽器）、伊朗門事件（Iran Contra，註：美國雷根政府祕密出售武器給伊朗）、菸草業企圖掩蓋抽菸會致癌的事實，都是真實的陰謀。911恐怖攻擊是在敵人策畫陰謀之後發生的；一個跟西班牙帝國有關聯的組織，想要在1605年摧毀英國議院，這件事本來也是陰謀，但在最後一刻被阻止了。

今日想必正在發生什麼陰謀，而我們得要等到五十年後才

能得知一切真相；目前一定有人被當成陰謀論者，事後卻會證明他們的主張至少有一部分正確。有時候，陰謀是真的，而且，每個看出陰謀的人，不全是想在可怕世界中找到解釋以便自我安慰的瘋子。

附註

[1] 最後這些話來自賈姬‧甘迺迪（Jackie Kennedy）提供給華倫委員會的證詞，不過，她坦承自己的記憶很模糊，原文是「我不知道我是記得還是讀到的」；那天，她心裡會掛念著其他的事，也情有可原。州長康納利（Connally）記得甘迺迪總統說過類似的言論，但用詞不同，大概是「看得出來」或之類的話。

[2] 順帶一提，現在只要是擁有智慧型手機又能夠連上網路的人，都可以選擇觀看這樁史上最著名的謀殺案，還搭配了賈姬‧甘迺迪的痛苦反應，這種現象實在太奇怪了。不過，更奇怪的是，擁有無限智慧的演算法竟然會選擇在這段影片後推薦《關於星際大戰，你所不知道的五件事》。

[3] 西奧多‧羅斯福（Theodore Roosevelt，俗稱老羅斯福）其實稍微年輕一些，但當時並非直接選上的。他原本是副總統，在麥金萊（McKinley）總統於第二屆任期遇刺身亡後才上任。

[4] 我們都做了這項測試。其中一位對陰謀論的感受性稍微低於平均值；另一位則稍微高於平均值。但我們才不會告訴你是誰得到什麼結果，因為高於平均的那個人不相信你。

[5] 這兩個術語其實都隸屬於「空想性錯視」（apophenia），此術語來自德文，意思是「在不相關的事物中察覺連結的傾向」。我們並不是說麥可‧薛默的術語比較棒，而是至少我們知道他的術語要怎麼發音。

[6] 奇怪的是，行為主體性不一定代表著暗中操縱的無形力量，這種力量也是看得見的，例如，孩子會出於本能地在畫太陽或月亮時加上笑臉；跟死亡或災難有關聯的物品，會被當成受到了詛咒；甚至是某些形狀會讓人聯想到性的食物，例如香蕉或牡蠣，也會在未經科學證實的情況下，被視為具有催情效果。

[7] 對於跟另一半分手或賣掉房子的人來說，可能就沒那麼有趣了。

[8] 這是尚未經過同儕審查的預印本（preprint），因此要謹慎看待。

Part 2

歷史上的不幸事件
A Series of Unfortunate Events

在陰謀論試圖解釋具體事件的過程中，
至少保持了部分的現實，
讓人不得不承認，有時它們可能是有道理的。

3 散布陰謀流言：
從巴伐利亞的光明會到法國大革命
Panic! At the Discourse

1776年5月，在巴伐利亞選侯國（Kurfürstentum Bayern, 1623~1806）的城市——因戈爾施塔特（Ingolstadt），有位大學教授和幾名志同道合的學生，成立了一個知識分子團體。這位名為亞當・魏薩普（Adam Weishaupt）的教授，對於宗教、人性與社會有一些新穎的想法。在長久以來的傳統中，小城裡的教授就算有遠大的構想，也只能幫助學生為進入專業階級而做好準備，但魏薩普想要做的不僅如此。他想要確保學生踏入世界，獲得具有權力和影響力的職位時，能夠保有他們在學術殿堂上不斷討論而完善的信念。

魏薩普的想法固然很不尋常，但不算是特例，因為那是個哲學、神學及政治都在劇烈動盪的時代，隨時有人提出大膽的新觀念，速度之快令人目眩。在魏薩普建立社團的四個月前，英裔美國思想家湯瑪斯・潘恩（Thomas Paine）出版了《常識》（*Common Sense*）；過了一個月，亞當・史密斯推出了

《國富論》；再過幾個月，美國的《獨立宣言》就會起草並正式生效。感受到時代精神的亞當・魏薩普，相信人類社會能夠改善，也認為人類不該永遠是有缺陷、有罪過的生物。他認為透過學習、理性以及知識的傳播，就可以引導人類通往完美的狀態。因此，他把社團命名為「完美主義者聯盟」（Bund der Perfektibilisten）。

這是一個爛名稱，後來他們很快就決定改名了。

亞當・魏薩普想要為後人留下一些什麼，從這方面來看，他確實成功了。在現實世界中，才不到十年，這個小集團就因為內鬥、政府壓迫，以及一樁被當成武器來攻擊的性醜聞而分崩離析，迫使魏薩普流亡逃竄。但在大眾的想像裡，他的團體直至今日仍然存在，而且經過每次轉述之後就會變得更為強大。這個團體不停地受到指責或讚譽，說他們參與了政府的崛起與衰落，或是他們依照自己的意願而引導了歷史的走向。在人類重大的勝利或災難背後，幾乎每次都會有人看到他們的無形之手介入。他們被指控犯下罪大惡極的過錯，也被視為擁有難以想像的權力。

我們不禁好奇，假如他們沒重新找到一個比「完美主義者聯盟」更琅琅上口的名稱，這一切是否可能發生。魏薩普為這個團體選的新名稱，就叫「光明會」（the Illuminati）。

對，就是他們。不是隨便說說的「他們」；而是大家最熟悉的**他們**。超過兩百年以來，我們已經學會便利地使用這個名

稱，來指稱所有干預人類事務的隱形團體，以及由操縱可疑陰謀的邪惡幕後黑手所組成的神祕集團。這並不是巧合，經由偏執想像而產生的光明會，不只是歷史上最著名的陰謀論，更是現代各式各樣陰謀論構想的直接來源，其中有許多論點甚至根本沒提過光明會。

當你想到光明會——這裡是指一般流行的陰謀論版本，還有丹・布朗（Dan Brown）的小說及「碧昂絲（Beyoncé）是光明會成員」的說法——我們猜測你想像的是一個團體，裡面都是更有權勢和影響力的人。你知道他們的所作所為都必須保密，絕對不能洩露會員身分，或是讓大家知道組織的運行。而且你可能會認為，他們的目標是要滲透、推翻或排擠其他強大的機構（甚至是國家的政府），藉此更加控制人類社會的走向。

關於亞當・魏薩普的光明會，有三件事你必須知道：

1. 沒錯，大致上這算是他們的計畫。
2. 他們根本沒有成功。
3. 儘管有那些傳聞，但這個團體其實沒那麼邪惡。或許吧，這取決於你怎麼看。

為了搞清楚事情演變至今的原因，我們必須先講兩個故事。其一是巴伐利亞光明會本身的歷史，以及他們在那段混亂的十年上演了多少個人戲碼。第二個故事就複雜多了，描寫某

個概念在超過兩個世紀以來的一般論述中如何發展，而在這段期間，相關迷思讓光明會成為眾矢之的，似乎從法國大革命之後所發生的一切，都跟他們脫離不了關係。

這告訴我們，陰謀論幾乎不會無中生有；正好相反，它們是經過世代流傳，從一個國家傳播到另一個國家，而且會被調整內容、配合當地背景、呼應每段新時代的焦慮。這也告訴我們，有多少陰謀論不只被當作事件的解釋，也用於規模更大的思想之爭。陰謀除了讓我們為塑造世界的隱形趨勢加上面貌，也替我們提供了反派，象徵著危險的意識型態與文化潮流。（依照這個邏輯，這也表示，保守分子在意「大學校園有自由開明的教授」一事的程度，超乎你所能想像。）

不過，在討論這一切之前，我們先回到1776年的因戈爾施塔特，在那裡有一位年輕學者就要做出一連串愈來愈糟糕的決定了。

亞當‧魏薩普在即將三十歲時，成立了完美主義者聯盟，而他已經在因戈爾施塔特當了將近四年的法律教授。這裡所謂法律，指的是民法及教會法，混合了政治與神學，也替魏薩普所處的圈子提供了一些見解。這是現代德國出現之前的時期；巴伐利亞選侯國隸屬於神聖羅馬帝國，而該帝國是一個鬆散且正在縮小的集合體，由許多獨立自治的小國組成，政治權力大多掌握在當地國君手裡，教會幾乎支配了人們的日常生活。

魏薩普到底倡導了什麼危險的想法，又提出了什麼異端且具顛覆性的信念，才會使得他的組織遭受國家力量的打壓？一位現代學者總結了他們的主張——你可別嚇到了——「自由思想、共和主義、世俗主義、自由主義，以及性別平等。」①

天哪。

從他們最後為社團選定的名稱可以看出，光明會是啟蒙運動（Enlightenment）的產物，其觀念大致符合當時已經影響歐洲人超過一個世紀的思潮。[1]魏薩普對盧梭（Jean-Jacques Rousseau）的哲學思想特別感興趣，也很認同以下這個概念：現代國家帶來了腐敗與壓迫的影響，這會使人無法達到快樂的自然狀態。因此，他反對國家和教會既獨裁又專制的權力，並且幻想著一種讓這兩個機構都不存在的未來。他很在乎自由及平等的概念，也相信要改善人類社會，就必須透過理性的力量，而非迷信或教條。對於跟他同時代的一些人而言，這些看法可能很激進，但不算特別。若從現代的觀點出發，這些看法相當平凡，頂多會讓人稱讚一下。基本上，它們只是「想像」（Imagine）的歌詞。

不過，使魏薩普異於他人的一項要素，是他打算把自己想像的烏托邦帶給全人類。他會建立一個祕密社團，目標是將相信他這種哲學的人，安插到具有影響力的位置。這個社團分成不同的級別，或稱為「等級」，而成員可以從見習者（Novice）努力往上爬升到光明智者（Illuminated Minerval）。他們發誓

要絕對保密，每個人都有祕密代號，名稱通常取自經典文學的角色，例如，魏薩普是「斯巴達克斯」（Spartacus），另一位早期成員叫「加圖」（Cato），諸如此類。魏薩普帶領這個社團，他的命令則透過階級向下傳遞，不過，他為了讓自己發出的指示更有分量，會暗示還有比自己等級更高的「上級」存在，而這種角色非常神祕，完全是虛構出來的。

如果你覺得用這種方式來推廣支配世界的絕妙構想很奇怪……那也沒錯。然而，別忘了幾件事。首先，魏薩普並非生活在民主社會，無法以自己的政見參與選舉。利用贊助和權勢網絡，替自己偏好的人士安插要職，就是當時盛行的作法。

值得注意的另一點是，雖然啟蒙時代著重於公共論述的擴張，但人們就是喜歡祕密社團，再多也不夠。當時，共濟會分會正處於繁榮時期，新的祕密社團如雨後春筍般四處湧現，大家為了占有一席之地而競相拉攏成員；許多組織為了顯得特別，還會憑空創造出虛假的歷史，建立起跟古代世界的連結。想要獲得支持的魏薩普也刻意搭上了這股時尚風潮。他於1781年寫道：「隱藏和祕密的東西，對人們就是有一種特殊的吸引力。」[2]

也許最重要的一點是，亞當・魏薩普不認為他的理想世界能在這輩子實現，說不定還要經過好幾輩子。這個社團的主要目標，是確保能夠將火炬世代傳承下去，繼續努力將人類推往正確的方向。

至少這是原本的計畫。不過，亞當・魏薩普的小型學生社團在成立四年後似乎徹底失敗了。雖然他們在附近的城市招募到一些人，但還是無法將勢力擴展到發源地因戈爾施塔特以外的範圍，會員人數也少到連一個小房間都無法擠滿。其中部分原因可能是魏薩普對新成員相當挑剔，遑論他的勢利眼（他在早期寄給一名光明會成員，討論某個應徵者的信件中，就曾輕蔑地表示「我不喜歡他的步態……」而且還寫道：「他的行爲舉止既粗俗又不文雅。」）。③光明會出現的前幾年，根本無法影響什麼事，更別提還要決定世界歷史的走向，只能算是一個有理想的讀書會。

　　一切的改變源自於亞當・魏薩普認識了阿道夫・科尼格男爵（Baron Adolph Knigge），[2]科尼格是個貴族孤兒，父母過世後留給了他一筆龐大的債務。科尼格在 1780 年加入光明會時才二十幾歲，不過他很會建立人脈。爲了擺脫困境，科尼格學習法律，讓自己重新成爲一個有影響力的人物，還在帝國境內許多宮廷擔任重要的政府職位。（在現今的德國，他最爲人熟知的事蹟是寫了一本關於禮儀的暢銷書，而不是操控人類事務的邪惡幕後黑手。）

　　阿道夫・科尼格也是共濟會的頭號粉絲，雖然他在許多智識方面的問題不認同他們，但很喜歡那種如俱樂部般的性質，以及只有圈內人才熟悉的祕密儀式。亞當・魏薩普一開始是反對共濟會的，但他沒想到要從零開始建立起與之匹敵的祕密社

團竟然這麼困難，只好讓步，加入了當地的分會。而在贊助風氣盛行的這個時代，科尼格擁有魏薩普想要讓理想成眞所需的一切：人脈、影響力、還算高貴的出身，而且有本事創造出人們想要參與的場面。（另外，魏薩普在天主教耶穌會的背景中成長，科尼格則是新教徒，這幫助了光明會成員跨越德國的宗教分歧。）

於是，科尼格著手將光明會重新改造成與共濟會相仿的風格，改變了入會儀式，營造出一種更扣人心弦、神祕並類似宗教氣息的氛圍。他開始從自己的社交圈招募會員，這些人比起魏薩普一直想要拉攏的學生，都是年紀更大也更有影響力的人物。爲了吸引共濟會其他分支的重要成員，科尼格制訂計畫擴展了組織層級中的等級，增加了像是「牧師」（Priest）、「親王」（Prince）、「術師」（Mage）等高階職位。（光明會存在的十年期間，從未出現過什麼徹底原創的東西。）

這種作法奏效了。在阿道夫・科尼格的影響下，光明會在幾年內就大幅成長，巔峰時期的會員人數至少六百人，最多則可能達兩千五百人。他們吸引了貴族與要人，當中的名人可能包括了《浮士德》（*Faust*）作者暨德國最重要的文學巨擘歌德（Johann Wolfgang von Goethe）。[3] 突然之間，情況似乎變得一帆風順了。

但在多年默默無聞後，一場突如其來的事件就讓一切瓦解了，這種情況對任何樂團成員來說應該都很能體會。創立完美

主義者聯盟的完美主義者亞當‧魏薩普，不斷地跟其他成員捲入爭執。他和阿道夫‧科尼格愈來愈常對這個團體的發展產生分歧。魏薩普的本意是讓組織成爲理性主義的明燈，不喜歡科尼格模仿共濟會的神祕風格，也很討厭科尼格吸收加入的某些人，認爲他們只是趨炎附勢，並非眞正支持他。因此，他試圖奪回先前爲了讓科尼格主導招募活動而交出的控制權。

魏薩普似乎也發現經營祕密社團的工作糟透了，他後來曾經寫出這件事，導致「（來自）我朋友的敵意與憎恨」，讓他經歷「煩擾、失眠的夜晚」，以及「我經常希望它不存在。」④至於科尼格，他似乎認爲魏薩普是讓人無法忍受、愛賣弄學問的控制狂，也是個傲慢的混蛋，而且具有令人擔憂的耶穌會性格。最後，科尼格於1784年夏天離開了這個團體。

他們也面臨了一個基本問題：祕密社團的規模愈大，就愈難保密。科尼格以自由自在的方式吸引會員，代表光明會愈來愈不是祕密，同時，這個團體迅速成功地獲得勢力，也表示它正在以同樣的速度樹敵，惹惱那些覺得被拒於門外的人。

在內部分化與外部對手的圍攻下，接下來發生的事應該就不意外了。簡單來說，就是光明會遭到了揭發。某人把光明會的一捆信件交給巴伐利亞有關當局，而那些單位可不太喜歡「推翻既有權力結構並拆解民族國家」這種事。當局突襲了幾位成員的家，並且公布了文件和信件的選集，盡可能將他們套上危險、腐敗又具煽動性的形象。

光明會的曝光在德語世界鬧出了很大的醜聞，其中一部分原因是他們的思想太過駭人聽聞，至少對傳統主義者來說是如此。不過，自古以來的新聞編輯都知道，如果想要讓某個人難堪，那麼你真正需要的是一件性醜聞。而有關當局就在亞當‧魏薩普寫給同路人的信件中，找到了他們要的東西。

　　根據信件的內容，魏薩普讓他的小姨子懷孕了，於是寫信向光明會其他成員尋求墮胎的協助，但事情進展得並不順利。這正是敵手需要的證據，如此一來，他們就可以把光明會塑造成骨子裡既邪惡又不道德的組織。

　　魏薩普提出了一份慷慨激昂、在現代看起來相當合理的辯詞：他的妻子阿芙拉（Afra）死於 1780 年，阿芙拉生前認為，胞妹安娜‧瑪麗亞（Anna Maria）應該在她離世以後嫁給她的丈夫魏薩普。然而，這樣的婚姻必須經過教會當局許可，而這演變成一場長達三年的官僚惡夢，因此，魏薩普提議，或許懷孕能讓事情加速解決。他們原本相信只要再過幾週就能獲得認同並踏入婚姻，卻沮喪地被告知先前並未繳交正確文件，結果他們還是結不了婚，而女方懷孕的跡象也愈來愈明顯了。魏薩普這麼寫道：「我不否認這是個失誤，但很少人比我更情有可原。」⑤

　　但事情的真相對魏薩普的敵人來說無關緊要。自 1784 年起，巴伐利亞選侯國就立法禁止祕密社團，使得魏薩普面臨了審判。入獄之前，他逃亡到薩克森－哥達－阿爾滕堡（Saxe-

Gotha-Altenburg）公國，獲得了恩斯特二世（Ernest II）公爵的庇護，對方曾經是光明會成員，並且仍然同情他。

對於這件事，社團的前成員大多予以譴責或保持疏遠；有少數人試圖以某種方式維持組織的樣貌或準則，可是得不到什麼支持。1786年，在建立社團的十年後，巴伐利亞光明會基本上就此瓦解了。

當然，故事還沒有結束。

一個才活躍了十年，對德語世界影響有限，再往外也幾乎毫無勢力的小型社團，怎麼會變成了傳奇的光明會？

簡短的答案是：1789年發生了法國大革命。推翻舊制度（Ancien Régime）、處死貴族，以及曾經的同志反目成仇，引發愈來愈血腥的餘波，這些都對整個歐洲造成了強烈衝擊，也讓許多國家的菁英階級相當緊張。這次的事件規模之大，又充滿了戲劇性，光用一般理由來解釋似乎還不夠。因此，把矛頭指向惡毒的敵人（而非本質上難以持續發展的社會體系），對於想讓一切維持原狀的人，有很明顯的吸引力。

然而，關於光明會的陰謀論並非源自法國。影響全球的事件，往往都是從某個小地方開始的。

如果說光明會是啓蒙運動的產物，那麼關於光明會的陰謀論就是來自反啓蒙（Counter-Enlightenment）的新興力量。這是由反對改變的人士所組成的鬆散集合體：捍衛君王絕對權力

的保皇派；被根據理性主義原則而非上帝之言所建立的道德體系給嚇壞的宗教狂；對某些平等言論不太熱中的財產擁有者。（當然，他們並不會說自己是反啓蒙；每個人都堅持自己的觀點才是真正的啓蒙。）

在德語世界裡，光明會醜聞為反啓蒙運動提供了可以聚焦的重點，由此而生的陰謀論甚至比法國的革命更早出現。一個名叫恩斯特・馮・葛希豪森（Ernst von Göchhausen）的傢伙做了一件有點難以理解的事，他在1786年出版的《揭發世界主義共和政體》（*Exposure of the Cosmopolitan Republic*）一書中，堅稱有一項「世界主義者－耶穌會」陰謀，當中有一小群不為人知的知識分子，即「世界主義者」（cosmopolitan），他們一直在歷史中操控著社會。光明會是這項大陰謀所使用的一種手段，而葛希豪森說，陰謀的祕密主使者就是天主教會。（當然，葛希豪森是新教徒。）

天主教徒與啓蒙運動世俗主義者勾結的這項理論，其實很奇怪。大多數人的反應都很困惑，而最有趣的是，這個早期例子所採取的作法，在後來的陰謀思維中會反覆出現。第一種方法是把你討厭的所有人都當成同黨，就算他們彼此看不順眼也沒差。另一種方法是他試圖填補這項理論的巨大漏洞——為什麼教會要推行啓蒙運動？他的答案很簡單：他們想要製造騷動與無政府狀態，這樣人們就會回頭向教會尋求秩序。關於「陰謀的首要目標是引發混亂以奪取或鞏固權力」的想法，是一種

會重複出現的理念，最明顯的例子是《錫安長老議定書》。⑥（這是你在自己的陰謀論不合理時，可以安然脫身的實用說法。如果目標是要打迷糊仗，那麼幾乎任何事都可以辯解。）

不過，光明會陰謀論是在法國大革命發生之後才開始盛行的。這段時期，以及人民對於法國動盪所產生的強烈反應，都是促進「現代保守主義」（modern conservatism）成為明確意識型態的決定性因素。在德語世界中扮演要角的，是最早的保守派定期刊物，特別是在1792年經營不到一年的《維也納雜誌》（Wiener Zeitschrift），以及繼承其精神並自1795年開始存活稍久的《至福》（Eudämonia）。這些刊物就是最徹底的陰謀論者，其核心目標就是強烈反對那個虛構的光明會詭計。

在這一切當中，最重要的人物或許是利奧波德・阿洛伊斯・霍夫曼（Leopold Alois Hoffmann），亦即《維也納雜誌》的創辦者。霍夫曼有許多角色，包括失敗的劇作家、糟糕透頂的大學教授、兼職間諜等，不過最重要的是，他算是記者的原型，會挖掘醜事又毫無限制地胡亂潑糞，與人論戰的那一種。他以頑強的職業道德，彌補自己缺乏的文學天賦，還會用尖酸刻薄的詞語，連珠砲似地譴責皇帝利奧波德二世（Leopold II）的敵人。據說，利奧波德二世曾經認為霍夫曼「蠢得像頭驢」，但還是覺得他有點用處。⑦

霍夫曼憎恨光明會的原因，比較可能是出於私人而非哲學方面。1780年代，他花了許多時間支持啟蒙人士，還運用瘋

狗亂咬的記者風格攻擊保守派牧師，宣稱他們的講道問題重重。其實，他本人差點就要加入光明會，甚至在資格不符的情況下，靠著某位重要成員的關說，得到一份輕鬆的大學工作。無論他是基於什麼理由跟先前的夥伴疏遠，總之他踏上了反光明會之路，還帶著改宗者的狂熱及奧運等級的怨恨。他的第一步是建立一個跟光明會幾乎一模一樣的祕密社團，專門從事反光明會的行動。

《維也納雜誌》會強烈譴責持有錯誤政治觀點的每個人，就連在最輕微的異議中都能看出陰謀。他們以謾罵的文字談論國家「沉醉於自由」，指責自由主義者和自由思想者，並要求「壓制顛覆的聲音」。只要同一陣線的保守派人士對雜誌瘋狂指控的語氣或真實性提出質疑，也會被斥為陰謀的一部分。在最具代表性的某一期內容裡，他們指責自由派的輿論吹毛求疵（導致萊比錫有兩齣保守派的戲劇被迫取消演出）；讚揚利奧波德二世用於壓制煽動性寫作的新審查法；支持政府有權拆開大家的私人信件；呼籲政府阻止光明會拆開大家的私人信件（霍夫曼堅信光明會就是這麼對他的）。⑧

《維也納雜誌》停刊後，霍夫曼繼續轉往《至福》，集合了更多保守派人士，尤其是約翰・奧古斯特・施塔克（Johann August Starck），這位神職人員是德國保守主義的主要人物，也深信光明會就是一項無政府主義陰謀。雖然拘謹規矩的施塔克與粗鄙庸俗的霍夫曼形成了鮮明對比，但這無礙於兩人合作

揭發他們所意識到的陰謀。

　　約翰・奧古斯特・施塔克是一個絕佳的例子，讓我們知道陰謀論者如何在找出證據之前就得到結論。1789年夏天，他正在跟一位反啓蒙的夥伴度假時，聽聞了巴士底（Bastille）監獄被攻占的消息。據其同伴所言，儘管他們對其他情況一無所知，還是轉頭看著彼此，異口同聲說：「那是光明會幹的。」⑨

　　就這樣，關於法國大革命的陰謀論來自德語世界，源於心胸狹窄的個人之爭以及文化戰爭。不過，將它搬到國際舞台上的，則是一位法國牧師和一位蘇格蘭物理學家，他們在1797年各自出版了一本書：奧古斯丁・巴魯爾（Abbé Augustin Barruel）的《雅各賓主義歷史回憶錄》（*Memoirs Illustrating the History of Jacobinism*，註：雅各賓是法國大革命發展期間最知名且最具影響力的俱樂部）與約翰・羅比森（John Robison）的《反對歐洲所有宗教和政府的陰謀之證據》（*Proofs of a Conspiracy against all the Religions and Governments of Europe*，以下簡稱「陰謀之證據」）。這兩本書利用了霍夫曼、施塔克和其他人的作爲，將法國大革命的原因描繪成一項策畫了數十年的龐大陰謀，不僅使光明會陰謀論更普及，也埋下了這類信念的種子，歷經數個世紀，直到今天仍然影響著人們。

　　其中，奧古斯丁・巴魯爾的大部頭著作《雅各賓主義歷史回憶錄》，最常被視爲現代陰謀論的原型。這本書的內容屬於事件陰謀，主要目標在說明法國大革命發生的理由。不過，它

的許多特徵也跟體系陰謀相同，納入了許多角色、涵蓋了一大段時間，並且將法國數十年來的所有政治事件都攪進去，試圖營造成法國大革命是由陰謀者所為。這本書在看似毫不相關的人物、團體與事件之間建立起關聯，並且駁斥或直接忽視其他的說法或是矛盾的事實。至於缺乏有力證據的地方，它則企圖透過極大量的證據來掩飾。這麼做是為了使讀者眼花撩亂，過了一陣子，讀者的懷疑機制自然就會瓦解，然後認為其中至少有一些必定是真的。這不只是經典的陰謀文類，而是設立了後來許多人都會遵循的範本。

如果將這八百多頁的內容大致濃縮成幾行文字，那就是巴魯爾的理論認為，雅各賓主義和法國大革命皆為一項歷經數十年陰謀的成果，而這項陰謀來自三個團體的合作：啟蒙運動的哲士（philosophes，註：指當時的思想家、理論家和宣傳家）、共濟會、光明會。關於它們，他寫道：「透過所謂平等以及雜亂無章的自由之名義，將聖壇與國王踐踏在腳下。」每個團體都著重於陰謀的不同部分：啟蒙思想家瞄準的是宗教秩序，共濟會以君主政體為目標，光明會則致力於顛覆整體的社會秩序。

巴魯爾願意承認這件事的參與者之中，有些人可能只是誤入歧途。不過，對於光明會，他就沒這麼大方了。他在尖酸刻薄的散文中，描寫光明會道德淪喪，並且如此形容亞當・魏薩普：「自然界中令人作嘔的存在、毫無悔意的無神論者、徹底

的偽君子，他缺乏維護真相的出眾天賦，卻充滿了邪惡的能量與狂熱，因而產生了不崇敬神並追求無政府狀態的陰謀者。他就像不吉利的貓頭鷹躲避著和煦陽光，並且披上黑暗披風；而歷史會將他視為魔鬼，只記錄下他所策畫或實施的邪惡行徑。」

雖然巴魯爾在書中刻薄地批評魏薩普，但其中的大壞蛋（假使內容如此雜亂的書中有這種東西的話）卻是偉大的自由思想家伏爾泰（Voltaire）。巴魯爾描述伏爾泰在暗中操縱著這一切，不但推動密謀，數十年來還指揮其他的密謀者。重點來了，法國大革命發生時，伏爾泰已經過世十一年了，這似乎是相當確切的不在場證明。不過，從巴魯爾讓伏爾泰扮演幕後主使這件事，隱約可以看出巴魯爾真正著迷的是什麼。

奧古斯丁‧巴魯爾跟霍夫曼與施塔克（他曾數次引用其作品）一樣，也是反啟蒙的一員，他的文章主要發表於《文學年份》（Année littéraire）雜誌，這份雜誌在法國大革命發生的幾年前就一直在散布嚴重警告，宣稱哲士是用來對付宗教和君主政體的陰謀。[10]這不像在煙霧瀰漫的房間裡偷偷開會的那種陰謀，比較像一種思想的陰謀，尤其是違背了巴魯爾所謂萬物自然秩序的那些社會思想。

不過，似乎還有比提出這些思想更嚴重的事，就是啟蒙思想家企圖說服其他人相信那些思想都是對的。歷史學家阿默斯‧霍夫曼（Amos Hofman）指出，巴魯爾的書主要是「為了

詆毀『公共政治』（public politics），亦即以民意支持爲基礎的政治。」⑪巴魯爾很明確地反對民主，並將其斥爲「群眾反覆無常的變動」，也暗示陰謀是透過「不崇敬神的作品」傳播，而陰謀者會「把作品中的毒注入人們心中」。⑫

這些說法讓巴魯爾的理論變得有點混亂了，因爲他好像無法確定這些人的罪過是隱藏思想（就像光明會），還是公開思想（就像思想家）。他在第二段評論中，驚人地宣稱這項陰謀有兩百萬名支持者，而且革命發生時，就有三十萬名間諜在法國活動。這已經超過總人口的7%了。如果有那麼多人參與，還算是陰謀嗎？

由於巴魯爾也會做「把我不喜歡的對象全部當成同路人」這種事，所以完全沒想到自己堅稱共謀的許多人，其實意見並不一致。（所謂決定推翻王位的始作俑者伏爾泰，實際上是支持君主立憲制。）啓蒙哲學並非明確的政治綱領，比較像是一種逐步擴大的公共論證。如果這裡面有什麼共通的中心思想，那就是它會擴展公共論證所涉及的範疇。

巴魯爾的書針對光明會在「黑暗披風」底下所做的事提出嚴重警告，爲後來數個世紀的陰謀論建立了範本，用於描述人們在關上門之後的勾當。不過，他所反對的「陰謀」，實際上卻是想要打開那些門。

跟巴魯爾的大部頭著作比較起來，約翰・羅比森的《陰謀之證據》篇幅較短，主題也較爲聚焦。有別於牧師巴魯爾，科

學家羅比森可謂啓蒙運動的產物。他是一位卓越的物理學家，原本相當支持當時的自由探究精神，直到後來因爲疾病所苦，在晚年變得愈來愈古怪，才開始站在反對的立場。然而，在那段晚年期間，羅比森爲世界留下了兩項永久的遺產，除了協助建立陰謀論者的歷史觀，也在差不多的時間點發明了警笛（siren）的前身。這個發明還眞棒。

約翰・羅比森和巴魯爾一樣，對光明會最大的不滿是他反對該會的思想，以及該會散布思想的方式。他對烏托邦信仰抱持著保守的懷疑態度，擔心革命只會導致混亂，無法讓大家得到更好的未來，也害怕那些相信自己正在創造完美社會的人爲了目標而不擇手段。他眞的很不喜歡關於平等的言論，認爲這種「可怕的均等化」會讓「懶散或失敗者」永遠有權剝奪「勤奮者」辛苦勞動的成果。

羅比森以相當長的篇幅，專門討論他對於光明會提議讓女人參與社會一事的「厭惡」，而他認爲這會導致「女性的墮落」，使她們無法扮演好「美麗可愛」的自然角色。他提出法國的可怕情況當作證據，認爲女人出現在劇場，「毫無端莊可言，並且在大庭廣眾下露出赤裸裸的身體。」

除了拒絕接受法國女人露出手臂的權利之外，羅比森這本書還有值得注意的一點，那就是從《陰謀之證據》的書名來看，它很明顯缺乏了……唔，陰謀之證據。一位認同他的傳記作者在幾年之後寫道：「法國大革命所敲響的警鐘，導致羅比

森先生反常地輕信了一些事。」所以他才會把「最站不住腳的假設，當成確切又無可辯駁的證據」。⑬書中有大量內容不加批判地抄襲了利奧波德·阿洛伊斯·霍夫曼發表的偏頗之作。此外，羅比森的許多資訊都來自亞歷山大·霍恩（Alexander Horn），他是本篤會修士，也是英國間諜，而他出奇活躍的社交生活讓一位女性友人稱他「是一位好青年，卻是一位壞修士」。⑭霍恩是光明會理論的忠實信徒，但可惜的是，他對羅比森而言或許並非完全可靠的消息來源。羅比森的傳記作者寫道：「我們很難說服自己相信，那些羅比森先生藉以發展陳述的原始文件，值得他懷有那麼大的信心。」⑮

最後，羅比森呼籲「阻止所有祕密集會」，並且抵制任何會煽動民眾「嚮往不可企及之幸福」的政治主張，這條道路必然會通往「由一群放蕩暴民組成的邪惡暴政」。在這方面，他的願望至少有一部分很快就要實現了。

《陰謀之證據》一書出版的隔年；1798年，發生愛爾蘭起義（Irish Rebellion），英國政府嚇了一跳，認為境內可能發生類似法國大革命的事件，因此通過了《非法社團法》（Unlawful Societies Act），徹底禁止聯合愛爾蘭人會（United Irishmen）之類的團體，並宣布那種要求成員立誓或將成員名單保密的社團，皆為不合法組織。該法條的內文一開始便警告：「一項叛逆陰謀已進行許久……（欲推翻）大不列顛與愛爾蘭境內政府及教會所有現存體制。」陰謀論史觀已經嵌入了法律。

面對法國和其他地方發生的大規模動盪，容易輕信陰謀論的絕對不會只有約翰・羅比森一個人。從十八世紀晚期持續到十九世紀前半葉的革命時代（Age of Revolutions），就是各式各樣陰謀論發展的溫床。對於支持現狀的人而言，他們無法想像在這種劇烈變動背後沒有一股智慧力量在引導並操弄著事件，無法相信那些事件反映了大眾最真實的不滿情緒。對於想要推翻舊體系的人來說，他們遭遇的每一次挫敗都可能是一項陰謀，這助長了他們的猜疑，也強化了他們的動機：這些事證明了當權派非常強大，所以革命是必要的。

　　因此，對抗英國東印度公司（East India Company）統治的1857年印度民族起義（Indian Rebellion），很早就被反對者與支持者解讀成一項陰謀。（歷史證據顯示，那些被指稱為策畫事件的領導者其實大吃一驚，而且他們的第一個反應是試圖鎮壓。）⑯

　　在古巴，「梯刑陰謀」（Conspiracy of La Escalera）也引發了對立的理論。據說這是在1844年發起的一次奴隸起義計畫，後來導致當局採取了暴力的報復行動，稱之為「鞭年」（the Year of the Lash）。有一派宣稱這場起義是真正的陰謀；另一方則主張這是為鎮壓找理由的假旗行動。（歷史上的共識是認為，這場起義確實經過策畫，並且有一位贊成廢奴的英國領事支持。）⑰

　　這種陰謀論可能會引發實際的結果。德州加入美國聯邦的

其中一個理由，是因爲贊同奴隸制的國務卿約翰・C・卡洪（John C. Calhoun）所散布的陰謀論。1844年，德州剛從墨西哥獨立時，卡洪宣傳了一項理論（只是根據一位駐牙買加的前美國領事之妄想），主張英國人正在策畫奴隸起義，讓獲得自由的奴隸大量湧入美國南方，企圖「毒害黑人心靈」並引發種族戰手。卡洪利用這個理論，激起德州和華盛頓方面對於解放黑奴的恐懼，說服了雙方召開祕密會談，將德州併入美國。⑱

革命會引發陰謀論的原因，並不難理解。我們幾乎可以說，革命本來就需要**某些**程度的協調才能夠發生。一群憤怒者不可能碰巧都在同一天出現在巴士底監獄外面，而革命者會認爲自己受到強大力量反對的這一點並沒有錯。

不過，關於革命的陰謀論，其實是行爲主體性偏誤的經典範例。這種陰謀論會逆向地從結果來分析原因，將可能導致起義的所有事件視爲**故意**。它們會將複雜的情況，簡化成少數幾個大壞蛋的行爲；它們會認爲國內的不滿必定源自境外勢力埋下的種子；最重要的是，它們會大幅高估混亂事件受到指使的程度。革命不會完全未經規畫，但也不會完全經過規畫。

此外，還有一種共同的基本衝動在刺激著奧古斯丁・巴魯爾和約翰・羅比森，那就是將政治對手視爲陰謀者的傾向。如果你大致了解歷史上的許多陰謀論，就會發現在針對祕密會議和暗中協調的激烈指控下，往往有個不安的想法，那就是：政治立場跟你不同的人，似乎是眞的想要實現自己的政治目標。

這些陰謀論象徵了我們對於社會發展方向的焦慮，也代表我們認為對手的理念不只錯誤，而是本來就不合理。

羅比森和巴魯爾的書很快就受到了一群讀者歡迎，因為內容正好就是他們要的。《陰謀之證據》的初版幾乎立刻就賣光了，總共發行了四版，以當時的標準可謂相當暢銷。巴魯爾的理論也受到廣泛引用，除了在報紙上重印，也在全國各地的講道中一再重複。

雖然光明會陰謀論根本還沒被全世界接受，但幾年來已經獲得許多人支持，特別是在保守派與傳統主義者的圈子裡。[19] 艾德蒙・伯克（Edmund Burke）—— 我想我們不得不稱其為「現代保守主義之父」—— 他看起來也是完全相信了。伯克在寫給巴魯爾的一封信中，表示《雅各賓主義歷史回憶錄》的第一卷讓他很「高興」，讚美這位牧師的證據有「法律上之正當性及正確性」，還補充說明他知道一件事，那就是有幾個所謂的陰謀者從數十年前就開始在策畫法國大革命了。[20]

這引發了一個明顯的問題：也許這個理論很流行，但當中有沒有任何真實的部分呢？

我們先前提過，約翰・羅比森的書是以一堆不可靠的來源為依據，這一點就連幾年後一位認同他的傳記作者都看得出來。奧古斯丁・巴魯爾的書同樣也充滿了謬誤、毫無證據的主張，以及荒唐的過度詮釋。如今沒有任何嚴謹的學者會相信它是對於法國大革命的真實歷史描述（有位研究祕密社團的歷史

學家用「一派胡言」來形容它）。㉑

　　不是只有現代學者才會這麼看待巴魯爾。許多跟巴魯爾同時代的人，（包括基本上認同其政治立場的那些人）也指出了書中的缺陷。其中，《反雅各賓評論》（*The Anti-Jacobin Review*）——這應該不會窩藏雅克賓派的祕密支持者了吧——就指責巴魯爾過度妄想，說他的理論「毫無事實依據」。約瑟夫・德・邁斯特（Joseph de Maistre）則認為他的主張很「愚蠢」，㉒而這個人可是法國大革命的主要反對者，也跟艾德蒙・伯克一樣經常被稱為「現代保守主義之父」。[4]

　　巴魯爾與羅比森的很多論點都站不住腳，而且他們都必須處理一個相當明顯的問題：法國大革命發生時，光明會早就不存在了。他們的解決方式很簡單，都表示這個社團並未瓦解，只是地下化了。他們指出光明會以兩種方式繼續運作，一位重要的光明會成員約翰・約阿希姆・克里斯多夫・博德（Johann Joachim Christoph Bode）於1787年造訪巴黎，將光明會的勢力傳到了法國，而他也替革命埋下了種子；同時，在神聖羅馬帝國境內，光明會也以日耳曼聯盟（German Union）這個傀儡組織的形式復甦。

　　然而，將博德那趟巴黎之行當成抗爭的泉源，一點也不合理。首先，博德所寫的一本祕密日記在二十世紀時被發現，裡面根本沒有以下這種內容：「煽動革命的計畫很順利；法國共濟會現在完全歸附到光明會了。」他前往巴黎的真正理由，是

試圖（但並未成功）解決當時共濟會圈子裡沒完沒了的爭吵。

當然，我們不能怪巴魯爾和羅比森沒讀過博德的日記，不過那時候就有許多批評者指出他們的錯誤了。其中最著名的是尚・約瑟夫・穆尼埃（Jean Joseph Mounier），他是一位中間派的政治家，在革命發生早期，扮演著試圖讓大家達成妥協的關鍵角色，結果並沒有成功。穆尼埃之所以有資格判斷那些指控正確與否，是因為他曾經近距離目睹過幾次重要事件，也跟許多被指稱為陰謀者的人士相識；1790年，他被迫逃離法國，對那些人就沒什麼特別的好感。他認為這本書是胡扯。「以簡單的原因代替極其複雜的原因，只為了讓最懶散又最膚淺的人能夠理解。」他在1801年這麼寫道。㉓

尚・約瑟夫・穆尼埃指出，只要是熟悉巴黎共濟會的人，都很清楚博德此行的真正目標，而且陰謀論中提及的人通常跟光明會毫無關係，或是跟法國大革命毫無關係。不僅如此，他還明確表示這項陰謀論一點也不合理。對那些所謂被博德改變心意的人而言，他給不了他們任何好處。博德無法用權力、勢力或職位誘惑對方，因為他們本來就是巴黎的大人物了。博德也不太可能以哲學觀打動巴黎的知識分子，那只不過是在重新炒作盧梭而已——的確，穆尼埃曾提到盧梭的那些論點「已經很久都不流行了」。想像一下，博德在普羅柯佩咖啡館（Café Procope）啜飲咖啡，說：「嘿，你們應該來一場革命。」接著巴黎的思想家就說：「哇靠，我們還真沒想到呢！這個想法真

酷，謝啦德國！」這種場景實在太好笑了。

至於光明會利用傀儡組織，以日耳曼聯盟的形式繼續運作，這種概念也沒好到哪裡去。日耳曼聯盟確實存在，這個智慧結晶來自一位差勁的神學家，名叫卡爾・弗雷德里希・巴爾特（Carl Friedrich Bahrdt），他的個性不好，因此接連被迫辭去好幾個大學的工作，而他的厲害之處在於製作了一部《聖經》翻譯本，其不受歡迎的程度，甚至讓神聖羅馬帝國的最高法院都規定他永遠再也不得出版任何神學作品。

卡爾・弗雷德里希・巴爾特背負著一連串還不清的債務，也讓至少一名情婦懷孕，其臭名遠播的程度，讓人們在街上與他擦肩而過時，還會在胸前畫十字；窮困的巴爾特淪落到經營一間酒吧，而他就是在此時靈機一動想出了絕妙好計，打算成立一個祕密社團：日耳曼聯盟。這個社團就像光明會，主要事務是閱讀啟蒙運動相關的好書。不過，這裡有個很重要的轉折，巴爾特眼中的完美世界，是由他自己獨占發行那些書籍的權利，賺入大筆金錢。

這種詐騙手法實在太明顯，所以日耳曼聯盟比光明會更快瓦解。它垮台的方式也跟光明會非常類似：有人在1789年初匿名出版了一本小冊子，向大眾揭發這個社團的所有祕密，隨後巴爾特就遭到了逮捕。

關於「日耳曼聯盟延續了光明會，並得以指使法國大革命」的陰謀論，有幾個問題。第一是日耳曼聯盟在群眾攻擊巴

士底監獄時也瓦解了，另一個問題是我們現在知道誰寫了匿名小冊子推翻日耳曼聯盟。[24]那個人就是——約翰．約阿希姆．克里斯多夫．博德。

你看出來了吧？如果博德是繼續為光明會做事的間諜，而日耳曼聯盟是光明會賴以繼續存在的傀儡組織，為什麼前者要揭發後者？無論巴魯爾和羅比森的主張為何，光明會最多只可能是其中之一的主宰，不可能同時主宰兩者。

當然，你不一定非得揭穿光明會陰謀論的細節，才能知道他們錯在哪裡，因為最主要的關鍵在於光明會並非革命組織。亞當．魏薩普或許是個自負、對祕密著迷又有獨裁傾向的書呆子，但他也是一位漸進主義者，相信他的理想社會還要經過好幾個世紀才會實現；畢竟這就是社團一開始建立的重點。

之後我們會看到，有許多陰謀論主張光明會是其意識型態的先驅，而後世湧現的所有左派運動也全都受其影響。不過，雖然魏薩普在他的時代是屬於追求進步的那一方，他對啟蒙思想的傾向卻不太激進，也沒什麼影響力。事實上，從許多方面來看，正是因為魏薩普缺乏激進主義的觀點——他無法想像未來可能跟他所處的社會有很大不同——最後才會導致他的團體垮台，也讓他們後來成了傳奇。

跟許多空想家相同的是，魏薩普追求自由的衝動被控制式的家長作風（paternalism）給削弱了；人類無法自己走好通往完美的路，必須由更有智慧的人來指引（也就是他）。因此，

他才會嘗試操弄而非挑戰體制，並且利用開始在歐洲許多地方引起不滿的封閉性權勢網絡，結果卻造成了反效果，也讓光明會被描繪成邪惡的操縱者。問題在於，魏薩普對他出身的社會並未大力反對，而是理念太相近了。

在大西洋的另一端，美國副總統湯瑪斯·傑佛遜（Thomas Jefferson）在1800年寫給詹姆斯·麥迪遜（James Madison）主教[5]的信中也提到了這一點，他認為亞當·魏薩普的行為起因於他「生活在暴君與牧師的專制下」。傑佛遜寫道：「如果魏薩普是在這裡寫作，在這個不需要祕密並致力於讓人獲得智慧與道德的地方，他就不會想出那樣的祕密體系了。」㉕

湯瑪斯·傑佛遜會寫這封信，是因為美國陷入了一陣對於光明會的恐慌。不同政治派別的人互相指責；傳教士兼地理學家傑迪戴亞·摩斯（Jedediah Morse）譴責光明會，結果反被指控加入了光明會。㉖傑佛遜也被指控是其成員，這一定很出乎意料之外，因為他在信中寫得很清楚，自己第一次知道光明會是在奧古斯丁·巴魯爾的書中讀到，他還認為那本書是「一個瘋子在胡言亂語」。

美國人的光明會恐慌，正好讓我們知道這項陰謀論傳播了多遠，不過此時它的第一波爆發也快結束了。巴魯爾和羅比森的作品為後人立下了範本；十九世紀大多數時間，陰謀論會在人們分析政治時扮演主要的角色。不過，光明會陰謀論本身也

將沉寂許久，它偶爾才會在人們解釋某些事件時出現，但從未引起軒然大波。懷疑其他原因的聲浪似乎更為強大。同時，拿破崙的崛起也讓歐洲開始擔心其他事了。從現實面來看，當拿破崙的大軍團（Grande Armée）正在你的街上行軍，你也很難去管巴伐利亞的法律教授使了什麼陰謀詭計吧。有好一段時間，光明會陰謀論彷彿只是歷史上的一個奇怪小插曲而已。

但它不是。光明會陰謀論會在超過一個世紀之後復甦，而且變得更有影響力，遠遠超出魏薩普、巴魯爾或羅比森所能想像。不過，那要在後面的章節才會談到了。接下來，我們即將探討「碧昂絲是光明會成員」這句話的另一個層面，談論一些名人。

附註 ———

[1] 此處要說明一點，魏薩普的光明會——在德文中是 'Illuminatenorden'——這個名稱並非第一次也不是最後一次出現。過去幾個世紀裡，很多團體都用了 'Illuminati' 或法文的 'Illumines' 來稱呼自己，以後一定也有人會這麼做。這並不令人吃驚，真的；人們在替組織構思好聽的名稱時，「光明」一向都是相當流行的隱喻用法。

[2] 確切來說，阿道夫·科尼格的頭銜其實叫「自由領主」（Freiherr），這是神聖羅馬帝國的一種貴族階級，地位跟男爵差不多。此外，他的名字也經常被稱為「馮·科尼格」（von Knigge）；代表貴族身分的 'von' 在他一生中似乎會時而出現、時而消失，這大概是受到了政治風向的影響。

[3]「這個人是光明會成員嗎？」是現代光明會狂熱分子最愛玩的遊戲之一；由於其成員都使用祕密代號，所以這種遊戲往往會淪於猜測或一廂情願的想法。歌德也許是其中一員，但我們無法百分之百確定。

[4] 沒錯，保守主義有兩個爸爸。

[5] 特別說明，此處指的不是在傑佛遜之後當上總統的詹姆斯·麥迪遜。美國叫詹姆斯·麥迪遜的人實在太多了。

4 都是明星惹的禍：
披頭四團員之死及其他謠言
The Faults in Our Stars

　　你大概沒聽過威廉・坎貝爾（William Campbell）這個名字，但一定聽過他的歌。〈Hey Jude〉這首歌很有名，其他還有：〈Lady Madonna〉、〈Get Back〉、〈Let it Be〉、〈The Long and Winding Road〉……在他單飛以後還有更多首歌，雖然大家都覺得這些歌沒以前那麼棒，但你還是免不了會在十二月期間聽見〈Wonderful Christmastime〉至少二、三十遍。

　　就算你不知道威廉・坎貝爾（這一點其實有些爭議，因為也有人稱呼他為威廉・希爾斯・坎貝爾〔William Shears Campbell〕），你也會認得這個人，因為超過半個世紀以來，他都用「保羅・麥卡尼」（Paul McCartney）這個名字演出。

　　你要知道，「保羅・麥卡尼」並不是藝名。雖然大衛・鮑伊（David Bowie）的本名是大衛・瓊斯（David Jones），不過真正的保羅・麥卡尼一直都是麥羅・麥卡尼。比利・希爾斯（Billy Shears，他的另一個稱呼）不是真正的保羅・麥卡尼，

因為真正的保羅・麥卡尼在1966年11月的一場車禍中喪生。因此，在第一任超時空奇俠（Doctor Who）威廉・哈特內爾（William Hartnell）重生為派屈克・特勞頓（Patrick Troughton）的幾天後，保羅・麥卡尼也重生為威廉・坎貝爾了，或者叫比利・希爾斯，也可能是威廉・希爾斯・坎貝爾。隨後的幾年，披頭四（The Beatles）的風格進入比較實驗性的階段，創作出一些最著名的歌曲，所以樂迷會好奇失去保羅・麥卡尼是否真的那麼嚴重，其實也是情有可原。

我們在這裡講得好像頭頭是道，那是因為(1)這整件事很明顯就是一堆魯頭四（Rutles，註：一個模仿披頭四的樂團，會惡搞原創歌曲）的老哏，以及(2)保羅・麥卡尼很肯定自己沒在1966年死掉，而他這輩子有三分之二的時間都在拿這件事開玩笑。然而，在1969年的幾週內，全世界的音樂新聞都在報導他的「死亡」以及後續的掩飾行動。從此以後，尋找「線索」就變成披頭四粉絲的娛樂了。①

故事是這樣的。1969年9月，愛荷華州德雷克大學（Drake University）的學生報《Times-Delphic》刊登了一篇文章，標題是「披頭四成員保羅・麥卡尼死了嗎？」，其作者是十九歲的提姆・哈潑（Tim Harper），他聲稱自己並非陰謀論者，甚至也不是披頭四的樂迷，他只是在校園裡聽見有人討論這個謠言，覺得它會是個好故事。

他在文章中列出一大堆「證據」，證明保羅・麥卡尼在大

約三年前發生了可怕的事。文章指出，在《比伯軍曹寂寞芳心俱樂部》（*Sgt. Pepper's Lonely Hearts Club Band*）專輯封面底部，有個像墳墓的圖案上擺著一把左撇子吉他，就是麥卡尼會彈的那一種。在插頁的照片裡，麥卡尼戴著一個黑色臂章，上頭的字是"OPD"，也就是"officially pronounced dead"（正式宣告死亡）的首字母縮寫。在專輯封底，他背對著鏡頭，其他三人則是往前看；喬治·哈里森（George Harrison）似乎正指著「星期三清晨五點」（Wednesday morning at five o'clock）這句代表了死亡時間的歌詞。披頭四在美國發行的下一張專輯是《奇幻之旅》（*Magical Mystery Tour*），其中三位成員穿著灰色的海象裝，第四位則是黑色。「據說海象對維京人而言，象徵了死亡。」哈潑這麼寫道。

光是「據說」這個詞，就解決了一大堆麻煩。

事情原本可能到此為止，畢竟那只是一篇文章，不過，1969年10月12日，羅斯·吉布（Russ Gibb）在底特律一家廣播電台主持節目時，有個聽眾打電話進去討論世界上的各種謠言。他提議要倒著播放披頭四的〈Revolution 9〉開頭，這是一段冗長、囉嗦、幾乎毫無音樂性的插曲，自1968年首度出現於《白色專輯》（*White Album*）起，就一直被人們跳過不想聽。於是，歌曲裡不斷地重複的"number nine"突然像是被重新組合，如果你的耳朵像瞇起眼睛那樣仔細聽，就會覺得那有點像是"Turn me on, dead man."（讓我快樂，死人。）要是你

的大腦像瞇起眼睛那樣仔細想，就會認為這是指披頭四的某個成員已經死了。

接下來的幾個小時，羅斯‧吉布跟其他來電者討論這個謠言，還找到了更多線索，例如，約翰‧藍儂（John Lennon）利用〈Strawberry Fields Forever〉的結尾部分，吟誦著"I buried Paul"（我埋葬了保羅）這幾個字。兩天後，另一份學生報《密西根日報》（*Michigan Daily*）刊登了另一篇文章，標題是「麥卡尼已死；揭露新證據」，其中的大部分證據都來自披頭四剛發行的《艾比路》（*Abbey Road*）專輯，那個知名封面的影像，是四位披頭四成員在錄音室外面的斑馬線上行走。[1] 保羅‧麥卡尼的步伐跟其他人不一致，而且打著赤腳，一副要進棺材的樣子；其他三人的穿著據說就像送葬隊伍：一身白的約翰‧藍儂像個牧師，一身黑的林哥‧史達（Ringo Starr）像是送行者，全身牛仔裝的喬治‧哈里森則像是掘墓者。

謠言散播開來，逐漸聚合成一個看似連貫的故事，缺漏的部分則由一堆毫無關聯的披頭四歌詞來填補。在 1966 年 11 月一個「該死的星期二」（stupid bloody Tuesday，註：出自歌曲〈I am the Walrus〉），麥卡尼「在車上精神恍惚」（blew his mind out in a car，註：出自歌曲〈A Day in the Life〉）。活著的三個人做出決定——不得不說還真快——要掩蓋這件事，確保「週三早上的報紙沒送來」（Wednesday morning papers didn't come，註：出自歌曲〈Lady Madonna〉）。為了不讓民

眾悲傷，他們以一場保羅‧麥卡尼容貌相似比賽的贏家取代了麥卡尼。在下一張專輯《比伯軍曹寂寞芳心俱樂部》裡的第一首同名歌曲，在結束時唱的是：「容我為你介紹，獨一無二的比利‧希爾斯」（So let me introduce to you, the one and only Billy Shears）。這個部分是麥卡尼唱的，比利‧希爾斯則是由林哥‧史達扮演，但好像沒人在乎這件事。

事實上，有些證據根本兜不攏，即使個別來看也不合理。英國牧師不會穿得一身白；掘墓者不會穿牛仔裝。《艾比路》封面裡，那塊車牌上的「28IF」被解讀成「如果保羅‧麥卡尼還活著，當時就是二十八歲了」（其實他才二十七歲，而且也沒死）。在《比伯軍曹寂寞芳心俱樂部》的封面，麥卡尼的制服上看似代表「正式宣告死亡」的"OPD"徽章，上面的字其實是"OPP"，意思為"Ontario Provincial Police"，即安大略省警察，因為那就是他們所使用的臂章。至於在〈Strawberry Fields Forever〉的結尾，約翰‧藍儂說的絕對是"cranberry sauce"（蔓越莓醬）而非"I buried Paul"（但要是沒人認為這表示藍儂把麥卡尼當成火雞一樣捆綁起來，我們一定會很驚訝）。不只如此，用外貌相似的人來取代樂團成員是一回事，要找到一個聲音像他，還能走上同樣的路成為史上最偉大的歌曲創作者，似乎就不太可能了。

到了1969年10月底，情況變得一發不可收拾。披頭四所屬的蘋果唱片（Apple Records）公司受到無數來電轟炸，大家

都在問樂團裡是不是有個成員死了，而他們的公關德瑞克・泰勒（Derek Taylor）在訪談時，也因為不停解釋沒有人死亡而愈來愈火大。最後，《生活》（*Life*）雜誌一路調查活得好好的保羅・麥卡尼，追蹤到他位於蘇格蘭西部的農場，他和妻子琳達住在那裡，準備迎接即將到來的子女。這次訪談最後成了一篇封面故事，標題是「保羅還在我們身邊」。②由於全世界都太執著在「麥卡尼是否已經死亡」這個問題，所以完全沒注意到他藉機在這場訪談中宣布樂團解散了。這項消息竟然又持續保密了六個月。

這個故事會延燒起來可能有幾個原因，其中之一當然是它出現的時機。在一段充滿了刺殺、暴動、徵兵的十年即將結束時，美國大學校園變成了非常偏執多疑的場所，瀰漫著年輕人與老年人對立的氣氛。要是政府能夠對越戰這麼重大的事件撒謊，蘋果唱片又何嘗不會在真實的樂團編制上欺騙人們呢？

另一個則是我們一再遇到的理由：不是每個寫文章討論「證據」或打電話到電台談起這種事的人，都相信自己所提到的隻字片語。對這些人來說，這只是一件很好笑的事，是一種遊戲，是企圖愚弄容易受騙的人。小說家理查・普萊斯（Richard Price）在寫給《滾石》（*Rolling Stone*）雜誌的一篇回憶錄中，提到他曾經打給一個電台的來電直播（CALL IN）節目，問：「你知道英國有84%的棺材都是用什麼製作的嗎？搞不好是87%呢……挪威的森林。」〈挪威的森林〉（Norwegian

Wood）是在麥卡尼「死去」的一年多前推出的，但這並不重要。這只是普萊斯捏造的。③

　　然而，這個故事會流行或許還有另一個理由，而它跟時代的情緒無關，跟製造麻煩的衝動無關，甚至跟保羅‧麥卡尼也無關。說不定原因在於名人所扮演的角色。

　　人類總是想要藉由故事來解釋這個世界，而陰謀論只是其中一種版本。不過，故事的重點在於它們需要角色。

　　以前，我們用來解釋事件的故事當然也有角色，他們就是神話中的眾神及英雄，而他們的日常肥皂劇中那些戲劇性轉折，都會對凡人世界造成影響。為什麼會發生大雷雨？因為索爾（Thor）正在吵架；為什麼農作物會歉收？因為歐西里斯（Osiris）不喜歡最近的儀式，所以我們需要另一座神殿了。

　　現代陰謀論的特質，往往跟這些眾神鬥嘴的古老故事非常類似。它們在解釋周遭世界的事件時，會試圖告訴人們，那都是某些遙遠、強大的個人所為，他們的動機神祕莫測，而且喜好戲劇性效果。不過，想讓這些故事發揮最大的影響，使它們傳播得夠遠並引起許多共鳴，就必須有一群廣為人知的角色。「你知道最近這些水災是誰搞的嗎？是該死的蓋瑞！」這種說法就不太有用，因為你最可能得到這種回應：「誰是蓋瑞？」

　　所以，很多陰謀論都會以名人當主角，這一點就不令人意外了。其中有些人吸引陰謀的程度，就像火焰吸引飛蛾。是誰

引發這場全球流行病的？哎呀，是比爾‧蓋茲，那個過去數十年讓你的電腦自動更新一大堆東西的傢伙。從「黑人的命也是命」（Black Lives Matter）到跨性別權益，是誰在指使所有的社會正義運動？當然，是1990年代著名的貨幣投機者喬治‧索羅斯（George Soros）。蓋茲和索羅斯這種人物一再地出現在陰謀論中，就像好萊塢喜歡回收故事情節，還把之前的壞蛋帶回續集裡，哪怕從情節來看根本不合理。

這種共用角色的需求，代表陰謀論經常繞著名人打轉，原因明顯在於他們是大多數人都知道的人物。確實，現代的名人也許缺少了古代眾神的強大能力，很少人要為戰爭的結果負責，也沒有人能夠讓農作物歉收。飾演雷神索爾的克里斯‧漢斯沃（Chris Hemsworth），就算腹肌再怎麼強壯，應該也無法控制真正的雷。

不過話說回來，當《衛報》（The Guardian）專欄作家瑪麗娜‧海德（Marina Hyde）創造「女神黃昏」（Wagnarok）一詞，來形容科琳‧魯尼（Coleen Rooney）和蕾貝卡‧瓦迪（Rebekah Vardy）兩位足球員妻子之間上演的Instagram偵探劇，[2]這不只是一個很棒的雙關語，還讓我們覺得現在的名人符合曾經由神與英雄所扮演的敘事角色。④畢竟，我們特別使用的「明星」（star）一詞源於這個概念：離開人世成為不朽的那些人，會住在天堂。古羅馬詩人奧維德（Ovid）在詩中寫到，被羅馬元老院（Roman Senate）宣布為神的尤利烏斯‧凱

105

撒，後來成為天上的一顆彗星；⑤十幾個世紀之後，喬叟（Geoffrey Chaucer）創造了"to stellify"（化為星辰）這個動詞來描述這種身分地位的提升。從這個角度來看，明星等於是生活在曾經由神居住的國度裡。⑥

當然，大多數時候，在談論我們最喜歡（或最不喜歡）的名人私生活時，並不會使用「陰謀論」這個術語。我們通常只會稱其為「八卦」（gossip）。不過，八卦和它的近親「謠言」（rumor）很像，跟陰謀論之間的界線偶爾會變得有點模糊，而且一開始的八卦或許會隨著時間演變成真正的陰謀主義。這兩者都可以視為「即興新聞」（improvised news）的形式之一，當現實無法滿足我們的渴望時，八卦和陰謀論可以符合我們的需求，而且在我們理解世界的過程中扮演了很重要的角色。

有時候，我們著迷於名人的私生活只是覺得好玩；有時候則是為了其他動機。珍妮佛‧安妮斯頓（Jennifer Aniston）與布萊德‧彼特（Brad Pitt）分手超過十五年了，然而，到了2020年1月，《時尚》（*Vogue*）雜誌作家蜜雪兒‧魯伊茲（Michelle Ruiz）都還能根據他們的一張照片「深入探討」人們對這段關係的「癡迷」：照片中，安妮斯頓正要走開，而彼特抓住了她的手腕。她如此寫道：「我希望彼特想要安妮斯頓，可是……我不希望她想要他回來。」在她真情流露的文章中，安妮斯頓被重新塑造成一個完美女人，應該要繼續前進，過得更成功，藉此教訓她那個偷腥的爛前夫。她並非鄰家女

孩，而是世界上最有魅力的女人，這提醒了我們，現在討論的可不是凡人。

總之，蜜雪兒‧魯伊茲認爲，數十年來世人會如此著迷於珍妮佛‧安妮斯頓與布萊德‧彼特的過往戀情，不只是出於明星肥皂劇的吸引力。原因在於參與其中的不只是一般人，他們是象徵，代表著我們對於自己和朋友的期望與恐懼。以前，人們會尋找原型和共有的故事，藉由神與英雄來探究及討論眾所周知的主題，而現在有名人八卦網頁可以做到差不多的事。⑦

因此，當樂迷開始害怕保羅‧麥卡尼已經死亡，還被某人冒名頂替，他們擔心的其實不是某個來自利物浦（Liverpool，註：麥卡尼的出生地）的傢伙，其中還有更深的涵義。

披頭四在1966年確實發生了改變，不過，並非在於保羅‧麥卡尼那個人的身分。在他們成名的前幾年，一直是個流行樂團，不斷地創作出像是〈I Want to Hold Your Hand〉這樣的兩分鐘歌曲。沒錯，也許樂迷的父母不喜歡他們的頭髮那麼多，但他們也會穿西裝，參加美國電視綜藝節目《蘇利文劇場》（*Ed Sullivan Show*），或是在《皇家大匯演》（*Royal Variety Performance*）上說笑話。跟許多青年文化比較起來，他們並不具威脅性。

然而，這一切都在1966年改變了。三月，約翰‧藍儂在那場聲名狼藉的訪談中表示，這個樂團比耶穌更受歡迎。幾個

月後，這些言論在美國引起注意，電台不再播放他們的歌曲，而他們的唱片也被公然焚燒。那一年的夏天，該樂團也在菲律賓收到死亡威脅，於是他們決定停止巡演，大概是覺得這種情況再也不有趣了吧。此後，他們就待在錄音室裡，製作愈來愈迷幻且現場根本無法演出的音樂。同時，他們把頭髮愈留愈長，而且嗑了很多藥。據說，巴布・狄倫（Bob Dylan）在聽了保羅・麥卡尼為他播放樂團於 1966 年《左輪手槍》（*Revolver*）專輯裡，最後一首最奇怪的歌曲〈Tomorrow Never Knows〉之後說：「喔，我懂了。你們不想再走可愛路線了。」

　　或許就是因為這樣，「保羅已死」的理論才會得到支持；所以有人願意相信那些玩笑基本上有點真實性。樂迷本來認為披頭四是個可愛的男孩團體，結果親眼看著他們變成更有趣的樣子，但也更具威脅性了。或許，這項陰謀論只是直白地解釋了為何 1969 年的披頭四，會跟 1963 年的披頭四差異那麼大，因為他們的確不是同一批人了。

　　至於謠言為什麼會集中在保羅・麥卡尼身上，說不定只是剛好。確實有人謠傳麥卡尼於 1966 年至 1967 年冬天在 M1 高速公路上發生了一場車禍，而當時有一本粉絲雜誌覺得必須駁斥這件事。或者，正如劍橋大學英文教授黛安・珀基斯（Diane Purkiss）所認為的，原因就在於保羅・麥卡尼這個人能夠「獲得母親的認同」。[8] 她將這個騙局比作神話裡的「調換兒」（changeling），即妖精綁走人類小孩之後所留下的相似物。她

說，在1960年代晚期，「我猜很多父母都覺得自己的孩子變成了陌生人。」而「保羅已死」的迷思，就是「父母和青少年處理情緒的方式，用來面對這種新出現的疏離感」。對象一定要是保羅‧麥卡尼，因為父母會最先願意把他當成自己的孩子。

不管理由是什麼，最後都是真正的保羅‧麥卡尼贏了。1993年，他發行了一張叫《*Paul Is Live*》的現場專輯，封面是一隻狗拖著這位笑開懷的歌手穿越艾比路。2019年4月，費盡心力散播這個故事的密西根DJ羅斯‧吉布過世了，他活到八十七歲，而麥卡尼活得比他更久。

還有另一個理由讓我們覺得一定有某種更深入的心理解釋，可以說明「保羅已死」這件事的吸引力。這些年來，也有數十位名人發生了冒名頂替的謠言。「分身與身分研究社團」（Doppelganger and Identity Research Society）留言板自2008年開始運作，上面有些冗長的討論串，標題像是「雪瑞兒‧可洛死於1996年4月3日」（Sheryl Crow Was Killed on April 3, 1996）、「查理‧辛再見」（GOODBYE CHARLIE SHEEN）、「瑪莉安‧菲絲佛，沒錯就連她也是！」（Marianne Faithful, Yes Even her!），一位受歡迎的女演員只要外表稍微改變，或多或少就會被當成線索，表示她被長相類似的替身取代了，反

而沒人認為這是因為屬害的化妝術或是出自好萊塢最棒的整形外科醫師之手。⑨

　　網路上其他地方也有針對名人的謠言，例如：麥莉‧希拉（Miley Cyrus）因為嗑藥過量而死或是在2010年被一家公司謀殺身亡；阿姆（Eminem）在2009年推出《又來了》（*Relapse*）專輯之前，那段漫長的創作瓶頸被解讀成他已經死於由光明會安排的一場車禍，而他們用一位比較順從新世界秩序（New World Order）的複製人取代了他；或是泰勒絲（Taylor Swift），因為她長得有點像生於1963年的撒旦教會（Church of Satan）創始者之女齊娜‧拉維（Zeena Lavey），所以她應該是對方的複製人，但老實說並不是。⑩

　　不過，「保羅‧麥卡尼紀念獎之祕密死亡人氣明星」絕非艾薇兒（Avril Lavigne）莫屬，早在2011年，就有某個巴西粉絲專頁開始討論她過世的消息。根據其理論，這位加拿大歌手在祖父過世之後便陷入憂鬱，於2003年自殺，這輩子就只發行了一張專輯。顯然這件事對唱片公司是一項損失，畢竟他們花了很多心力讓人們相信滑板龐克（skate punk）確實是一種流行，[3]因此說服了她的朋友兼替身梅麗莎‧凡德拉（Melissa Vandella）來取代她。⑪

　　然而，隨著時間過去，梅麗莎深感內疚，於是開始留下線索，例如改變穿搭風格，或藉由〈愛已不在〉（Slipped Away）這類歌曲的歌詞洩露祕密（「你離開的那天／我發現日子再也

不一樣了」），或是在手上寫下"Melissa"（梅麗莎）一詞。這一切都是為了不讓貪婪的唱片公司主管發現而傳達給粉絲的訊息，要告訴大家，艾薇兒並不是他們所認識的那個人。

有趣的是，最早提出「艾薇兒已死」理論的部落格，名叫"Avril Esta Morta"⑫，在開頭就寫了：「建立這個部落格，是為了示範陰謀論看起來有多麼真實。」它隸屬於一個大團體，裡面還有其他類似的部落格，以類似的方式討論名人的死亡與替身，例如麥莉‧希拉、賽琳娜‧戈梅茲（Selena Gomez），以及保羅‧麥卡尼。這些東西並非真的要散布各種名人已死的消息，而是刻意公然造假的。

起初，Avril Esta Morta 達到了想要的效果，這個陰謀論成為巴西網路圈內的笑話，不過由於看得懂葡萄牙文的人相對較少，也就沒傳開來。可是到了 2015 年，替網路新聞媒體公司 BuzzFeed 工作的美國作家萊恩‧柏德瑞克（Ryan Broderick），決定在推特上提起這件事。其中一個結果是，艾薇兒的許多粉絲突然對萊恩‧柏德瑞克感到憤怒；另一個結果是包括 Gawker 和 Vice 等媒體都寫了專題報導，接著就是成千上萬次的社群媒體分享。⑬

這個陰謀論每重複一次，就會稍微突變一點，逐漸遠離「這個東西才不是事實」的方向，而有些想要相信自己知道偶像祕密的粉絲便會認真看待。

到了 2019 年，這位滑板龐克歌手已經跟保羅‧麥卡尼一

樣「徹底死亡」了。

　　如果有人很想證明某些活得好好的人已經死了／被相似者取代／是複製人，那麼同樣也會有人想證明某些已逝的名人其實還活著。全世界到處都有人見過「貓王」艾維斯‧普里斯萊（Elvis Presley），例如，他在過世那天去了孟菲斯國際機場（Memphis International Airport），據說要買機票飛往布宜諾斯艾利斯（Buenos Aires）；或是出現在電影《小鬼當家》（*Home Alone*）中人滿為患的機場畫面中；甚至還有他在1984年跟拳王阿里（Muhammad Ali）的一張合照。[4] 這些目擊事件全都被破解了：雖然孟菲斯國際機場的名字裡有「國際」二字，但在1977年時還沒有任何國際航班；[5] 就算你相信貓王會跑到那部國際發行的聖誕強檔電影裡並躲在背景中，那位臨時演員的身分後來也已經證明是蓋瑞‧理查‧葛洛特（Gary Richard Grott）了；[6] 跟阿里合照的男人，後來證實是運動經紀人賴瑞‧寇伯（Larry Kolb），但據說阿里幫了倒忙，竟然向一位採訪者表示他是「我的朋友艾維斯」。⑭

　　其他被嚴重誇大，謠傳還活著的名人包括門戶樂團（The Doors）的主唱吉姆‧莫里森（Jim Morrison）、麥可‧傑克森（Michael Jackson）、黛安娜王妃（Princess Diana）、超脫樂團（Nirvana）的主唱寇特‧科本（Kurt Cobain）。饒舌歌手吐派克（Tupac Shakur）在1996年於拉斯維加斯遭到槍擊，六天後

身亡，不過他的死對頭大個子小子（Biggie Smalls）在幾個月後也被謀殺，加上吐派克死後發行的專輯竟然比生前還多，因此有人相信他還活得好好的，而且很可能就住在古巴。⑮

有人會相信活著的名人已經死去並被分身取代，這種事很奇怪，讓人不安，也很難解釋。至於有人相信死去的名人還活著，這就容易理解多了。如果我們把名人視為某種原型或化身，把他們當成故事裡的角色而非血肉之軀，那麼既普通又平凡的死法感覺就不太恰當了。處於中年早期，又胖又憂鬱的貓王死在馬桶上，這似乎不是他白手起家的故事中所需要的輝煌事蹟，因為這種理由並不充分，就像大家覺得只有一名暗殺者就消滅了甘迺迪王朝這個理由並不充分。

這麼多樂迷說服自己相信最愛的歌手還活著，其實有另一個更簡單的原因：沒人希望自己的英雄死去。沒人想要跟自己的偶像說再見。

我們暫且不談生死，先考慮一個整體來說更重要的問題：凱蒂・佩芮（Katy Perry）是不是真的公然進行了一連串向光明會或撒旦致敬的儀式，藉此引誘美國年輕人放棄基督教？證據可是很有說服力的呢。⑯

首先，凱蒂・佩芮非常清楚美國人所謂正當、適切的基督教之路是什麼樣子。她生長於一個家教嚴格的基督教重生家

庭，母親會把魔鬼蛋（devilled eggs）稱爲「天使蛋」（angelled eggs），而且不讓孩子吃幸運符（Lucky Charms）牌的穀片，因爲"lucky"這個詞會讓她聯想到"Lucifer"（註：音譯爲「路西法」，爲七原罪的傲慢之罪）。佩芮一開始的職業也是福音歌手。

然而，佩芮是在2008年發行好奇型雙性戀者（註：指有興趣嘗試雙性戀的異性戀者）的國歌〈我吻了個女孩〉（I Kissed a Girl）之後，才獲得了商業上的成功。那首歌的副歌部分除了唱出歌曲標題，還加上了「而我很喜歡」這句可惡的話，意圖相當明顯又無恥，就是要引誘容易受影響的年輕人跟隨她遠離光明之路。

還不只這樣，2010年，佩芮嫁給了羅素・布蘭德（Russel Brand），兩人辦了一場傳統的印度婚禮。你注意到了吧，不是基督教婚禮，而是印度教派。2013年，她發行了第十五支單曲〈黑馬〉（Dark Horse），拍攝了一支古埃及主題的音樂錄影帶，扮演曼菲斯（Memphis）的女巫Katy Pätra。在影片中，她拒絕了一連串的追求者並將他們分解，身邊從頭到尾都圍繞著光明會的意象，包括全視之眼、金字塔，以及那些藍皮膚奴隸頭上所戴的象徵精神控制的鳥籠。

她還把一個男人變成了一隻狗。

另外，佩芮在2014年的葛萊美獎典禮上演出了〈黑馬〉。她從一顆圓罩裡出現，進入一片煙霧瀰漫並有枯死樹木的景

觀，自己跟周圍的舞群都穿著長袍，附近還有長了角的神祕生物，而在歌曲結束時，她和其他人繞著倒置的掃帚跳舞，最後舞台還突然起火。陰謀論網站Inforwars對這次演出的報導標題是「光明會女祭司在世人面前執行巫術儀式」。Inforwars是非常值得信賴的網站，而且他們絕對沒有精神失常。

最可惡的是，《滾石》雜誌後來在八月問起佩芮這件事時，她根本沒否認。她反而回答：「聽著，要是光明會真的存在，我很樂意受邀！……我很想參加！」隨後，雜誌將這次訪談的標題寫成：「凱蒂·佩芮：我想要加入光明會！」

這類標題直至五年後仍然糾纏著佩芮，她在2019年參加大都會藝術博物館慈善晚宴（Met Gala）時，在紅色面紗上繡了黑色的 "witness"（見證）一詞。有位名叫The Christian Truther的YouTuber，在《反基督的凱蒂·佩芮採取了崇拜撒旦的貝爾丹（Beltane）火焰節儀式》這段影片中，問了「要見證什麼？」這個問題。這位評論者也指出，"witness" 中的 "t" 看起來很像十字架，幾乎等於是反基督和崇拜撒旦的凱蒂·佩芮在嘲笑耶穌。[7]

諸如此類。

我們在這裡要為陰謀論者說一點公道話，凱蒂·佩芮顯然在歌手生涯早期就刻意選擇遠離基督教的根源，並且開始賣弄性感。而她的影片和演出也很明顯利用了非基督教的意象。（老實說，那場葛萊美表演怪異地使人聯想到《哈利波特：火

盃的考驗》中，食死人讓佛地魔復活的場景。只是比較性感。）

　　不過，流行樂歌手幾乎從一開始就一直在玩弄這種意象了。〈黑馬〉影片中的象徵並非光明會，只是古埃及。至於佩芮在2019年參加大都會藝術博物館慈善晚宴時所謂的「見證」，答案很明顯是「她最新的錄音室專輯名稱就叫《見證》（*Witness*）」。如果要參與五月一日的貝爾丹火焰節，她其實也晚了五天，而在參加晚宴的五月六日舉行撒旦崇拜儀式，其效力必定會讓人質疑。

　　當然，跟光明會劃上連結的絕對不只有凱蒂・佩芮。這裡有一份不完整的名人清單，他們都曾被指控跟那個虛幻而如今不復存在的組織有關係，包括碧昂絲、傑斯（Jay-Z）、湯姆・漢克斯（Tom Hanks）、金・卡戴珊（Kim Kardashian）、女神卡卡（Lady Gaga）、蕾哈娜（Rihanna）、詹皇（Lebron James）、琳賽・蘿涵（Lindsay Lohan）、賽琳娜・戈梅茲、潔西・J（Jessie J）、瑪丹娜（Madonna），以及影集《小淘氣看世界》（*Boy Meets World*）的卡司。大概除了湯姆・漢克斯和《小淘氣看世界》的卡司以外，這些人都有共同的特徵，就是能夠有信心地展現自己的性感及消費主義。對於人類能否達到完美，以及十八世紀晚期德國人在啟蒙運動上的文化爭論、盧梭的哲學等議題，這些人並未明確表示看法；另外有待商榷的是亞當・魏薩普會不會讓他們加入，或者會不會嫌棄他們的行為舉

止或走路方式。[8]

電玩遊戲、搖滾樂、爵士樂、小說的誕生，或是再往前追溯到西洋棋、擲骰子和戰車賽，針對這些活動所產生的道德恐慌，其實是在擔心年輕人的社會發展與道德發展，可能受到別人的影響，而不是父母或其他傳統權威人物。⑰害怕流行音樂是撒旦崇拜者或光明會的領域，其實是在擔心文化人物能夠跨越代溝，影響我們對子女的控制權。

不過，湯姆・漢克斯到底是哪裡符合，這就沒人知道了。

總之就是這樣。關於藝人被音樂產業逼得以性感當賣點，已經討論得差不多了。我們來談談布蘭妮（Britney）吧。

喜劇演員芭芭拉・格雷（Barbara Gray）和泰絲・貝克（Tess Baker）在 2017 年推出播客節目《布蘭妮大小事》（*Britney's Gram*），旨在過度分析小甜甜布蘭妮分享於 Instagram（簡稱 IG）的自拍照、影片，以及其他看起來很隨興的照片。她們認為這是個輕鬆愉快又好玩的播客，它的標語是「網路上最快樂的地方」。

可是到了 2019 年初，有些跡象顯示布蘭妮的情況不太好。前一年十月，布蘭妮在剛到拉斯維加斯駐唱的首演中，出現於施放煙火的舞台上，然後……就走下舞台坐進一輛車。一月，她在父親傑米（Jamie）因結腸破裂緊急入院差點送命之後，宣布「無限期中斷演出」。她的 IG 上則是靜悄悄。

這對每週更新播客的人來說大概相當困擾吧。

後來，2019年4月4日，布蘭妮在閉關三個月後，跟大家聯繫了。內容不是照片，只有在一片粉紅色背景中的一段洋紅色文字（不得不說，這段話還用了一堆讓人看了很厭煩的字體）：「愛上照顧自己，身心靈。」伴隨的說明文字則是：「我們都必須花時間擁有一點『自我時間』。）」

常逛布蘭妮的IG、會聽播客，或是把關注布蘭妮當成人生大事的那些人，全都陷入了慌亂。人們開始瘋狂互傳訊息，對這篇貼文的驚訝和興奮，幾乎馬上就被一種無法忽視的感覺給取代：**事情不對勁**。格雷在當晚緊急錄製的播客上說：「只有像我們一樣深入了解的人，才會覺得這是什麼鬼？」⑱

這篇貼文有什麼問題？首先是標點符號。「自我時間」用引號標了起來；句子結束時用了句點。布蘭妮的貼文通常都比較隨興，雖然她當了二十年的超級巨星，但關注其IG的樂趣，在於她的貼文方式幾乎跟你班上的女同學差不多。相較之下，這篇貼文的語言風格有點太過完美。

另外就是泰絲・貝克所謂「全世界都聽得見的表情符號」。布蘭妮的貼文往往布滿了「表情圖案」（emojis），用幾個字母就可以畫出卡通圖案。不過，這次她用了一個表情符號，以標點符號代表笑臉，這是網際網路時代早期才有的常見用法。「我完全無法想像，在西元2019年，小甜甜布蘭妮會用『冒號圓括號』來代表開心的表情。」貝克這麼說。

結果就是，這篇貼文看起來完全就像小甜甜布蘭妮會貼到IG動態的內容，但如果你是著迷於她IG動態的人，會覺得很明顯不對勁。這很符合恐怖谷（uncanny valley）現象。貝克說，這篇貼文跟她的其他貼文太像了，「但感覺就是不對。因為它更貼近現實，所以更令人不安。」

半個小時後，名人八卦新聞網站TMZ爆料，布蘭妮因為不堪父親生病的壓力而進了精神病院。據聞她在那裡待了大約一個星期。⑲那篇IG貼文顯然是想要在消息爆發出來之前解釋這件事，並且要粉絲別擔心，但由於整篇貼文洩漏了一些由別人操刀的跡象，便造成了反效果。

大家會懷疑有人在網路上冒充布蘭妮，還有另一個原因。這位歌手在2007年精神崩潰，不僅剃掉了頭髮，還用雨傘攻擊一位攝影師的車。現在看來，這都是我們能夠理解的反應，畢竟她面臨了婚姻破裂，而且每次只要到公共場所都會有一群狗仔隊從奇怪的角度拍攝她。但結果是，法院判定布蘭妮無法照顧好自己，於是將她安排在一種稱為「監管權」（conservatorship）的法律架構中。在沒有法院指定的監管人同意下，這位歌手就不能決定自己的工作、財務、公關，甚至私生活，到了2019年，她已經度過了十二年這樣的生活。

從這一點來看，一定有人讓布蘭妮住進了精神病院。而現在則有人在線上假扮成布蘭妮。

於是，原本強調輕鬆愉快地著迷於解析流行歌手IG貼文

的播客，這時提出了一個相當陰鬱的問題：小甜甜布蘭妮是否變成了監管制度的俘虜？

隔天，「＃解放布蘭妮」（#FreeBritney）的主題標籤掀起了一股風潮。

這集緊急錄製的節目結束後不久，播客就收到一則語音留言，對方自稱曾經擔任處理布蘭妮監管權的律師助手。他說，播客主持人講的一點也沒錯，布蘭妮答應接受的法律機制，原本主要是針對老年人及身體狀況惡化又不太可能康復的人，而她根本不知道這會讓自己找不到出路。他表示，現在有個微型產業為了經濟利益，想要把布蘭妮一直留在那種機制裡。換句話說，它正在利用監管權控制一名正常成年女性的財務，並限制其個人自主權。[20]

接下來幾個月，解放布蘭妮運動吸引了所有人的支持，包括雪兒（Cher）、芭莉絲・希爾頓（Paris Hilton）、美國公民自由聯盟（American Civil Liberties Union），而粉絲也開始針對這段監管權的法院聽證會提出抗議。布蘭妮的父親傑米・斯皮爾斯（Jamie Spears）將他們斥為「陰謀論者」。不過，在接下來的九月，布蘭妮提出申請要求脫離此機制。幾週之內，她父親的監管人身分就被暫時中止了；2021年11月12日，這場協議完全終止。布蘭妮被解放了。

這件事有兩個值得注意的重點。其一是它符合許多陰謀論

的邏輯：懷有邪惡目標的黑暗力量；真相的揭露是透過大多數人忽視但對圈內人顯而易見的祕密符號。

另一個重點是，結果證明了宣稱能夠看出祕密信號的那些人完全正確。

這應該不令人意外，畢竟，就算圍繞著某個名人的八卦看似瘋狂，不代表那不是事實。關於英國 DJ 兼電視主持人吉米·薩維爾（Jimmy Savile）的可怕謠言甚囂塵上，而且持續了數十年。早在1970年代，他就會說一些令人不舒服的玩笑話，例如「她跟我說她已經超過十六歲了」之類，而在2000年，紀錄片製作人路易·泰魯斯（Louis Theroux）還直接問他是不是有戀童癖。[21]大家都聽過這個笑話：「每個人都知道，最慷慨慈善的薩維爾特別喜歡過於年輕的對象。」然而，他是個重要的媒體人物，還在1990年受封爵士，所以傳聞或許只是空穴來風。柴契爾夫人（Margaret Thatcher）的朋友不可能會是個虐童者吧？

吉米·薩維爾於2011年10月去世。隨後不到一年，英國獨立電視台（ITV）播放了《揭露：吉米·薩維爾的另一面》（*Exposure: The Other Side of Jimmy Savile*），其中有幾名女性表示自己在十幾歲時曾經被他傷害過。到了十二月，聲稱的受害者達到了數百位，有些人當時才五歲。

結論是，這些謠言都是正確的。真要說的話，跟吉米·薩維爾的罪行比起來，這些謠言還算輕描淡寫了。那些大家都

「知道」但沒人能證明的事，結果竟然是眞的。那些比較聰明理智，暗示這種惡劣事件不可能在光天化日之下發生的人，全都錯了。

照理說，大部分的陰謀論都不是事實，而謠言愈荒謬就愈有可能是假的。然而，這並非鐵律。人們會做壞事；不太可能的事偶爾會發生。保羅・麥卡尼其實沒死；布蘭妮眞的不自由。

附註

[1] 先前有人提議以「埃佛勒斯」（Everest，聖母峰）當成專輯標題。這代表了樂團內部目前的情況有多麼良好，才會讓他們決定不到比錄音室外那條街更遠的地方拍攝封面，並以此當作專輯名稱。

[2] 譯註：'wagnarok' 是 'ragnarok'（諸神黃昏，指北歐神話預言中的一連串巨大劫難）的雙關語。'wag' 是指英國足球員的妻子和女友（wives and girlfriends）。此事件的概要是，科琳・魯尼認為有閨蜜在洩露自家的祕密，利用Instagram帳號揪出那個人正是蕾貝卡・瓦迪。

[3] 本書其中一位作者在家中廚房的牆上，貼了一張巨大的艾薇兒海報，也擁有一條艾薇兒品牌的窄版領帶，而這位作者想要強調滑板龐克確實是一種流行。另一位作者的反應則是：怪胎。

[4] 讓情況更複雜的是，某人把他墓碑上的名字弄錯了，寫成Elvis Aaron Presley，而不是Elvis Aron Presley。這個舉動確實看似想讓謠言傳播開來。

[5] 這其實沒有聽起來那麼誇張。倫敦的斯特拉福德國際車站（Stratford International station）於2009年啟用。在本書寫作時，那裡根本沒有任何國際列車。

[6] 2016年，許多新聞網站突然競相報導關於《小鬼當家》的故事，包括一個非常有趣的小細節：由麥考利・克金（Macaulay Culkin）飾演的主角凱文・麥卡利斯特（Kevin McCallister）這個名字，其實是「I, Mr Elvis, act」（我，艾維斯先生，會演戲）的重組字。似乎完全沒人注意到當中少了五個字母，這並不符合重組字的規則。

[7] 從好的方面來看，如果以基督教右派（保守派）的觀點出發，〈黑馬〉的影片裡有個男人戴著一種垂飾，看起來似乎是阿拉伯文中的 'Allah'（阿拉），而Katy Pätra愉快地把他變成了沙子，因此暗示曼菲斯的女巫也沒那麼喜歡伊斯蘭教。

[8] 老實說，他大概會讓自己喜歡的人加入。約翰・羅比森看到那些裸露的手臂，應該會發狂吧。

5 刺客「叫」條：林肯遇刺事件

Assassin Screed

日耳曼尼庫斯（Germanicus）正在邁向死亡。他只知道這麼多。

由於有一種緩慢的毒性正致命地蔓延到全身，所以他是逐漸死去，間歇發作。有一段時間，他似乎恢復了；接著情況又再度惡化，讓他的死亡成為必然。總而言之，日耳曼尼庫斯幾乎拖了一個月才死亡；他是羅馬軍隊的指揮官，是皇帝提比留（Tiberius）的養子暨推定繼承人，是帝國裡最有名的人之一，也樹立了許多跟他同樣有名的敵人。最後，他於西元19年10月在安提阿（Antioch）城外過世。雖然他的皮膚變色，口吐白沫，但到最後一刻都保持清醒，臨終前還能跟那些焦躁不安、圍繞身邊的親戚與夥伴對話。

多虧了這種非常特殊的情況，日耳曼尼庫斯也許是史上極少數能夠對自己的死提出陰謀論的人。其實，他提出的陰謀論不只一個，而是兩個，因為他就是一個愛製造戲劇效果的渾蛋。他對聚在身邊聆聽遺言的同志們公開指控皮索（Piso），

這位敘利亞執政官從提比留派遣他去整治帝國的東半部時，就跟他陷入沒完沒了又雞毛蒜皮的爭執。然而，私底下他又對妻子表示，指使下毒的恐怕就是提比留本人，因為皇帝將聲望愈來愈高的繼承人視為威脅，所以要用這個計謀除掉他。

這兩項對立的陰謀論，讓帝國許多地方激起軒然大波，而他的死訊也在羅馬引發了暴動。最後，皮索因為密謀陷害日耳曼尼庫斯而遭到審判；他在審判結束前就死了，被發現時是在一個上鎖的房間裡，他的喉嚨被割開，身邊留下一把劍。說不定他是在正義得以伸張之前自殺的，又說不定他是被人幹掉的，免得連累到某個勢力更強大的人物。

所以，到底是誰殺了日耳曼尼庫斯？是皮索？還是提比留？或是提比留叫皮索幹的？還是另有其人？我們必須遺憾地說，除非發明時光機，否則我們永遠都不會知道答案。[1]真相已經在歷史上那些混亂的「敘述－反敘述」（counter-narrative）中佚失了。不過，最可能的答案肯定是「以上皆非」，由於他生活在現代醫學出現之前的時期，因此最合理的答案是他死於某種未知疾病。此外，這些敘述有很多都是以古羅馬歷史學家塔西佗（Tacitus）所寫的歷史書為依據，而他在內容真實性這方面偶爾會有一些東拼西湊的紀錄。可以確定的是，日耳曼尼庫斯死了，羅馬民眾普遍懷疑他遭到皮索下毒，而皮索也因為殺害日耳曼尼庫斯的罪名接受審判；剩下的可能就是塔西佗自己的推測了。

但不管真相是什麼，這個故事無疑告訴我們，在過去至少兩千年裡，受人矚目的死亡總會激起泛濫的陰謀論。為了了解這些理論有多麼惡劣、它們如何產生及散布，我們必須先探討一件比這位羅馬指揮官（praepositus）更接近現代的政治命案，其中有比較多可以玩弄的歷史證據。我們要討論一位美國總統的謀殺案，這起事件震驚全球，還引發了歷經好幾十年的陰謀論。

　　針對林肯遇刺，我們要提出的第一點，是它其實來自於一項陰謀的結果。這沒什麼好懷疑的，因為密謀者遭到逮捕，許多人認罪，而且能夠證實這個不像祕密之計畫的證據，也多到令人不敢直視。在一場分裂國家的戰爭即將結束之際，兇手的動機再明顯不過了。制定計畫並扣下扳機的人一點也不神祕，他是當時最著名的演員，選擇在客滿的劇場裡執行刺殺，而幾個月前他才在那裡演出過。

　　你的心裡可能會這麼想：關於刺殺林肯，想必沒有陰謀論可以發揮的空間，因為這件事非常公開，而殺害他的真正陰謀也很快就被揭露了。

　　哎呀，你實在太天真了。

　　在現代，林肯遇刺案的重要性，可能會被圍繞著甘迺迪的大量陰謀主義蓋過，不過它其實也引發了很多歷時許久並廣為流傳的陰謀論。威廉‧漢謝（William Hanchett）在《林肯謀

殺陰謀》（*The Lincoln Murder Conspiracies*）一書中，分別探究了實際計畫的「簡單陰謀」（simple conspiracy），以及無法接受簡單版本的人所提出的「宏大陰謀」（grand conspiracy）。有些人似乎就是不滿意於經過驗證的陰謀事實所提出的解釋。

在此概述一下林肯遇刺背景的眞實事件（這屬於簡單陰謀），1865年4月14日，他在華盛頓特區的福特劇場（Ford's Theatre）被演員約翰‧威爾克斯‧布思（John Wilkes Booth）開槍擊中頭部。當時，美國已經因爲奴隸制爭端（林肯屬於強烈反對那一方）打了四年的血腥內戰，對於當時歷史還算年輕的美國而言，可能會有毀滅性的影響。刺殺發生於林肯就職第二任總統後的幾個月，而投票區域很明顯並未納入正在跟他們交戰的那些州。

林肯廣受唾棄，厭惡他的不只是美國南方的蓄奴州，還包括他所處北方之中相當數量的少數人。這些少數人大多完全支持南方邦聯（Confederate）的理念；其他人雖然反對奴隸制，卻也認爲他的嚴厲作風可能會導致美國無法通過這場試驗。某些較爲狂熱的反對者，公開表示希望林肯遇害；有一家報社的編輯甚至在文章中寫出自己願意親自動手。公開威脅和密謀的謠言不斷地圍繞著林肯；在他死前那幾年發生的幾次可疑事件，搞不好都是刺殺未遂。

至於約翰‧威爾克斯‧布思，一般人認爲他是同輩裡最偉大的演員，在知名的演員兄弟之中表現最爲突出，而且還有一

位知名的演員父親。他富有魅力、備受愛戴、五官精緻、眼神迷人，留著一頭男孩般的瀟灑鬈髮及性感的八字鬍。當時，人們對於俊美男性與男子氣概的判斷，主要取決於眉毛，而布思的眉毛好看極了。

不過，老實說他也是個有問題的名人。他長期聲援南方邦聯，對於支持蓄奴的狂熱不但導致家庭失和，還讓他花了大半年時間策畫對林肯採取某種戲劇性的激烈行動。然而，布思一開始跟共謀者設想的並非刺殺總統，原本的計畫是綁架他，然後把他交給南方邦聯的領袖，讓他們用總統來換取能夠影響戰爭的決定性優勢。

這個綁架計畫委婉地說就是一場爛秀。他們一直錯過林肯，原因是他沒去過那些他們埋伏的地方（這個問題只要拿早上的報紙來看就能解決了）。他們的保密工夫實在太差勁，所以左鄰右舍幾乎都知道他們的計畫。而且不知為了什麼理由，布思真的很想在福特劇場的包廂綁走林肯，那裡可是有一大群目擊者，又沒有容易逃脫的路線。也許他喜歡這種戲劇性的象徵——布思在十八個月前，才在此處當著林肯的面表演過。

綁架計畫何時演變成刺殺，這就不得而知了。當時，布思喝了很多酒，情緒變得很不穩定。他可能一直到前一天才決定採取致命行動；其他共謀者則堅稱他是在事發當天上午才宣布新計畫。幾天前，有將近兩萬名的南方邦聯軍隊在阿波馬托克斯（Appomattox）投降，這對南方是毀滅性的打擊，也決定了

戰爭的結果，但戰爭還要再過一個月才會正式結束。在北方領導階層鬆了一口氣，開始卸下防備時，布思或許仍然相信這戲劇性的孤注一擲能夠讓局勢倒向南方。

很明顯地，這個刺殺計畫的主要目的成功了，但它並沒有比綁架未遂好到哪裡去。首先，林肯不是唯一目標。在布思攻擊林肯時，喬治・阿澤羅德特（George Atzerodt）應該也要同時幹掉副總統安德魯・強森（Andrew Johnson），而路易斯・鮑威爾（Lewis Powell）則要去刺殺國務卿威廉・蘇爾德（William Seward）。事發當下，鮑威爾的槍射不出子彈，而他瘋狂地想用刀刺死躺在床上的蘇爾德，卻失敗了；同時，阿澤羅德特根本沒試圖對強森開槍，反而決定去喝個爛醉，然後到城裡散步。[2]

雖然布思確實射殺了林肯，但他對戲劇的投入導致情況很快就失控。他決定在殺掉總統之後，要英勇地從包廂跳到十二英尺下方的舞台上，在那裡向觀眾喊出勝利的口號，再大膽地從舞台大門逃脫。沒想到，他跳到半空中時，腳跟勾到一面旗子，結果重摔在舞台上，弄斷了一條腿。他在痛苦地跛行離去之前，大喊了一些話，聽起來也許是 "Sic semper tyrannis!"（這就是暴君的下場！），不過沒人聽得清楚，後來的目擊者對他到底說了什麼也意見不一。從表演的角度來看，布思那天晚上最大的罪行或許就是演技太差了。

布思的共謀者很快就被逮捕，他們先前對保密的態度很隨

興，現在嚐到了苦果。布思斷了腿而無法依照原定計畫逃脫，在維吉尼亞州的一座穀倉裡躲了十二天，被發現後因為拒捕而遭到射殺。雖然他被殺死了，但其實上頭的命令是要活捉他，這件事後來當然也變成陰謀論的跳板。

好了。這就是簡單陰謀，即實際發生的事。這能幫助我們看出現實的陰謀通常是什麼樣貌：混亂、危急，而且根本沒有什麼搶先一步的天才策畫者。那麼，不接受以簡單陰謀來解釋創傷事件的宏大陰謀論呢？

宏大陰謀最直接明瞭的版本，其實也是最廣為流傳的，從林肯被槍擊到死亡這段期間就已經開始傳播了。而且這跟其他陰謀論一樣，並不是從民眾之間冒出來的，而是來自最高層。美國政府當中，有許多大老確信布思與他那群烏合之眾不可能策畫謀殺。一定有個天才的幕後首腦。他們很肯定是南方邦聯的領導階層下令行動，要不然他們至少知情並容許它發生。

這種猜疑可以理解，畢竟雙方嚴格來說仍處於交戰狀態，而且南方邦聯的人(a)相當情急，又(b)都是渾蛋。可是，也有多到數不清的歷史證據顯示這並非事實。儘管布思與南方邦聯的戰事可能有某些關聯，但在當時或後來展開了許多密集調查，卻都找不到證據能證明南方邦聯知道原本的綁架計畫或是布思要刺殺總統的衝動決定。對於刺殺案，南方邦聯的反應似乎跟北方聯邦（Union）一樣震驚。

但不管是出於真心相信、政治上的權宜之計，或只是悲傷

與憤怒造成的情緒壓力，林肯遇害一案的調查結果，最後還是以南方邦聯領導階層策畫了行動做為出發點。重點不在查出**是否屬實**，而是要找到證據（任何證據都行）來證明**這是事實**。

結果很難堪。新總統安德魯·強森被說服發布一項聲明，宣稱是南方邦聯的領導階層策畫了行動。其領袖傑佛遜·戴維斯（Jefferson Davis）因為刺殺計畫的嫌疑（另外也因為戰爭的事）而遭到拘留與監禁。美國陸軍軍法署（TJAG）署長約瑟夫·霍特（Joseph Holt）負責這項調查，花了幾個月時間向內閣保證，他就快要拼湊起整個案件，並證明戴維斯是共犯。有一名可靠的間諜指認了八名目擊者，說他們可以作證布思曾經在加拿大與戴維斯見過面。那名可靠的間諜叫桑福德·康諾弗（Sanford Conover），結果他是個愛幻想的人，也可能是個騙子，又或許兩者都是。一經審問，那些「目擊者」馬上招認是康諾弗付錢要他們說出他自編的證詞。

在其中一名策畫綁架的共謀——約翰·蘇拉特（John Surratt）——設法逃到國外時，政府轉而逮捕了他的母親瑪麗（Mary），接著將其審判、定罪，然後吊死。她實際涉案的程度至今仍然不明；也許她並不知道刺殺計畫。在審判路易斯·鮑威爾、喬治·阿澤羅德特、蘇拉特太太和其他五位所謂的共犯時，政府隱瞞了綁架計畫存在的證據，因為他們想讓大家集中焦點，認為刺殺總統始終都是這個宏大陰謀的目標。

結果，根據薄弱的證據處死一名老婦人這種事不太受歡

迎，而且情況在她兒子被找到之後變得更糟。約翰・蘇拉特躲藏的方式（跟一般人想的一樣），就是到羅馬附近擔任教宗衛隊的一員。他在被逮捕並送回美國受審的這段時間，更加證明了政府在這件案子上有多麼站不住腳，到最後他則因為陪審團意見不一而獲釋。這也使得他母親遭受的死刑更有失公允，儘管當初將她定罪的官員們曾經要求從寬處理。

傑佛遜・戴維斯在兩年後被釋放，這段期間從未受審。歷史當然不會諒解傑佛遜・戴維斯在生命中所做的那些選擇，但也清楚表示他不必為林肯遇刺的事負責。許多想要推動宏大陰謀論的資深政客，在日後的政治生涯中都會羞愧地逃避相關話題，或是把責任怪到別人身上。不過，約瑟夫・霍特仍然固執地堅持他的理論是正確的；他出版了一本小冊子，宣稱針對這件案子的批評，正好證明了有人密謀對付他。

雖然指控南方邦聯的宏大陰謀論得到了政府大力背書，但這不可能是唯一的陰謀論。第二個廣為流傳的陰謀論，在基本形式上相當簡單，只是要發揮一點想像力才能得到想要的結論。在事件發生數十年後，即十九世紀晚期至二十世紀早期，它成了最流行的理論：這是天主教徒幹的。

各位讀者可能會發現這跟歷史上流行的其他陰謀論很像（猶太人做了這個，耶穌會信徒做了那個，而那件事是穆斯林做的，諸如此類）。在「這是天主教徒幹的」這個陰謀論背後的實際證據，只是當時在美國對於天主教徒的普遍懷疑。正如

威廉・漢謝所述：「有些美國人習慣把他們不喜歡的一切全都怪到天主教徒身上。」①

　　這種事在陰謀文學中已經有很長的歷史：1835年，山謬・摩斯（Samuel Morse，摩斯電碼發明者，也是前幾章中提到的那位著迷於光明會的牧師傑迪戴亞・摩斯之子）出版了影響力甚大的《反對美國自由之外來陰謀》（*Foreign Conspiracy against the Liberties of the United States*），警告大家有一項天主教的密謀，想讓美國充斥移民而藉此奪權。刺殺發生時，有一家報社寫了錯誤的報導，指稱布思的同謀者全部都是天主教徒，結果這最後變成像殭屍一樣殺不死的事實。（約翰・蘇拉特在謀殺發生後跑去保衛教宗這件事，更是幫了倒忙。）

　　但是，這種對於天主教陰謀的普遍猜疑，一直要到二十年後才會演變成一個成熟完整的理論。1886年，有一位作家查爾斯・祈理魁（Charles Chiniquy）出版了《在羅馬教會的五十年》（*Fifty Years in the Church of Rome*）一書。祈理魁曾經當過神父，跟前同事算是鬧翻了，在幾十年前就離開了天主教會，原因是被一名重要成員控告誹謗，而對方跟他的主教是朋友。在那件訴訟案中，替他辯護的是伊利諾州最頂尖的律師之一，一個名叫亞伯拉罕・林肯的人（也就是被刺殺的林肯總統）。

　　查爾斯・祈理魁在那本書中針對曾經在同一個教派裡的那些人，傾吐了數十年來的怨恨，用冗長的篇幅細數羅馬天主教

的惡行。關於林肯的陰謀論甚至不是那本書的重點，他寫了超過六百頁以後才「揭曉」這件事。然而，他很明確地表示，這次刺殺毫無疑問就是「天主教會所爲」。不僅如此，他還宣稱林肯在死前也曾親口這麼告訴他，因此，總統眞正的戰爭並非對抗南方邦聯，而是教宗，並聲稱每一個針對他的謀殺計畫都出自耶穌會之手。

　　祈理魁的理論不是只聚焦於某些重點的事件陰謀；它關注的範圍廣大多了。他寫道，羅馬教會「就是個永遠的政治陰謀」，並以美國爲主要目標。他們不只殺了林肯，還策畫了內戰，並且密謀透過大量愛爾蘭移民掌控美國（這呼應了山謬・摩斯的論點）。書中寫到那些堅定的密謀者說，他們決心「占有並統治美國；不過我們必須祕密行動」，因此，「我們一定要低調並耐心地將美國大城裡的羅馬天主教徒聚集起來」②。他表示，從紐約到舊金山，天主教徒已經掌控大部分的主要城市，正準備要接管絕大多數的公務機關了。

　　祈理魁也很早就爲我們示範了一種最歷久不衰的陰謀說法：有個團體的成員無意間透露他們事先就知道這個計畫。他宣稱一名新教牧師告訴他，明尼蘇達州某個小鎮的天主教徒在討論謀殺林肯一事，時間是四月十四日傍晚，而那致命的一槍還要再過幾個小時才會發射。他們似乎是從當地神父那裡聽到消息的。結論顯然不是這位目擊者記錯或捏造了事實。重點很明顯是天主教統治集團達成了一個好陰謀該有的條件：確保將

祕密計畫的所有細節，提前發布給組織裡的每個人，包括住在距離事發地點一千英里之外小鎮上的成員。

祈理魁的主張早就被拆穿了，包括他與林肯在白宮會面、總統透露天主教密謀對付他等等，這些事從未發生過，但仍舊成為書中的主要資料來源，並且啟發了往後數十年間出版以及進一步推動天主教宏大陰謀的許多書籍。

這提醒了我們，要對「內部人士」的說法存疑，畢竟它是一項好陰謀論不可或缺的要素。因此，調查記者往往會堅持要找到文件或其他證據來支持吹哨者的主張，因為總是會有人積怨已久，跟你說他們的前同事都在做壞事。「我以前的老闆其實很壞」這種情緒並不罕見，有些人還會大費周章想說服別人相信這個事實。

最後一個關於林肯的宏大陰謀論，在他死後八十年左右才出現，不過影響力卻持續了好幾十年。重複或擴展其理論基礎的書籍，儼然成為一種家庭工業，而它所產生的謊言為人們接受並大肆宣傳。它的創造者叫奧托・埃森謝默（Otto Eisenschiml），是一名化學工程師，從奧地利來到美國，最後成為一家石油公司的大人物。他在1937年出版的《為什麼林肯被謀殺？》（*Why was Lincoln Murdered?*）一書中發表了自己的理論。

從基本的形式來看，這個理論就像經典的阿嘉莎・克莉絲蒂（Agatha Christie）情節轉折：「是誰下令刺殺林肯？哎呀，

不是別人，正是他底下的戰爭部長愛德溫・史坦頓（Edwin Stanton）！」奧托・埃森謝默之所以會提出這個古怪的結論，是因爲他覺得在關於林肯案件的官方敘述中，有一個地方很不合理：尤里西斯・S・葛蘭特（Ulysses S. Grant）將軍本來應該要陪同林肯前往劇場，卻在演出之前被支開。根據埃森謝默的推理，如果葛蘭特在現場，這個帶著衛兵的軍人想必可以阻止布思射出致命的一槍。

此時，你可能會覺得用這個理由來推翻公認的陳述很牽強。「同事在規畫好的社交活動上跑走」這種事，似乎不太需要什麼特別的解釋。不過，對埃森謝默而言，這就是一切的關鍵。他描述自己是如何靈光乍現地想到這個謎題的答案：唯一能夠命令葛蘭特丟下總統的人，只有他的上司，也就是戰爭部長。因此，愛德溫・史坦頓一定是這個陰謀的幕後首腦。

埃森謝默一得到這個結論，就採取了陰謀論者長久以來慣用的方式。他開始收集證據，藉此證明他的推論正確，而非檢查是否符合事實。奇怪的是，他堅稱這是依照科學方法，就像化學家根據門得列夫（Mendeleyev）的元素週期表去尋找某些元素，然後就找到了。但他做的並不是要找鎵（gallium）就找到了鎵。這比較像是要找鎵，結果發現一顆煤塊，然後就說：「各位，我找到鎵啦！」

他收集的「證據」，主要是針對官方對事發當晚的陳述找出所謂異常的部分。之前，威廉・漢謝提出了一份簡要的清

單，其中包括：「爲何史坦頓部長拒絕了林肯的要求，不在劇場給予保護？爲何連線至華盛頓外的電報服務，中斷了兩個小時，而且差不多就是在林肯遭到攻擊的同一時間？……逮捕並囚禁布思的同黨後，爲什麼要強迫用兜帽蓋住他們的頭臉，切斷他們跟外界的聯繫？」③

這是經典的陰謀論手法，而且結果也證明，這些問題的答案分別爲「他不一定有這麼做」、「並非如此」、「他們沒這樣」。奧托・埃森謝默是個厲害的歷史學家，會刻意挑選合適的證據，如果還是無法得到他想要的，就會把證據加以扭曲。史坦頓拒部長絕爲林肯安排保鑣的說法，僅來自一名目擊者，而且是在事件過後四十年才回想的。更重要的是，雖然埃森謝默挑出這個細節，卻忽視了證詞的其他部分：「史坦頓部長從一開始就想勸阻林肯前往劇場」，而這幾乎無法支持埃森謝默主張史坦頓部長是要引誘林肯掉入陷阱的理論。電報線路全部被切斷，因此影響當局搜索罪犯，這件事也不是眞的，當時在華盛頓與巴爾的摩之間有一條商業線路中斷了，可是完全不會影響到搜捕行動。至於阻止囚犯說話（這暗示著他們不想牽連到某個權勢者），其實他們有很多洩密的機會。

再說，就算這些主張及奧托・埃森謝默提出的其他許多意見皆爲事實，還是無法證明什麼。它們就跟之前和之後的陰謀論一樣，只會在「官方說法」之中挑毛病，並且以錯誤的觀點來看待世界運作的方式，也就是認爲每個人所做的每件事都要

徹底合乎邏輯，即使是在已經知道情況會如何發展的事後回顧中也必須如此。

這顯然是後見之明的偏誤，像是：牽涉重大事件的人絕對不可能單純犯錯，或是被迫根據不完整的資訊做出決定；他們不能有壓力、困惑、生氣或小心眼，也不能找藉口躲開劇場的陷阱；跟事件關聯的每個人，都必須隨時隨地明白自己的行為帶有什麼歷史意義，儘管將要賦予其意義的那件事根本還沒發生；沒有任何事情會巧合或偶然發生，要不然這個世界就太奇怪了；一切都必須有意義。

在本書寫作時，已經有四十五個人擔任過美國總統。在任期之內過世的至少有八人，四位遭到刺殺，另外四位就我們所知是自然死亡。在十九世紀中期那段特別倒楣的十年內，有兩位總統在任內死亡，包括1841年的威廉・亨利・哈里森（William Henry Harrison）和1850年的扎卡里・泰勒（Zachary Taylor），而第三位總統詹姆斯・K・波爾克（James K. Polk）則是在卸任後不到一年就過世了。雖然聽起來不太可能，但歷史學家菲利浦・麥考維克（Philip Mackowiak）博士的說法大概沒什麼可疑之處，他找到證據顯示，這三位很可能都死於傷寒，原因是白宮的供水系統太接近當地的糞坑，因此受到了污水的污染。④

然而，這一連串死亡不可避免地又成為刺殺陰謀論的主

題。1864 年，內戰雙方猜疑的氣氛特別濃烈，林肯也將在不到一年內遭到槍擊，這時，支持北方聯邦的作家約翰・史密斯・戴伊（John Smith Dye）出版了一本書，表示有一個由奴隸主組成的陰謀集團，首腦是南方的政客約翰・C・卡洪（他在第三章出現過）以及傑佛遜・戴維斯（他在前幾頁出現過）。在關於南方邦聯的宏大陰謀出現之前，戴伊就主張卡洪與戴維斯必須為哈里森和泰勒這兩位總統之死負責，更指控他們的多項罪行，包括嘗試在巴爾的摩刺殺林肯、在 1835 年讓一名自稱理查三世（Richard III）的精神病患企圖射殺安德魯・傑克森（Andrew Jackson）總統，並在詹姆斯・布坎南（James Buchanan）於 1857 年就任第十五任總統前設法毒害他。剛剛提到的最後這個陰謀，據說是要到華盛頓特區的國家酒店（National Hotel），在店內提供的方糖中加入砒霜，而他們的天才理由認為這樣可以解決所有北方人（因為他們除了茶「幾乎什麼都不喝」，所以會用方糖），而南方人不會受到影響（因為他們「大多偏好咖啡」，用的是糖粉）。⑤

再過幾章，我們會看到類似這件事的例子：人們將傳染病的作用視為陰謀。詹姆斯・布坎南就職期間，那家酒店爆發了幾起痢疾死亡事件，這可能跟白宮之死一樣，都是因為管路系統有問題所導致。當時，盛行著將疾病歸咎於謀殺的許多陰謀論，而約翰・史密斯・戴伊怪罪奴隸主的陰謀論只是其中之一，其他受到指控的還有激進的廢奴主義者，或是中國人。

戴伊的書在剛出版時沒什麼影響力，不過他運氣很好——至少從書籍宣傳的角度來看是這樣——因為才不到一年就發生了林肯遇刺案。幾年後，戴伊的書推出了修訂版，不但將那些事件納入他的宏大陰謀，還吹噓著在前一個版本裡，他「於計畫付諸行動的六個多月之前」，就曾經警告有人正密謀對付林肯。不出所料，在這個仍因刺殺案深受衝擊的國家中，戴伊所造成的轟動可不是一炮而紅就能形容的。

　　但你不必相信戴伊的方糖幻想故事，也能看出美國總統是一份很危險的工作吧。在任期內死去的那八位，可是占了總人數的18%。好，就算美國總統的年紀通常都稍大了一點，但一份零工有將近五分之一的致死率，仍然相當危險。

　　即使你接受「任期內的所有死亡，都是出自於正常的自然因素」並非一派胡言，這樣還剩下四位被射殺的總統；也就是四十五個人當中有四個人。如果給你一份工作，再告訴你，這份工作有接近十分之一的機率被殺害，那麼合理的猜測是你應該會想要……考慮一下。就算這份零工真的有免費住宿、私人飛機與否決權，你也會稍微做點成本效益分析吧。

　　而且這還沒算進刺殺總統未遂的事件（例如雷根）、刺殺總統層級以下的政治人物（馬丁・路德・金〔Martin Luther King〕、甘迺迪總統之弟羅伯特・甘迺迪〔Robert Kennedy〕），以及一直以來許多刺殺其他政治人物的企圖（例如近年來針對民主黨眾議員蓋比・吉佛茲〔Gabby Giffords〕，以及一場共和

黨國會棒球練習賽所發生的幾乎致命的攻擊）。更別提2021年1月6日國會暴動者中，有些偏好絞刑的人想幹什麼了。總之，如果你是美國的政治人物，很有可能始終活在恐懼之下，害怕有人會根據第二修正案（註：即保障擁槍權的法案），想辦法解決跟你的紛爭。

然而，重點是，雖然美國號稱是個會用槍解決所有問題的國家，但在政治圈當大人物而會有危險的地方，不只有美國。

事實上，從歷史的角度來看，從事國家領袖這個職業的死亡率，通常高得嚇人。一項研究顯示，在西元600年至1800年間的歐洲君王，有超過五分之一的比例最後會落得慘死的下場。蓄意且非戰時的非法謀殺行為（換句話說就是刺殺），是最常見的死法，至於確定或懷疑是刺殺而造成君王死亡的事件，在歐洲那段一千兩百年的歷史中就占了15%。此研究推斷「工業革命前的歐洲國王……是全世界最危險的職業」，其謀殺率甚至遠超過當代最暴力且犯罪猖獗的城市，只有最血腥戰役中的士兵死亡率能夠與之比擬。⑥

這等於是《權力遊戲》（Game of Thrones）的紀錄片。

不過，大多數的國王跟許多暴力犯罪的受害者一樣，都是被認識的人殺害。在歐洲歷史的大部分時間，弒君可以算是菁英階層專屬的行動；在罪犯身分獲確認的案件中，犯案者幾乎都是該國貴族中的其他成員，殺人的目的若不是為了鞏固繼承權（這是最常見的理由），就是為了洩恨。歐洲君王其實不太

需要擔心危險的陌生人，因為陰謀通常來自宮廷之內。在現代人的印象中，暗殺者都很偏激，往往獨自犯案，相比之下，當時來自宮廷小圈圈外的暗殺者其實少之又少，你所謂的「李‧哈維‧奧斯華模式」一直要到相當近代才開始流行。

這種情況在十九世紀改變了，以歷史學家瑞秋‧霍夫曼（Rachael Hoffman）的話來說，政治暗殺「不再是宮廷與貴族這個菁英圈的專利；現在會做這種事的是一般的政治抗議者，即普通人」。[7]值得注意的是，現代陰謀論的形式似乎也跟這種改變同時出現，你可以把它看成一種菁英恐慌的形式，代表他們對不合適的人突然加入弒君遊戲這檔事感到不安。

對國家領袖而言，雖然現代可能比歷史上大多數時間稍微安全一點，或許是因為政治體系改變，或是維安的專業提升了，但從各方面來看，這仍然是一份高風險的工作。在我們開始撰寫本章到結束的幾個月內，就有兩位國家領袖因遭受暴力而死亡。[3]

人們容易相信陰謀論的理由有很多。它們會吸引我們的認知偏誤；能讓我們定義塑造世界的無形趨勢；它們提供假象，讓我們以為世界並非隨機發展，而是至少有某人在控制。雖然刺殺理論也適用這些原因，不過對於這件案例還有一個更簡單的解釋。

為什麼人們會有很強烈的傾向，想把大人物的死歸因於刺殺陰謀？因為從歷史上的許多時間和許多地點來看，這都是完

全合乎情理的猜測。

當然，歷史上有很多人確實密謀殺害知名政治人物，但這件事並不會阻止人們想像出一堆虛假的陰謀論。

例如，眾所皆知在西元 1678 年有一項謀殺國王查理二世（Charles II）的大陰謀席捲了英國。正如查爾斯‧祈理魁的林肯理論，這件案例中所謂的罪犯也是天主教徒——天主教徒就是愛這樣。這在英國政治菁英圈裡引發了激烈的反天主教情緒長達三年，期間逮捕了許多天主教徒，還有超過二十人因為一項不存在的陰謀而遭到處決。但所謂的吹哨者泰特斯‧奧茨（Titus Oates）其實是一個不值得信任又聲名狼藉的傢伙，他曾經被形容為「最無知的笨蛋」，而其說法也漏洞百出。在整起事件中最怪異的部分，或許是傳說中的刺殺目標查理二世，壓根不相信奧茨的說辭，甚至親自質問他，抓出了許多謬誤。雖然國王本人努力查證事實，這項陰謀論還是主宰了整個國家的政治活動好幾年，可見得這種陰謀論的力量有多麼強大，尤其是當它們提供了方便的藉口，讓你得以實現自己最喜歡的政治目標，比方說壓迫天主教徒。

可惜的是，對我們這種喜歡生命中多一點確定性的人而言，能夠這樣輕易看破的刺殺陰謀論實在太少了。其他理論往往缺乏天主教陰謀（Popish Plot）中那些較具說服力的元素，譬如有一個活得好好的受害者一直在告訴人們這並非事實，所

以很難駁斥。結果，我們只得承認很多事情都無法確定，有些最為人所知的案件只能永遠處於模糊地帶。以下概述幾個較為流行的陰謀論範例：

達格・哈馬紹

西元1961年，聯合國祕書長達格・哈馬紹（Dag Hammarskjöld）在前往現今的辛巴威調停剛果危機（Congo Crisis）途中，遭遇飛機失事身亡。這大概是史上最貌似有理的陰謀論之一了。

據說有一名比利時傭兵飛行員在幾年後坦承涉案。當時，在確認失事後的幾個小時，美國大使發給剛果一份越洋電報，其中提及這位傭兵的名字，推斷可能是他擊落飛機。事件剛發生時，也出現過一些可疑狀況，例如莫名其妙地延誤封鎖失事地點的時間，以及有人宣稱搜查受到干預。消息傳開後，據說前美國總統哈利・杜魯門（Harry Truman）向媒體透露哈馬紹是「快要完成某件事情時，就被他們殺了。注意！我說的是『被他們殺了』。」這件事也讓人覺得很可疑。⑧

令人納悶的是，這些各有巧妙不同的陰謀論，都無法確定飛機到底是被擊落、轟炸或遭到破壞；哈馬紹到底是在失事時死亡，或是後來才在地面被射殺；還有，到底是誰下令的。中情局、蘇聯國安會（KGB）、英國軍情六處（MI6）、南非種族主義者、獨立的卡坦加國（state of Katanga）、為了「歐洲商業

利益」而組成的神祕集合體，這些都曾被暗示爲罪魁禍首，你就自己選一個吧。

阿拉法特

阿拉法特（Yasser Arafat）是巴勒斯坦自治政府（Palestinian National Authority）主席，也是許多政府長期憎惡的人物，在2004年死於一種神祕的疾病。可想而知，這引爆了一堆陰謀論，有的宣稱他被下毒，也有些主張是旁人想要掩飾他死於愛滋病的事實。

重點是，我們很難完全排除他確實遭到謀殺的可能性，畢竟以色列的安全內閣曾於2003年9月決定要「除掉」阿拉法特。[9] 在此，爲可能不太清楚這個意思的人解釋一下：當時的代理總理埃胡德・歐麥特（Ehud Olmert）在事發過後幾天，上了以色列廣播電台（Israel Radio）的節目，向大家澄清「謀殺當然是其中一個選項」。（在受到國際上的強烈抗議後，外交部長於隔天撤回了歐麥特的說法。）往好處看，至少這個說法應該不會被歸類成「毫無根據的妄想」了。

但也僅止於此。關於阿拉法特之死，最多人相信的陰謀論還要再過好幾年才會出現，也就是在俄羅斯異議分子亞歷山大・利特維年科（Alexander Litvinenko）遭放射性毒物「釙210」（polonium-210）謀殺之後。這個完全以新聞標題爲依據的陰謀論之重點是：阿拉法特也被毒殺了。但重新取出阿拉法

特遺體樣本後的法醫，在檢驗後卻無法做出定論（有些人說也許是，有些又說也許不是），而且之前報告中所記錄阿拉法特的症狀，也不太符合鉈中毒。再說，阿拉法特是個老年人，呃，他們有時候就是會死。目前最可能的解釋還是自然死亡；儘管如此，我們依然無法把話說得斬釘截鐵。

當然，大概無法阻止有人把話說得斬釘截鐵。

約翰・甘迺迪

好好好，真是的。來討論吧。驚人的真相。

也許你就像本書的作者，很可能一直對甘迺迪遇刺案有某種懷疑，你並不孤單。雖然大多數美國人相信華倫委員會在1964年提出的報告，不過從那時起，民調就一致地顯示愈來愈多人抱持懷疑的態度了。現在大約有60%的人認為存在著某種陰謀；自1960年代晚期以來，這個數據也始終維持在50%。[10]

跟你一樣的大有人在。早期推動陰謀論者立場最著名的人物，非伯特蘭・羅素（Bertrand Russell）莫屬，這可是二十世紀最偉大的其中一位知識分子。他成立了一個團體，並使用（以他的話來說）「『英國的誰殺了甘迺迪？委員會』這個差勁的名稱」，召集了許多傑出人物，包括劇作家J・B・普利斯萊（J. B. Priestley）、歷史學家休・崔佛－羅珀（Hugh Trevor-Roper），以及後來的工黨領袖麥克・福特（Michael Foot）。他

也在1964年寫了一篇文章，標題是「針對刺殺的十六個問題」（16 Questions on the Assassination），這是藉由挑出「官方說法」漏洞而建立陰謀論的經典範例，特別是它還擴大官方陳述的定義，納入了所有權威人士未經思索的發言，也採用了媒體管道所發布的一切內容。⑪

沒錯，如果你跟大多數人一樣，就一定會有疑慮。或許你不認同那些是誰策畫刺殺甘迺迪的陰謀論，但你應該會覺得李・哈維・奧斯華不可能是唯一的槍手。

這個嘛，有強力的證據顯示李・哈維・奧斯華就是唯一的槍手。一直以來都有關於甘迺迪案的資料出現，而由於數量過於龐大，很難一一處理所有可能的理論。不過，我們可以探討幾個比較關鍵的主張，它們都被用來證明槍手不只有一名，也證明了這是個陰謀（除非有非常不可思議的巧合）。

這些主張之中，最重要的大概就是「神奇子彈」（magic bullet）了。奧利佛・史東（Oliver Stone）在他那部很有說服力（但很遺憾都是狗屁）的電影《誰殺了甘迺迪》（JFK）中，花了許多時間探究這件事。或許主要也是因為電影透過明顯荒謬至極的內容來呈現「官方說法」，才會導致大眾漸漸不相信華倫委員會的調查結果。

一切都是根據奧斯華只射了三發子彈的事實來發展。我們知道，他無法在足夠的時間內開更多槍，而他最快也要間隔兩、三秒才能射出一發子彈。有一顆子彈打偏，擊中了路緣並

使一位旁觀者受到輕傷。有一顆打中甘迺迪的頭，造成致命傷。這樣就只剩下一顆子彈，要在甘迺迪的背部與喉嚨，以及德州州長約翰·康納利（John Connally）的背部、肋骨、手腕和大腿上造成傷勢。

單發子彈懷疑論者認為，這表示子彈在穿過總統身體後，必須以無法解釋的方式在半空中改變方向，接著突然右轉，然後又再次轉向，像滑雪曲道賽那樣來來回回穿透州長身體各個部位。這可不是一顆子彈能辦到的事。[4]結論：至少還有另一發子彈，這表示至少還有另一名槍手。

然而，這一切都要假設他們兩人是一前一後坐在一樣高的位置。這個假設似乎很合理，因為一般的車子座位都是這樣設計的。不過，那可是總統專用的大型轎車。跟其他車子不同，甘迺迪的座位其實比康納利高得多，照片中的總統很明顯坐得比州長更偏右側。只要把這些條件納入考量，再看看他們中彈當下實際的身體姿勢，你就會發現神奇子彈那種不可思議的扭曲彈道消失了。剩下的則是……一條直線，而這條直線還可以連到德州教科書倉庫大樓的六樓，真是巧。

至於其他證據，只要用類似的方式仔細檢視一下就能破解。針對一段警方無線電錄音的分析顯示，當時有四聲槍響，其中一個位置應該就在草丘上，但結果那不是槍聲，而且聲音並未在刺殺當時出現，也根本不在草丘附近。關於「車隊在最後一刻改變路線，經過教科書大樓」的主張（伯特蘭·羅素也

支持這個論點）並非事實，其根據不過是某報紙所刊出的一份略微簡化的地圖。

地方檢察官吉姆‧蓋里森（Jim Garrison）提出一個宏大的陰謀論，奧利佛‧史東在電影中也加以宣傳，那就是：中情局、州政府、地方政府與右翼商人組成的集團，以及同性戀社群，全都參與了刺殺甘迺迪的陰謀。然而，他們的依據幾乎完全來自少數幾個容易受到誘導的目擊者，那些人的證詞不但極為可疑，有一部分還曾經被撤回。這跟一個世紀前約瑟夫‧霍特處理林肯刺殺案的方式非常類似：一位檢察官努力尋找證據，來證明已經預先決定的結論，並且愉快地忽視那些代表一切都是瞎扯的明顯信號。

至於李‧哈維‧奧斯華是個一心想要執行暗殺的傢伙，這是有事實根據的。他很可能在幾個月前企圖射殺艾德溫‧渥克（Edwin Walker），對方是個徹底的種族主義者，曾經當過將軍，但辭去了軍職，原因是美國陸軍不讓他將約翰‧伯奇協會（John Birch Society）的極右派著作發放給部隊。（順帶一提，之後我們會在本書中再次碰上約翰‧伯奇協會，他們算是站在陰謀的對立面吧。）

長話短說：唯一的槍手這個理論，或許沒有凱文‧科斯納（Kevin Costner）看著圖表誇張演出那麼好看，但它應該就是事實了。

威爾斯王妃黛安娜

　　對啊，這件事**真的**太不合理了。首先，這大概是你所能想像到最愚蠢的暗殺策略，或許除了中情局實際嘗試刺殺卡斯楚的那些行動以外。這個計畫必須結合以下因素：一盞大多數目擊者都表示沒看到的閃光燈、用一輛更小的車在完美時機製造小角度碰撞並使大車偏離路面，而且刺殺目標剛好又沒繫安全帶，才能讓事情進行得更順利。喔，對了，密謀者還決定在後方跟著一大票媒體攝影師的時機採取行動，這簡直就是祕密謀殺計畫的完美條件。

　　至於刺殺的動機，一般人認為是皇室太害怕未來的國王會有一位同母異父的穆斯林弟弟，但這並不合理，更不合理的是黛安娜並未懷孕，更別提皇室對她幾年前跟一位穆斯林醫師交往更久、更認真一事毫無意見，那段關係也從未引發任何刺殺意圖。所有據稱能夠支持這項陰謀論的證據，要不是被證明站不住腳，就是純屬虛構，因此整件事看起來就像是有個悲傷的男人受到了一家積極想把黛安娜的照片放上頭版的報社所煽動，心懷怨念地竭盡全力對付英國權勢集團。

　　不過，除此之外，這一切都是事實。

　　這些陰謀論（以及世上其他許多類似的陰謀論）可信度不

一。有些聽起來比較有可能發生；有幾個可以完全排除。政治暗殺的現實是，要舉出反證比一般狀況更為困難。畢竟，歷史上的確出現過經證實的刺殺陰謀，我們真的很難說那些懷疑毫無根據。

然而，懷疑還是有可能誤導人們。由於人們太熱愛疑神疑鬼了，所以有時候會憑空捏造。最好的例子應該就是澳洲總理哈洛德·荷特（Harold Holt），在1967年12月炎熱的某一天，他走進海裡，然後就再也沒出現了。

當時，甘迺迪遇刺事件才發生不到幾年，冷戰也正處於高峰期，就有一位重要的世界領袖突然消失，這種事彷彿是為了陰謀論量身打造的。他在澳洲南部海岸自家附近的一處海灘消失，數十年來一直是官方未解之謎，這當然也引發了陰謀論。

有些人說他是因為支持越戰的立場而遭到北越刺殺；有一家報紙寫道，他是因為反對越戰的立場而遭到中情局刺殺。某個美國律師在一封信中堅稱，他受到「專業人士傷害，對方可能來自外國」，那或許是某種「延遲生效的藥物」[12]所造成的結果。「官方說法」依照傳統又被雞蛋裡挑骨頭，抓出早期公告的內容中稍微不一致之處，但那時候，政府一定正在忙著弄清楚這件事到底該由誰負責處理。最廣為流傳的陰謀論甚至跟刺殺無關。有一本叫《總理是間諜》（*The Prime Minister Was a Spy*）的書宣稱，荷特其實替中國擔任間諜將近四十年，但他害怕自己選擇變節的事被揭發，後來被偷偷帶到在海岸附近待

命的一艘中國潛艇上。

然而，哈洛德・荷特所發生的事，其實一點也不神祕，幾乎到了可笑的地步。荷特熱愛游泳，也很有自信，他在國會聽著無聊的發言時，偶爾會為了消遣而憋氣，看看自己能撐多久，可是那天的海浪實在太猛烈了。有兩位在岸上的朋友本來想跟他一起下海游泳，但還是放棄了。海況惡劣到嚴重阻礙了搜救行動：一艘船被打翻，還有一名海巡潛水人員在電視新聞上說：「那種感覺就像在一台洗衣機裡。」⑬

除此之外，荷特的健康狀況也不太好。他的肩膀一直有傷未癒，幾個月前也曾經在國會裡昏倒，而且前一年還發生過兩次差點溺水的事件。朋友、同事和主治醫師全都警告過荷特，繼續下水的風險，但他完全不當一回事，還問自己的新聞祕書：「一位總理溺死或被鯊魚咬死的機率有多大？」⑭在他消失的前一天，《澳洲人報》（*The Australian*）才以標題為「建議總理減少游泳」的頭版新聞報導此事，這有點像是電影裡才會出現而現實生活通常不會發生的拙劣伏筆。

陰謀論會在較為傳統的解釋中，找到可以發展的缺口；它們往往聲稱能夠說明未解之謎或不合情理的事。然而，這表示如果你想要提出很棒的陰謀論，就必須克服一個難題：它們不能比自己想要取代的主流說法更缺少說服力。我們很清楚哈洛德・荷特發生什麼事：他溺水了。大家預料會發生的事情發生了，這不是因為他們參與什麼陰謀，而是因為太好猜了。

那麼，爲何陰謀論還是會盛行？這是比例性偏誤的影響，人們很難相信重大事件背後的原因很普通或只是隨機。一個大國失去領袖，不可能只是因爲運氣差或做了很蠢的選擇。正如歷史學家伊恩・漢考克（Ian Hancock）所言，儘管明顯的事實就擺在眼前，「每年夏天，各年齡層的澳洲人都會在水裡做傻事，然後溺死」，但這似乎無法令人滿意。他寫道：「明顯的解釋，其重要性不足以符合事件的嚴重程度。」[15]

　　或者換個方式說，這正是荷特所表現的邏輯缺陷，因爲他問了：「一位總理溺死的機率有多大？」而答案是，就跟其他六十歲、肩膀有問題、最近差點溺水、在別人都認爲太危險但自己過於自信地跳進水裡的人一樣，大海才不管你是不是總理咧，老兄，你的機率和大家沒兩樣。

附註 ————

[1] 現在想想，時光旅行發明以後，可能又會出現數不清的嫌疑犯，所以這能不能幫上忙，還有待商榷。

[2] 在本章中，或許就是他做的這件事最令人欣賞。

[3] 2021年4月，中非國家查德的獨裁統治者伊德里斯‧德比（Idriss Déby），在前線指揮軍隊與叛軍戰鬥時中槍，而當天他才剛贏得第六任的總統任期。這件事引發了許多陰謀論。同年的七月，海地總統摩依士（Jovenel Moïse）於官邸寢室遭到射殺，兇手是三十名傭兵，其中大多數為哥倫比亞人。這毫無疑問是個陰謀，但幕後策畫者的身分就不太清楚了。

[4] 除了詹姆斯‧麥艾維（James McAvoy）所演出的，能讓子彈轉彎的那部電影以外。噢，還有電影《X戰警》（X-Men）裡，可以用超能力改變子彈路徑的萬磁王（Magneto），因為刺殺甘迺迪而遭到逮捕。說到這個，詹姆斯‧麥艾維也參與了那部電影的演出。他⋯⋯是不是知道些什麼？

6 不明「流」行物體：UFO目擊事件
Unidentified Lying Objects

　　西元 1639 年某天晚上，詹姆斯・艾弗瑞爾（James Everell）這個聽說是頭腦清醒、行事謹慎的人，在波士頓附近的泥河（Muddy River）登上一艘船，後來他和兩位同伴看到天空中有「一道強光」。此外，麻州殖民地總督約翰・溫斯羅普（John Winthrop）在日誌中這麼寫道：「靜止不動時，它會燃燒起來，大約三碼見方；當它迅速移動，又會縮小成一隻豬的輪廓。」據說，這個豬狀物體在河流與查爾斯頓（Charlestown）地區之間不斷來回疾行，「快如飛箭」。事件結束後，這些男士發現他們的船竟然在河中逆行了一英里遠。①

　　一般認為，艾弗瑞爾的這段經歷是美國殖民時期目擊幽浮（註：UFO 的音譯，為英文 Unidentified Flying Object 的簡寫，意思是「不明飛行物體」）的首次紀錄。這並不是最後一次。

　　有好一段時間，外星人綁架以及政府掩飾飛碟真相的說法，幾乎就等同於陰謀論。在陰謀文化復甦的 1980 年代和 1990 年代，幽浮扮演著要角，而從右翼民兵運動的相關著

作，再到叫座的《X檔案》（*The X-Files*）與《ID4星際終結者》（*Independence Day*）等主流流行文化作品中，隨處都能看見「羅斯威爾」（Roswell，註：相關事件詳見後文）及「五十一區」這些字眼。[1]

「那是外星人」已經變成極為流行的陰謀論，而且持久力驚人。從1960年代以來做過的相關民調顯示，相信幽浮確實代表外星人造訪地球的美國人口比例，始終超過30%，而且數據經常更高。[2]不僅如此，許多不相信有外星人造訪地球的人，仍然會認為政府在掩飾些什麼，絕大多數的美國人（最新的統計是68%）一致覺得，關於幽浮，政府知道的比公開承認的更多。[3]

之後我們會知道，他們在這一點算是說對了。

從統計來看，除了懷疑論者協會年度大會以外，在美國人的任何聚會中都有很高機率會出現至少一名幽浮信徒。然而，幽浮學家在流行文化中的常見形象，往往怪胎指數破表，他們全是容易焦躁緊張的阿宅（足不出戶）或嗜酒如命的鄉巴佬，對肛門探測這個話題著迷到令人不安的程度。這是一個無人想承認自己相信的陰謀論。

但在過去幾年裡，奇怪的事發生了。起初只是暫時的現象，不過逐漸有許多還算知名的人士開始主張，也許（只是也許）我們應該多關注一下幽浮這件事。一些具有聲望的報紙刊登詳細報導，談論愈來愈多關於幽浮的證據，以及政府採取了

什麼計畫來處理這些東西。④學者和政策制定者開始注意這種情況。國際關係學教授丹尼爾‧德雷茲納（Daniel Drezner）於2019年替《華盛頓郵報》（*Washington Post*）寫了一篇文章，以直截了當的標題巧妙概括了整體風氣的轉變：「幽浮存在，大家都要適應這個事實。」⑤

這些人都沒說過「那一定是外星人」（但他們偶爾也會坦承我們不能排除確實是外星人的可能性）。就算"UFO"這個首字母縮略詞，幾乎只會讓大家聯想到小綠人，不明飛行物體還是可以指幽浮以外的其他東西。美國國防部的不明空中現象專案小組（Unidentified Aerial Phenomena Task Force）於2021年6月發表一份報告——美國政府終於正式表示對幽浮感興趣了——他們關注的重點不在於幽浮是外星人，而是它們代表了「外來對抗系統」。換句話說，那是某種新奇的俄國或中國偵察機。⑥

這種恐懼並不陌生。事實上，打從一開始就是因為這種憂慮所導致的許多可疑行為，助長了人們對幽浮陰謀論的興趣。

詹姆斯‧艾弗瑞爾於1639年目擊到幽浮後，接下來十年裡也有其他人發生類似的事件。1644年，約翰‧溫斯羅普的日誌，記錄了在波士頓外一艘船上，有另外三個人看見「兩道光從鎮上北端小海灣附近水面出現，形體像是一個人……（它）往鎮上行進了一小段距離，就這樣一直移動到南端，在

那裡消失無蹤。」這成了鎮上談論的話題，後來幾週也有許多人看到那些光，還伴隨著一陣陰森的聲音「以最可怕的方式喊著『男孩！男孩！走開！走開！』」。⑦1647年，科頓・馬瑟（Cotton Mather）牧師描述了他在新英格蘭（New England）的經歷：當時，有人親眼看到一艘船出現於康乃迪克州的紐哈芬（New Haven）半空中，逆風行進了一英里，然後就「消失在一片煙霧般的雲裡」。⑧

　　這一切或許是因為新英格蘭的拓殖者居住於新大陸，對當地的天氣狀況並不熟悉，但在歐洲竟然也有人看見天空中出現一堆怪東西。1561年4月的一份大報提到，許多人在某一天的黎明時分，目睹紐倫堡（Nuremberg）的天空中有血紅色或黑色球體，以及類似十字架或長桿的物體。這些東西看起來像是在打鬥，後來似乎打累了，接著就掉到地上燃燒殆盡。文章還附上一幅根據目擊者敘述而刻成的木版畫，算是早期現代藝術家對此的想像。⑨

　　五年後，在兩百英里外的瑞士巴塞爾（Basel），也發生了聽起來極為類似的現象。這個景象出現於一天之中太陽最低的時候；同樣地，空中也有黑色與紅色球體，它們似乎在戰鬥，接著又突然落到地面。⑩

　　1609年9月，據報韓國天空出現一個「大葫蘆」形狀的幽浮；⑪1668年，有人看見一隻銀色蜥蜴出現於斯洛伐克的上空；⑫在西元前一世紀晚期寫作的歷史學家蒂托・李維（Titus

Livy），提出了人們在羅馬天空中看到的一堆怪東西，包括一顆火球、「在空中閃爍的……幽靈船」，以及一些全白裝扮、站在祭壇前的人。⑬從某方面來看，歐洲文明的整段歷史，其實是一次幽浮目擊事件所導致的結果：在米爾維安大橋（Milvian Bridge）戰役前，君士坦丁（Constantine）大帝看到太陽上方的天空有一道光芒十字架，上頭還用希臘文寫著「靠此記號得勝」。如果他發現那並非上帝顯靈，就只是外星人經過，而他卻因此無端讓整個帝國改信基督教，想像一下那會有多尷尬。

很多幽浮學家都把這些故事當成歷史上的近距離接觸，原因是在現代人看來，它們真的很像幽浮目擊事件。但重點是，它們又不太像。幽浮通常不會變成豬、蜥蜴、帆船或巨大黑色長矛的樣子。它們不會發出詭異的喊叫聲，也不會寫希臘文。

這些故事反而意味著人類很容易在天空中看見怪東西，而我們的大腦會根據信仰、焦慮以及當時的技術來解釋它們。在十七世紀的新英格蘭，那可能是死去水手的鬼魂；在古羅馬，那是異教或基督教神靈所傳達的訊息。一直要到有人暗示那是外星人，大家才開始以這種方式解讀。特別的是，不管在紐倫堡上空出現的是什麼，在幽浮學家介入之前，似乎完全沒人想到可以用外星人來解釋。

其實，歷史上大多數目擊事件都能透過滿合理的方式來說明。⑭那是因為天空中本來就會發生一堆跟外星人完全無關的

怪事。例如：

幻日（Sun dogs）

一種視錯覺，出現於某些較為寒冷的情況中，此時低空的太陽旁邊看起來像是伴隨著兩顆比較小的太陽。這個片語裡的"dog"或許來自"dag"，意思是露水或薄霧；不過，我們會選擇相信用"dog"來形容那種現象比較好，是因為這會讓太陽看起來就像一個在遛狗的人。

鬼火（Will-o-the-wisp）

比較潮濕的地帶經常出現的神祕光芒。在歷史上被視為鬼魂、小妖精之類的靈體，喜歡引誘旅人進入危險的沼澤；現在，我們已經知道其成因是自燃的沼氣。總之，那種會飛的怪異光點，就是能夠把你嚇得魂飛魄散。

球狀閃電（Ball lightning）

一種廣泛報導但幾乎無法研究的現象。也許實際上根本不存在，就只是雷暴玩弄人們感官的一種把戲，不過在許多時間與許多地點都有人通報過。

複雜蜃景（Fata Morgana）

一團冷空氣位於一層暖空氣底下時，所造成的海市蜃樓現

象，會導致光線以奇怪的方式彎曲，也就是讓影像拉長、變形、重複交疊。雖然在陸地上有相關紀錄，可是它們在海上更常見，最著名的是使遠方的船看似浮在空中，有時候甚至還上下顛倒，好像會飛的船還不夠誇張似的。這個名稱來自亞瑟王傳說中女巫摩根勒菲（Morgan le Fay）的義大利文譯名，因為義大利人把梅西納（Messina）海峽的土地打造得像是空中城堡。這顯然是摩根勒菲會做的事。

真正的太空物體

偶爾真的會有東西從外太空來到地球，並且在落下的過程中發出奇怪光芒。但那大多不是太空船而是「岩石」，光線也非出自內部動力來源，而是「真的燒了起來」。以前我們稱其為隕星；現在我們叫它們為流星。[2]

就算人們具備正確的心態，還是有可能把一堆無聊的合理現象，解讀成神靈在生氣或是外星人路過。萊絲莉・琪恩（Leslie Kean）是一名美國記者，一直很努力想讓美國政府坦承他們長久以來對外星人的關注，而她曾經提過，絕大多數的幽浮目擊事件都可以透過前述的現象解釋，另外也有可能是人類的航空器、冰晶、身體反射陽光的鳥、漩渦氣流、火星或金星等行星，諸如此類，它們全都被所謂的集體歇斯底里（mass hysteria）重新塑造成更神祕或更邪惡的東西了。[3] ⑮

❖ ❖ ❖

雖然歷史上大多數時候，人們都會發現天有異象，不過把那個異象當成外星人是比較近代的事了。

十九世紀晚期，有接連不斷的報告指出天空出現神祕光芒，並將其視爲某種新奇的「飛船」。例如，1896年11月，北加州幾家報紙報導，在約一千英尺空中有道緩慢移動的光線。一名目擊者表示看到兩個男人在上頭踩著踏板；另一名目擊者宣稱在地面遇到那個東西，還出現了幾個火星人，對方企圖綁架他。（幸好，這個身材魁梧的傢伙對火星人而言太強壯了。）

坦白說，像這樣的故事，在某種程度上似乎得要目擊者願意跟報社合作，才能夠捏造出來。[4] 不過令人意外的是，他們虛構的東西竟然開始讓大家覺得「看哪，是飛行機器」，而這種事也算是第一次讓人們覺得好像滿合理的。針對目擊事件，有個廣爲流傳的說法，是某人**確實**發明了一部飛行機器，但大概很害怕面對隨之而來的讚揚與財富，所以不想透露給任何人。到了1897年，湯瑪斯・愛迪生（Thomas Edison）已經受不了人們把胡亂想像的空中異象全部歸咎於他，於是發表了一份語氣強烈的聲明，徹底否認自己發明過這種東西。⑯

六年後，萊特兄弟（Wright Brothers）眞的讓一部飛行機器離開了地面；不過，人們還是一直目擊到當時的技術無法達成的飛行現象。1909年，有個叫華勒斯・蒂林哈斯特（Wallace

Tillinghast）的人告訴《波士頓先驅報》（*Boston Herald*），他駕駛著一架神奇飛行機從麻薩諸塞州的伍斯特（Worcester）前往紐約市再折返，總共飛了三百英里，比任何人所嘗試過的飛行距離多了將近三倍，而且還要帥地繞了自由女神像一圈。雖然沒人注意到這件大事，可是接下來幾天卻有超過兩千人宣稱見過他繼續飛行。直到目前為止，都毫無證據顯示蒂林哈斯特確實擁有一架飛機。[5]

後來，在第一次世界大戰前幾年，歇斯底里的情緒主宰了英國，因為到處都有人看到天空中出現飛船，包括肯特（Kent）、高威（Galway）、奧克尼（Orkney）等地。德國人碰巧有一艘飛船；然而，並無證據顯示它去過英國。不過，1912年至1913年冬季期間，的確普遍瀰漫著一種恐懼，害怕一個愈來愈具信心的工業及軍事敵國，現在擁有了從空中發動致命攻擊的技術。[6]

這種恐懼並非毫無依據。第一次世界大戰期間的齊柏林飛船（Zepplin）發動空襲，在英國炸死了大約五百五十人；第二次世界大戰期間較為持久的閃電戰（Blitz）則殺死了超過四萬人。緊接著出現了飛彈、無聲飛彈，以及1945年8月之後的核毀滅威脅。大約就在這個時候，一般飛行變得愈來愈普及，太空競賽開始，大家都很清楚只要超級強國踏錯一步，就會造成世界末日，於是，人們對外星訪客的信念也開始加倍努力發揮作用。

這種時刻，把天空想像成恐怖的來源，或許是對現實的合理反應。不過，對於提出原型（archetype）概念的心理學家卡爾·榮格（Carl Jung）博士，這具有別的意義，而且也使人聯想到神靈會干預世事的古老信仰。他在1954年的一場訪談中表示，人們突然對幽浮感興趣，是一種面臨災害威脅逼近時，下意識的自發反應，在這種情況下，他們會「望向天空尋求援助，而天上就會出現令人驚恐或安心的神奇預兆」。⑰

換句話說，對於外星訪客的信仰，不只顯示人們認為這個世界很可怕、動盪不安。在某種程度上，它也代表了人們想要逃離這種世界的企圖。

1947年夏天，美國在短時間內接連出現了建立現代幽浮學的兩大觀念。首先，有一位名叫肯尼斯·阿諾德（Kenneth Arnold）的業餘飛行員聲稱，看到九個閃亮的碟狀物體，以一千兩百英里左右的時速，飛越西雅圖附近的雷尼爾山（Mount Rainier）。阿諾德是個穩重得體的人，不太會誇大其辭，因此採訪記者認為他不是怪胎，也如實寫出了他的故事。

這項報導產生的結果是：

(a)用來描述不明飛行物體的「飛碟」（flying saucer）一詞開始普及。

(b)肯尼斯·阿諾德以為他看到的是某種祕密軍事技術而非外星航空器，而他似乎希望自己打從一開始就該保持沉默。

這段話經常被引用：「整件事已經失控了，我想跟聯邦調查局（FBI）或誰談一談……我太太在愛達荷州不知道會怎麼想。」[18]

兩週後，新墨西哥州羅斯威爾陸軍機場（Roswell Army Air Field）有一位公共資訊官採取了一項行動，這正是涉入掩飾外星生命存在的陰謀時，最不該做的事。他發布一份新聞稿，宣稱軍方已經取回一具「飛行圓盤」的殘骸。隔天，在德州又有某個位階更高的人澄清，表示那個東西其實只是「一顆探空氣球和一部雷達反射器的碎片」。

這很可能就是事實：殘骸只有幾磅重，而且發現的牧場工人描述它有「橡膠條、錫箔、一塊很硬的紙片和幾根棍子」，聽起來不怎麼像外星人。可是，美國陸軍才剛宣布他們有飛碟，接著又想收回這個說法。哎呀！[19]

某種程度來說，陰謀論者過了這麼久才發現這件事，還真是個奇蹟。不過，在1947年，美國人仍然相當信任他們的政府。再過三十年，在總統遭到刺殺、越戰以及水門案之後，他們就不相信了。[20]

到了1978年，陰謀論者找到了一個非常好的理由，來質疑羅斯威爾事件的官方說明：曾經待過那裡的某人要他們別相信。最早參與處理殘骸的一位陸軍中校傑西・馬塞爾（Jesse Marcel）告訴幽浮學家史丹・弗里曼（Stan Friedman），那個東西並不屬於這個世界。結果，一連串的書籍出版，宣稱羅斯威爾的殘骸來自外星人，而且軍方掩蓋了這件事。[21]

1997年，另一位陸軍中校菲利普·J·科爾索（Philip J. Corso）出版了一本《羅斯威爾事後記》（*The Day After Rosewell*）的爆料回憶錄。在書中，他聲稱自己檢查過那些從墜毀地點取回的外星人屍體（身高四英尺高、只有四根手指的手、燈泡形狀的頭，那些你都知道了），並且參與了政府的一項祕密計畫，目標是透過逆向工程取得外星技術以供團體使用。這創造了各種技術，其中有些是你無法想像現代世界少了它們會變成什麼樣子（光纖、積體電路、雷射），而有些你大概**可以**想像到，少了它們也沒關係（夜視鏡、克維拉纖維），不過這取決於你的工作。這本書並未被認眞看待，《衛報》在2001年還將其列爲史上十大文學騙局之一，不過，它還是榮登好幾週的暢銷書排行榜冠軍。[7] [22]

1990年代，有愈來愈多陰謀論提及美國西部沙漠中的另一處地點。距離內華達州雷切爾（Rachel）不遠處的五十一區，是個機密的空軍試驗場，據說那裡從事著各種活動，包括開發祕密的能量武器，以及瞬間傳送或時間旅行技術，或是解剖自羅斯威爾墜毀地點取回的外星人屍體。[8] 陰謀論者一致認爲，該地區像是一種地下摩天大樓，在內華達州沙漠底下還有數十層的空間。

其實，美國軍方眞的在五十一區和羅斯威爾從事最高機密活動。五十一區用於開發U-2偵察機之類的軍事武器，因此，美國政府花了好幾年時間，假裝那種地方不存在，儘管你只要

站在附近一處的山坡上就能看得一清二楚了。

1994年，空軍承認他們掩蓋了關於羅斯威爾的事實。那具殘骸並非一般的探空氣球，而是裝載了麥克風和無線電發射機的間諜探空氣球，隸屬於最高機密的莫古爾計畫（Project Mogul），要在高層大氣監控蘇聯的核試驗。（這份軍方報告也指出，事件新聞中謠傳的外星人屍體可能是測試假人，或是1956年在羅斯威爾附近真正發生墜毀時的人類屍體。）後來，美國政府在2013年不太高興地坦承，五十一區實際存在。㉓

漸漸地，美國政府也在過去幾年承認了兩件事：他們很早就對幽浮感興趣，以及他們一直竭盡全力不讓大眾知道這項興趣。至於他們的理由，基本上是想避免關於威脅美國的實際重要情報，淹沒於瘋狂報導的大量飛碟新聞之中。1966年，他們甚至雇用了哥倫比亞廣播公司（CBS）新聞主播華特・克朗凱（Walter Cronkite）來負責一部名為《幽浮：朋友、敵人或幻想？》（*UFO: Friend, Foe or Fantasy?*）的紀錄片。幽浮學家宣稱，政府想要破壞這些學家的可信度，這一點其實沒錯。

然而，這項策略帶來了兩種副作用。一是使真正的祕密計畫，看似比實際上有趣許多。二是讓軍官和其他可信的目擊者，因為害怕被視為笨蛋而不敢提供真正的情報。㉔

於是，政府改變了立場。2017年12月，在《紐約時報》（*New York Times*）的頭版，萊絲莉・琪恩和另外兩名記者報導國防部多年來都在監控天空，尋找不明飛行物體。㉕而國防部

也證實了這件事。[9]

再次強調：「不明」與「外星人」不一樣。不過，這也是美國政府第一次並未完全排除外星人的可能性。他們是要承認，外太空有人們還不了解的東西。

某些陰謀論也跟幽浮多少有點關係，例如：

黑色直升機

水門案醜聞之後那段猜疑的日子裡，黑色直升機變成了匿名政府機構的象徵。在鄉間，有些擁槍人士組成民兵，真心相信希拉蕊・柯林頓（Hillary Clinton）不只是討厭的政客，簡直就是撒旦；那種無記號的直升機會讓他們聯想到「黑衣人」，這後來啟發了一些電影，例如《駭客任務》（*The Matrix*），還有另一部我們現在還想不起名稱。

在較為極端的說法中，直升機上的人代表了新世界秩序／錫安主義（Zionist，又譯猶太復國主義）世界政府／聯邦政府的外星盟友，一心想要進行可怕的實驗，內容包括肢解牛隻或其他更糟的事。在比較乏味的版本中，他們就只是替聯合國做事的帝國風暴兵，要到那裡對蒙大拿州強制執行國際法。

話說回來，雖然他們可能只是聯邦政府的代表，不過對某些人來說，這就已經夠糟了。1995 年，愛達荷州的國會議員海倫・切諾維斯（Helen Chenoweth）向《紐約時報》表示，美國魚類及野生動物管理局（US Fish and Wildlife Service）把

直升機停在牧場主的土地上，拿槍指著他們強迫執行《瀕危物種保護法》（Endangered Species Act）。㉖她針對直升機和其他事項舉行了聽證會。㉗

　　讓情況更爲複雜的是，許多聯邦機構還眞的會使用黑色直升機來監視或運輸。雖然民兵疑神疑鬼，但他們認爲聯邦政府多少涉入了美國境內發生的事之觀點，其實也沒錯。

化學尾跡／飛機雲

　　化學尾跡是另一個因爲普遍不信任當局而產生的陰謀論，不過要相信這種事，你還必須缺乏科學知識，並表現出一種可謂心理抽筋的巴德爾－邁因霍夫現象（Baader-Meinhof phenomenon）：一旦你注意到某件事，就會覺得它特別常出現。[10]

　　在特定的天氣情況中，飛機一定會留下「凝結尾」（contrail），這是由引擎燃燒燃料所產生之水蒸氣，在廢氣留下的微粒周圍凝結而成的正常產物。可是，1996年，網際網路正逐漸開始成爲某天可能會害死人們的陰謀思維集散地之際，美國空軍發布了一份探討奈米技術潛力的報告，也就是利用飛機來製造「人工天氣」。網路和談話廣播接連注意到這件事，結果可想而知。

　　幾年後，包括環境保護署（EPA）和國家航空暨太空總署（NASA）等許多美國政府單位，聯合起來向大家說明凝結尾

完全是飛航的正常結果，不是政府或企業為了天氣改造／心理操縱／控制人口／生物或化學戰（請根據偏好刪除）的意圖，而將化學物質倒進天空。照慣例，這又讓情況變得更糟了。

化學尾跡陰謀論會這麼陰險，其實有幾個原因。首先，藉由種雲（cloud seeding）製造降雨的天氣改造，確有其事，而且存在了好幾十年。其次是，凝結尾的形成與消散取決於天氣狀況，這會讓它們看起來像是不同的東西。還有一個理由，就是網路上充斥著「化學尾跡飛機」的影片和照片，機上載滿了看起來很邪惡的桶子。事實上，飛機是真的，但那些桶子可能是用來滅火，或是在飛行測試機上用於模擬乘客的壓艙物。

多虧了前面提到的巴德爾－邁因霍夫現象，化學尾跡陰謀論似乎也是把人們拉進兔子洞的絕佳方式。在看到你的YouTube影片之前，大家可能從未注意過化學尾跡的可疑行徑，但在你指出之後，他們就連不想看都不行。到時候，你可以用另一個理論對付他們，也就是接下來這一項。

登陸月球

別忘了，在太空競賽的早期階段，美國很明顯居於劣勢。1957年，蘇聯發射了史普尼克一號（Sputnik 1），這是第一顆進入太空的人造衛星，緊接著他們又把第一隻動物送上太空，然後是第一個進入太空的男人、第一個進入太空的女人，以及第一次太空漫步。1961年5月，美國國家航空暨太空總署成功

讓艾倫・薛帕德（Alan Shephard）成為第一位上太空的美國人。由於發射時間延誤了幾個小時，他也成為第一個穿著裝滿自己尿液的太空衣進入太空的人。㉘

因此，過了兩週，甘迺迪總統對國會宣布美國要在這個十年結束前將人類送上月球的時候，大家都覺得不太可能。然而，在即將滿八年又兩個月的前一天，尼爾・阿姆斯壯（Neil Armstrong）和巴茲・艾德林（Buzz Aldrin）踏上了月球表面。

你覺得這聽起來非常合理嗎？

有個叫比爾・凱辛（Bill Kaysing）的人不這麼認為，[11] 他於1976年出版了一本小冊子，而且在標題就揭露真相：《我們從未登陸月球：美國的三百億元大騙局》（*We Never Went to the Moon: America's Thirty Billion Dollar Swindle*）。他在內文裡指出，從月球拍攝的那些照片中，根本看不見星星；登月小艇的下方沒有爆炸坑；而且影子的方向似乎也不對。

本來這可能只是一個邊緣陰謀論，不過，福斯新聞台（Fox News）在2001年播出了一部名為《我們真的有登陸月球嗎？》（*Did We Land On The Moon?*）的紀錄片，由《X檔案》的常駐演員米奇・佩勒吉（Mitch Pileggi）主持，而其結論是：不，我們沒有。

隔年，法國導演威廉・卡雷爾（William Karel）推出了《登陸月球行動》（*Dark Side of the Moon*）這部「紀錄片」，主張登陸影片是由中情局及史丹利・庫柏力克（Stanley Kubrick）

一起僞造的。理查・尼克森總統下令執行一場肅清行動，將參與計畫的大多數人都暗殺掉，而導演勉強逃過一劫，爲了保命，接下來二十年都過著隱士般的生活。㉙

這一切不僅全是虛構，他們甚至也不打算掩飾，該部影片在播放工作人員名單時，加入了一段NG畫面。但在YouTube上偶然發現那些剪輯影片的人，並不會看到這個部分。至於比爾・凱辛指出的異常現象，乍聽之下確實相當可疑，但它們全都有合理的解釋：相機的曝光時間讓人看不見星星；爆炸在眞空中產生的效果不一樣；月球塵埃的反射特性會影響影子出現的方式，可是要理解這些事項非常困難。㉚有太多陰謀論者從來不會想得那麼深。[12]

另一個難以理解之處是，無法拯救經濟或贏得越戰的政府，爲何能夠實現把人放上月球這樣的大事。接下來數十年間，太空計畫逐漸成爲歷史，不過製作影片這種事，任何孩子只要有筆記型電腦就辦得到。或許就是因爲這樣，某些人才會寧願相信有數千人密謀假造美國登月來贏得公關勝利，而不肯接受他們眞的去過那裡。

消失的太空人

蘇聯也有一個類似登月騙局的陰謀論。消失的太空人理論主張尤里・加加林（Yuri Gagarin）其實不是第一個進入太空的人，先前的太空人要不是死於飛行中，就是像弗拉迪米爾・

伊留申（Vladimir Ilyushin）那樣墜毀在中國並受了重傷。

蘇聯當局確實隱瞞了瓦倫丁・邦達聯科（Valentin Bondarenko）的死訊，他原本會成為一位太空人，1961年在一場訓練中發生意外，但這件事從1980年代後就已經公開討論過了。而在前蘇聯國家解密的檔案中，也毫無證據顯示有其他消失的太空人。

此外，雖然這個理論似乎起源於東方，不過最廣為宣傳的卻是西方，除了一般容易產生陰謀論之處，它也會出現於小說、漫畫、電影和蓄意的騙局之中。最早寫出伊留申故事的是《工人日報》（*Daily Worker*），此為英國的共產黨報紙，即今日的《晨星報》（*Morning Star*）。㉛

或許西方的資本主義無法面對共產黨真正的成就；或許蘇聯對其太空計畫的自豪，不容許有任何會造成傷害的報導；又或許根本不需要什麼陰謀論，只要你打從一開始不相信自己的政府就行了。

1678年，赫特福德郡（Hertfordshire）有個農夫嘲笑了一名工人，原因是對方想要替他收割燕麥賺錢，而他咒罵著說寧願讓魔鬼來做這件事。當晚，燕麥田像是起火燃燒；隔天早上，他發現田裡被割得乾乾淨淨。哎呀，在名稱響亮的《割麥惡魔：赫特福德郡的奇異新聞》（*The Mowing-Devil: Or, Strange NEWS out of Hartfordshire*）這本木版印刷小冊子中寫

道，那個農夫還「不敢拿走（他的燕麥）」呢。㉜

麥田圈迷有時會引用這件事當成麥田圈的最早記述，然而，有幾個不同的地方：

(a) 這個故事中的燕麥稈是被割斷，不像大多數麥田圈都是彎折的。

(b) 還有一個很明顯的替代說法，其中包含了一個報復心重的農場工人和髒話「×你」。

不過，這次事件倒是定義了何謂麥田圈現象：農地裡出現奇怪圖案，而且無法解釋（只要你忽視「有些傢伙在胡鬧」這個可能性就行了）。以前這種超自然的原因會被當成惡魔，而在現代試圖解釋麥田圈的人則傾向於認為「飛碟去過那裡」。

那些相信真正原因是後者的人，還無法說明為何從沒人親眼目睹飛碟正在製造麥田圈，以及它們為何最常出現在道路與城鎮附近。在2003年，英國的麥田圈有將近半數都位於埃夫伯里巨石圈（Avebury stone circles）十英里以內的範圍。㉝或許這暗示著在外星訪客和新石器時代建造那座紀念碑的人們之間有某種神祕連結；另一方面，這也有可能是因為在威爾特郡（Wiltshire）一帶的某個人，真的很愛製造麥田圈。

另一個支持「有些傢伙在胡鬧」這個假設的理由，是我們知道了其中幾個傢伙的身分。道格・鮑爾（Doug Bower）和

戴夫・喬利（Dave Chorley）於1991年出面坦承，他們從1970年代晚期就在做這種事，一直以來已經弄出了大約兩百個麥田圈。為了證明，他們就在記者面前製造出一個新的麥田圈，而記者為了確認，找來知名的「麥田圈學家」（亦即相信超自然解釋的人）派特・德爾加多（Pat Delgado），結果他宣稱那是真的。德爾加多在發現自己被耍了以後，立刻就宣布要從這個領域退休了。[13]

因此，麥田圈不太可能證明外星人的存在，但確實證明了陰謀的存在，只不過編造陰謀的主事者，並非想要保密不讓大眾得知的政府，而是某間酒吧裡的幾個傢伙。㉞

儘管如此，外星人造訪人類的這個想法，在本書中可能不算那麼古怪的。事實上，我們對科學所知的一切都指出，要是外星人不存在，那才奇怪。真正不可思議的是，竟然沒有外星人存在的證據。㉟

以義大利物理學家恩理科・費米（Enrico Fermi）來命名的「費米悖論」（Fermi paradox），指出了兩種觀察之間的對比。首先，就我們所知，外星生命應該到處都有。1961年，美國天文學家法蘭克・德雷克（Frank Drake）提出了一道方程式，[14]試圖計算銀河之中應該有多少先進文明。它先從物理限制開始，例如恆星形成的比率，或是宜居行星的數量；接著，它進入了推測生物學的領域，例如智慧進化的機率。把我們所

得到最好的數據塞進德雷克的方程式，答案應該是銀河裡充滿了生命。

第二項觀察是，好幾十年來人類都在探索天空，尋找智慧生命的跡象，結果什麼也沒找到。此即費米悖論，如果用一句話來總結就是：「大家都在哪裡？」

好吧，這個問題有很多種解答。或許我們不擅長發現智慧生命的跡象；就算生命很普遍，或許智慧的進化少之又少；又或許──這個情況就可怕了──有其他東西讓天空毫無生機。

其他東西是什麼？其中一個可能性牽涉了德雷克方程式的最後一項變數，亦即文明存續的平均時間長度。在有限資源的爭鬥中獲勝，是智慧生命進化的最基本條件，而這樣的達爾文式驅力，或許也在人類身上埋下了競爭至死這種災難性的衝動。或許文明本來就天生薄命。

另一個同樣令人沮喪的可能性是，宇宙是個危險至極的地方，運作的原則就是屠殺異類，「先下手為強」。或許透過星際距離溝通的困難程度，會使所有文明在邏輯上不可避免地陷入一種囚徒困境，使大家無法選擇合作，而唯一可行的策略就是確保消滅掉任何有潛力的行星智慧，以防他們先消滅你。說到這個，好幾十年來我們可是一直都在向整個宇宙開心地廣播「嘿！有人在嗎？」這類訊息。說不定在黑暗的某處，已經有一顆跟杜拜哈里發塔（Burj Khalifa）一樣大的子彈，正以光速99%的速度衝向我們。

相比之下，外星人已經造訪過地球，而且也沒有馬上摧毀我們的這種可能性，似乎就令人振奮許多。這表示我們都有可能成為活躍的行星文明，不會自我毀滅，也不會被疑心病重的太空之神消滅。就算外星人表現得像是可怕的怪胎，像是不打招呼，只會偶爾綁架農夫去做實驗，這也是人類熟悉的可怕怪胎行為，暗示著外星人在某種程度上跟人類沒兩樣。

關於外星人不太可能造訪地球的說法，其實也有些相當具說服力的理由，特別是宇宙有個非常明確的速限。儘管如此，我們很清楚人類社會有多麼複雜，也很清楚物理定律有多麼嚴格。如果比較這兩點，外星人發現光速限制以外的替代方案，似乎比一小群人類發現了暗中控制全球社會走向的絕妙手段，要來得可信許多。

然而，有這麼多人相信外星人會造訪地球，不是因為外星人存在的可能性，而是人類的大腦似乎永遠都能發現模式，並假設那一定是某人所為。不過，下一章會探討到，在某些人抬頭望向天空時，也有些人正低頭看著排水溝。

附註 ———

[1] 威爾·史密斯（Will Smith）會成為世界最著名的電影巨星，基本上是因為他在1990年代後期連續演出了三部成功的賣座電影：《ID4星際終結者》、《MIB星際戰警》（*Men in Black*）、《全民公敵》（*Enemy of the State*），其核心前提均是「陰謀論者一直都是對的」。這指出了一個明顯的問題：他知道一些什麼嗎？

[2] 那些未完全蒸發而確實撞擊到地面的，被稱為隕石；小行星的體積大得多，要是有一顆撞上我們，那可就麻煩了。

[3] 你可能很熟悉在宗教改革（Reformation）之後遍布歐洲與美國的審巫案，這導致了成千上萬人（絕大多數是女性）遭到火刑處死。可是，你有沒有聽過許多記錄在案的「舞蹈瘟疫」（dancing plague）？它會讓整座城鎮的人連續跳舞好幾個月；或是在十五世紀的女修道院爆發修女互相啃咬的事件？或者是整個法國女修道院的人都開始學貓叫，直到當局（想當然又是男性）威脅要鞭打她們才停止？也難怪人們能夠說服自己和別人，相信他們見到了外星人。

[4] 差不多在這段時期還有另一個故事：1897年，亞歷山大·漢彌爾頓（Alexander Hamilton，不是那位美國開國元老）聲稱看見一艘飛船偷走他的牛，更可惡的是還把牠們被切斷的肢體丟回地上。數十年後，大家才發現他是想要贏得某個「騙子俱樂部」（Liar's Club）所舉辦的比賽。原來，小白（troll，註：原意為巨魔，在中文網路界為「白目」與「白爛」的合稱）早在人類擁有網際網路之前就出現了。

[5] 蒂林哈斯特的「飛船」在聖誕夜發生過一次多人目擊事件，地點是羅德島（Rhode Island）的普羅維登斯（Providence）。在所有人當中，只有H·P·洛夫克拉夫特（H. P. Lovecraft）指出，他們看到的其實是金星（而不是某種難以名狀的全球驚悚〔Eldritch Horror〕末日災變事件）。

[6] 本書作者湯姆在他的前一本書《真相：屁話簡史》（*Truth: A Brief History of Total Bullsh*t*）中講過這些故事。

[7] 菲利普·J·科爾索死於1998年。

[8] 這兩個地點經常被一起提及，但其實相差將近七百英里遠，中間還隔了一整個亞利桑那州。

[9] 2020年4月，美國國防部解密了一些據說是幽浮的影片。這些影片先前就被湯姆‧迪朗格（Tom DeLonge）公開過，他是個知名的幽浮陰謀論者，也是滑板龐克樂團眨眼-182（Blink-182）的前主唱。此處會提到這一點，最主要的理由是想重申前一章附註中提到的：滑板龐克確實是一種流行。

[10] 這種現象有時也稱爲「頻率錯覺」（frequency illusion），而它並未促使由巴德爾和邁因霍夫等人建立的西德極左團體紅軍派（Red Army Faction），採取恐怖主義行動。這種現象會取「巴德爾－邁因霍夫」這個名稱，只是因爲在最早記錄的案例中，有某個人得知他們之後，就覺得很常看見他們的名字。

[11] 他並不孤單：2021年，英國諷刺作家兼播音員伊恩‧希斯洛普（Ian Hislop）在《新陰謀論者》（*New Copnspiracist*）播客節目上說，他記得以前到一家博物館排隊好幾個小時，想看某種月球岩石，結果有些同學嘲笑他竟然會相信登陸月球這種事。小孩就像牽動全球的邪惡陰謀，是非常殘酷的。

[12] 關於登月影片的一個「問題」：星條旗應該垂下來，可是並沒有。這其實不難解決，其原因在於旗子上方很明顯有根桿子支撐著。

[13] 抱歉提了這個笑話。另外，派特‧德爾加多於1990年針對此主題出版的《圓形證據》（*Circular Evidence*）一書，簡直就是在自找麻煩。

[14] 方程式在此：$N = R_* \times f_p \times n_e \times f_l \times f_i \times f_c \times L$

7 假新聞在瘟疫蔓延時：
霍亂、流感、HIV 與反疫苗

Viral Misinformation

　　如果你坐下來看《悲慘世界》（*Les Misérables*），心裡或許會出現幾個念頭。你可能會沉浸在革命背景之下那些宿敵與愛人之間史詩般的故事；你可能沒那麼沉浸其中，納悶著還要多久才能起身上廁所。如果你看的是最近的電影版，可能會覺得由羅素‧克洛（Russell Crowe）擔任必須唱出所有對白的男主角似乎不太適合。

　　你可能不會想到的是，自己正在觀看一部關於傳染病陰謀論的音樂劇。

　　不過，基本上它就是！故事的主要背景為 1832 年那場失敗的六月起義，起因是一場災難性的霍亂爆發並侵襲巴黎，導致當地人民暴動，而這場凶猛的傳染病會在十年內席捲三塊大陸。對世界上許多地方而言，這是新疾病的第一波爆發；這個剛從亞洲抵達的陌生殺手，在接下來數十年間造成莫大的浩劫。而針對疾病成因提出的各種陰謀論，也在十九世紀早期法

國原本就燥熱不安的氣氛中，助燃了叛亂之火。

這起事件並非特例。縱觀歷史，傳染病宛如磁鐵般吸引著陰謀論，這是在看到城市燒毀、無辜者喪命，以及努力控制疫情卻徒勞無功的沮喪之下，所產生的錯誤信念。

這裡必須指出，對於1832年的法國，政治動盪的因素已經夠多了。在過去那段熱鬧至極的四十年，法國才剛經歷過至少兩場革命、多次政變（coups d'état）、兩次復辟，以及一個偉大強盛的帝國。但你應該不意外，即使發生了這些血腥的時局變化，最基本的問題還是無法確實解決，包括了富有權貴的權力鬥爭與社會脫了節，工業革命又顛覆了傳統經濟，使人們湧入日益擁擠的城市，造成愈來愈多下層社會的人民，生活於貧窮和骯髒之中。要是引火盒（tinderbox，註：包含火鐮、打火石、火絨，用於生火的工具）會思考，這種情況一定會讓它覺得：「噢，你們有著火的危險了。」

因此我們要強調，霍亂及其相關的陰謀論，並未導致六月起義。局勢太複雜了，不可能只歸咎於單一原因，而且從長期的走向來看，這種狀況到最後一定還會引發反叛。以前曾經這樣，以後還是會這樣，直到一切稍微塵埃落定為止。不過，疫情以及相關的陰謀思維這兩者，肯定有火上加油的效果，而且它們還會站在那裡，拿著火柴，意有所指地對你挑眉。

最後，因為霍亂而死的某人成了暴動的催化劑，這個人就是廣受歡迎的戰爭英雄拉馬克將軍（General Lamarque），而叛

亂就是在他的葬禮期間爆發。他的名字曾在音樂劇中短暫提起：「拉馬克病危命在旦夕／據說活不過這個星期。」不過，那年死於這場疾病的大人物不只有拉馬克，還有偉大的博物學家喬治·居維葉（Georges Cuvier）、首相卡西米爾·皮埃爾·佩里埃（Casimir Pierre Périer）都是犧牲者。不過，就算這種疾病在各行各業奪走了某些人的生命，要說它是每個人都會面臨的威脅還差得遠了，陰謀論就是因此而生。

1832年的疫情，就跟十九世紀大多數的霍亂流行一樣，存在著極不平等的現象，彷彿是微小的英國保守黨（Tory）大臣在踐踏著窮人與弱勢團體。受到霍亂打擊最為嚴重的是水手和碼頭工人、傭人和清潔工、勞工和貧民；在巴黎的某一區，藝術家與工人占了總人口的30%，但在1832年的死亡人數中卻占了70%。[①]人們還要再過幾十年，才能確定這種疾病的成因是一種透過穢物污染的水而傳播的細菌，因此當時的人們只能盡量從這些模式中尋找答案。從有錢人的角度來看，這直接證明了他們對於勞工階級的偏見：那些人骯髒、邋遢、容易養成壞習慣，而且活該當窮人。可是，對於貧困的人來說，這簡直就像權貴階級故意迫害他們。

因此，謀殺大眾的陰謀謠言開始傳播，就像……呃，就像正在實際毒害大眾的這種疾病。造訪當地的德國詩人亨利希·海涅（Heinrich Heine）在其著作《法國事務：來自巴黎的信》（*French Affairs: Letters from Paris*）中，寫到了此時開始興起

的陰謀論：「忽然出現一種謠言，指出許多被立刻下葬的亡者並非死於疾病，而是劇毒。據説，某些人設法將一種毒藥放入各種食物……這些説法愈離奇，大眾就愈渴望接受……」②大仲馬（Alexandre Dumas）在其回憶錄中描述警方如何在面對「看不見的敵人」時，轉而參考這些理論，並寫下「它令人惱火之處在於其無影無蹤……若是實體、可感知的因素就好了，如此才能有具體的復仇原因。」③

相關陰謀論迅速增加。有人說，這是政府想要減少人口，以隱瞞即將發生的糧食短缺問題；也有人說，這種疾病是一種幻覺，「是政府為了轉移民眾對公共事務的關注，而灌輸到人們的腦中」。④幾乎每個政治派別都曾受到指責，這些指控演變成暴力，被懷疑的投毒者遭到毒打或殺害。「一個人只要被指責，就會被追趕、攻擊、殺死！」大仲馬這麼寫道；海涅記得，他曾看過一個無辜的男人被一群暴民攻擊，其中有「老女人拔下腳上的鞋子猛打他的頭，直到把他打死。」⑤

這些懷疑轉向了醫療機構，他們被視為政府的間諜以及下毒的煽動者；醫師是人們攻擊的主要目標之一，甚至「被迫在出診時偽裝自己，以免被暴民認出」。⑥某些醫師和衛生學家確實讓大眾加深了對他們的懷疑，因為他們認為疾病蔓延有可能帶來好處，畢竟這樣會減少窮人，也會讓整體人口更為健康。「嚴重的疫情之後就會有長期的健康。」其中一個人這麼寫道，還指出：「這種疾病帶走的大多是身體羸弱的病人。」⑦

由於人們對於陰謀論的信念實在太過強烈，所以很悲慘地，當局決定最好的處理方式，是利用自己的陰謀論把責任推到某人身上。海涅寫道，「無論在哪個區域，警察似乎都不太想阻止犯罪，看起來也非常清楚情況。」[8]而警察也很快就提出聲明，宣稱下毒的恐慌是由反政府激進分子刻意造假，藉由假裝下毒激起民怨。這並未達到安撫民眾的預期效果，反而更讓民眾確認自己的懷疑，認為當中有什麼不可告人之事。這會導致民眾企圖抗爭，其實並不意外；如果你確信自己被權貴階級下毒，我們猜你一定也想造反。

　　因為霍亂而引發暴力的地方，不只有巴黎，事實上，十九世紀大多數時期，在歐洲及其以外的國家都有相當頻繁的霍亂暴動。它們不只常見，還有許多**共通點**。正如巴黎的情況，推動它們的理由通常源自大家相信這種「疾病」其實是一種蓄意行為，是以窮人為目標的毒殺行動。而且正如巴黎的情況，此事所引發的怒火不僅針對富人，也燒向了醫療機構。

　　歷史學家山謬・科恩（Samuel Cohn）指出：「從紐約市到俄屬亞洲（Asiatic Russia）等地的暴動者之間，並無明顯交流，也沒有證據顯示，抗議者得知了在相隔遙遠的這些地方經常發生類似的暴動，但這當中卻出現了相同的霍亂陰謀傳聞，指稱權貴們策畫要剔除窮人以減輕人口壓力，並由醫師、藥劑師、護士及政府官員，來執行這項精心安排的階級屠殺。」[9]

　　這些受到陰謀推波助瀾的暴動，有時會造成嚴重後果。例

如，烏克蘭的頓內次克（Donetsk）這座城市，起初是名叫「休斯夫卡」（Hughesovka）的居住地，它會有這種以不同語言混合而成的特殊名稱，在於此地是由英國威爾斯的金屬工人開拓發展，並以來自威爾斯的梅瑟蒂德菲爾市（Merthyr Tydfil）的建立者約翰・休斯（John Hughes）來命名。然而，即使是在最近的俄烏衝突發生前，休斯夫卡在現代頓內次克境內遺留的部分早已所剩無幾，1892年的一場霍亂暴動，據說引來了超過一萬名暴民，許多區域因此夷爲平地。[1]

在十九世紀早期，大家搞不清楚這種疾病的眞正成因或許情有可原，畢竟當時普遍的醫學解釋（例如瘴氣或「不潔的空氣」）也沒有多準確。不過，值得注意的是，雖然約翰・史諾（John Snow）已於1854年證明這種疾病是透過污水傳染，但就算經過好幾十年，霍亂陰謀還是會導致暴力行爲，正如休斯夫卡當地的情況。的確，有些陰謀到了二十世紀還在持續流傳，在1910年至1911年霍亂於義大利爆發期間，更引發了至少二十六次暴動。⑩陰謀不一定只會因爲無知而產生；它們反映了更深層的焦慮。

英國並未躲過霍亂暴動的摧殘。在巴黎爆發起義且霍亂首度席捲整個歐洲大陸的疫情期間，英國國內許多城市發生了一連串的暴動，而且大多以醫療機構爲目標。1831年12月，亞伯丁（Aberdeen）有群暴民摧毀了城裡新建的解剖教室；1832年，里茲（Leeds）一座收容患者的臨時醫療中心，被一群暴

徒丟擲石頭，砸破窗戶；同年在曼徹斯特（Manchester），士兵受到召集，前往驅散正在嚴重破壞某家醫院的群眾。[11]救護車（在十九世紀用的是轎子）經常成為攻擊目標，原因是大家想要阻止病患被送進會害死他們的醫院。

暴動也發生於格拉斯哥（Glasgow）、倫敦、都柏林（Dublin）、桑德蘭（Sunderland）、布里斯托（Bristol）、倫敦德里（Londonderry）、斯萊戈（Sligo）及其他城鎮；英國與愛爾蘭群島在十四個月內就因為霍亂而發生了超過七十次暴動。[12]受到1832年暴亂影響最嚴重的英國城市是利物浦，僅在五月底、六月初的短短幾週內，就出現了至少八次個別的暴動。

雖然霍亂暴動的起因，幾乎都是人們不相信醫療機構，認為他們只為權貴服務、辦事無能，說不定還有邪惡的意圖。可是在英國，大家會普遍懷疑醫護人員，還有另一個理由。在霍亂疫情出現的幾年前，英國才發生了伯克與海爾（Burke and Hare）的醜聞（註：這兩位連環殺人案的兇手將屍體賣給解剖學家），深深吸引了大眾的注意。專業醫學的興起，導致對解剖用屍體的需求大增；為了填補供應不足的量，有人開始走私屍體、盜墓，以及謀殺（就像伯克與海爾的案子）。利物浦是重要的港口城市，因而成為非法屍體交易的集散地，導致1820年代晚期，城裡出現了一些與盜墓相關的醜聞和審判。其中至少有一項審判加深了大眾對於醫師的懷疑，審判對象是一個名叫威廉・吉爾（William Gill）的「仲介」，而在醫療機

構內竟然有些人支持他，還募款替他支付訴訟費用。

這一切都讓一般英國人（尤其是利物浦人）非常明顯地意識到，解剖學家對屍體的渴望幾乎是貪得無厭，還會不擇手段確保供應量正常。因此，霍亂發生時，人們就很容易根據事實自行判斷。

1832年5月29日，利物浦發生首次暴動。群眾突襲了托克斯泰斯（Toxteth）的一家醫院並破窗而入，想要阻止某名患者被送進去。大家把怒氣指向醫護人員，呼喊起「交出賣屍者」的口號，還把一位醫師視為「殺人兇手」。之後，這種稱號在利物浦和英國其他城市的暴動中重複出現，而醫療專業人員也成了過街老鼠。在某起案例中，有個女人只是運氣不好，在錯誤的時間離開醫院時被發現，結果在街上遭到眾人追趕，被指控「殺人賣屍」。⑬

某些英國醫界人士還幫了倒忙。在曼徹斯特，有一場出動了當地驃騎兵鎮壓的暴亂，起因是城內最窮困的貧民窟裡有家醫院，院內的某名實習醫師把一個死於霍亂的三歲男童頭部砍下來，帶回家做實驗。他在男孩的棺材裡放了一塊磚塊代替頭部。這件事在孩子的葬禮上被發現，隨即有一群人決定去砸毀醫院。老實說，群眾會這麼做似乎情有可原。⑭

雖然疾病與錯誤訊息搭配作用的例子實在太多，但霍亂和陰謀主義之間交纏的歷史肯定是最悠久又最重要。它也闡明了

在這段歷史中反覆出現的主題。

　　一般而言，傳染病陰謀論通常出自對兩個領域的懷疑：其一是著重於疾病來源及成因的理論，其二是關於醫院與政府如何反應的理論。霍亂陰謀就具備了這兩個特點，而且民眾對於醫療專業人士的看法大多融合了這兩者，不但指控他們造成疾病，還認為他們提供的治療方式更可怕。

　　傳染病陰謀論也會根據對疾病實際情況的接受程度不同而有所差異。有些會試圖怪罪疾病，就像下毒理論；有些可能會指出真正的危險並非疾病本身，認為這只是當局從事邪惡陰謀的一種藉口。

　　但也有人可能會選擇完全否認疾病的存在。英國在第一次霍亂爆發期間就出現過這種情況，某些人覺得這只是一場詐欺，將其稱為「霍亂詭計」，這種反應在今天看來似乎還滿熟悉的。醫學期刊《刺胳針》（*Lancet*）的某位通訊作者在1831年寫道，霍亂只是一場「政府的騙局，目的在於……轉移人們對改革法案的注意」，而且補充說明政府以前恐怕就用過這種花招，還有「專業人士」及「謊言報紙」的協助。⑮

　　第一種類型的理論是「試圖怪罪某事或某人，而非疾病」，具有悠久的歷史。在1348年就出現過一個最惡名昭彰的例子。當時，黑死病席捲歐洲，有個陰謀論指控某群人該為此負責，導致好幾年的暴力肅清與屠殺。傳聞說，真正的原因是猶太人在井裡下毒。這在歐洲許多地方引發了針對特定群體的

暴亂和殺戮。猶太人被趕出家園，猶太社區被徹底摧毀，而在許多事件中也有大量猶太人遭到殺害。

最可怕的案例，大概是在1349年情人節那天發生於法國史特拉斯堡（Strasbourg）的事件，有數百名猶太人被活活燒死，以及數千名猶太人被趕出城外。這場屠殺的特別之處不只在於其殘忍至極，更諷刺的是，黑死病在當時根本就還沒有蔓延到史特拉斯堡。在城裡掌權的行會採取措施，防止猶太人社群遭受毫無根據的暴力，但此事反而被用來證明他們一定是被猶太人收買了，使得這項陰謀論得以持續下去。史特拉斯堡大屠殺的另一個結果，是行會失去了許多政治權威，至於那些參與過驅逐猶太人的一些貴族世家，則重新獲得了權力，這也代表人們會爲了自身利益而將陰謀論當成強力的武器。

井中投毒的想法其實並不陌生。1321年，早在瘟疫出現的數十年前，就有一個類似的狂熱陰謀論宣稱，水井全部都被下了毒，而這個傳聞席捲了法國許多地方以及鄰近區域。當時，根本沒有會引發恐慌的疫情，這是毫無依據且完全由謠言操控的典型。但即使如此，人們還是會受到對於疾病、污染和外來者的原始恐懼所驅動。

起初，這陣恐慌讓大家責怪麻瘋病人，認爲是他們下毒，導致數百名麻瘋病患者被囚禁或處死。直到恐慌蔓延，進入政治領域，權貴得以藉此實現目的與渴望，焦點才從麻瘋病患轉移到猶太人身上，或者有時也會針對穆斯林。

十四世紀中期的反猶太肅清行動，或許是毒害恐慌所造成的最嚴重影響，但這絕對不是最後一次。毒害陰謀論將成為歐洲的生活日常並持續好幾個世紀，而且往往被用來解釋黑死病的威脅，偶爾也會突然出現，導致規模較小的區域暴力行為。

有個特別著名的例子，發生於 1630 年的米蘭。當時，這座城市正試圖阻止另一波瘟疫爆發。就如同先前的例子，此次的陰謀論也是結合了大眾的恐懼及上層社會的刻意設計。

安排舞台的是西班牙國王菲利浦四世，他於 1629 年發出警告，說四個法國人從馬德里（Madrid）逃獄了，可能會到該區域企圖塗抹「有毒且致命的藥膏」。⑯

雖然米蘭在那一年並未出現邪惡的法國人，但在隔年五月，當瘟疫的謠言甚囂塵上，這個理論又再度流行起來，而且在可疑人物被目擊於城裡大教堂「下毒」之後，它也變成了徹底的恐懼。這引發了一連串作秀般的審判，也營造出一種分化家庭與朋友的猜疑氣氛。對了，這也導致暴民隨機毆打，還差點打死被冤枉的人，例如在教堂裡，一個只是隨手擦了擦長椅再坐下的老人，以及只是想參觀大教堂的三名法國觀光客。[2]

被指責造成疾病的，不只有外來者；陰謀論偶爾也會有其他目標，像是新技術。1890 年爆發了一場流感，被稱為「俄國」或「亞洲」流感，源自俄羅斯帝國的布哈拉（Bukhara）附近，在全世界奪走了大約一百萬人的性命，而歐洲版的《紐約論壇報》（*New York Herald*）報導了所謂的「最新流感理

論」。「俄國流感並非常見的流感微生物所致。」這份報紙如此寫道，語氣也不免有些懷疑：「而是從電光源發展出來的全新微生物。」這項理論還提出了證據，指出這種疾病「主要肆虐於普遍使用電光源的城鎮」，以及它「襲擊了所有電報員工」。[17]幸好，這項理論似乎不太流行，讓剛萌芽的燈泡產業躲過了一場公關危機。

下一次流感大爆發是發生於1918年，那是名稱取得一點也不正確的「西班牙流感」，不但造成全球數千萬人死亡，也引發了許多陰謀論。疫情於第一次世界大戰的尾聲開始蔓延，這是一項很重要的因素，因為在戰爭衝突期間，各國使用了許多既恐怖又可怕的全新戰場技術，不少人自然會懷疑這次的流感是一種武器，尤其在美國，大家普遍相信這是德國間諜刻意散布的。相關的指控與謠言多不勝數，例如，流感其實是透過德國拜耳（Bayer）公司製造的阿斯匹靈藥片來傳播。拜耳的美國分公司被迫撤掉全國的印刷廣告，並堅稱公司是「完全由美方掌控」，以及每一位「製造（藥片）公司的高級職員和主管都是美國人」。[18]

如同其他例子，這個密謀說法似乎源於官方走漏的消息，而非來自孤陋寡聞的民眾。美國戰時商業運輸船隊的健康衛生首長，於1918年9月發表這段意見：「疫情很有可能是從德國佬潛艇指揮官派上岸的德國士兵開始傳播，德國人已經在歐洲製造疫情，他們可沒理由要對美國人特別好。」[19]其實德國人

並未在歐洲那麼做，而且再過一個月後，就有一項美國政府官方調查，確認德國人也沒有在美國散播疫情，從此反德的陰謀論似乎就慢慢消退了。

隨著時間往近代推進，人類免疫不全病毒（HIV）傳染病也成為焦點，並且有大量陰謀論者推論其來源。在西方，矛頭往往指向受害者，這種理論認為是同性戀將傳染病散布到文明社會，說不定還是故意的。其他地方則是怪罪邪惡的外部力量。在剛果民主共和國（Democratic Republic of Congo），傳聞說病毒來自進口的罐頭食物。在南非，有些人宣稱它藉由催淚瓦斯傳播，而且是即將消亡的種族隔離政權最後的屠殺行動。在海地，據說人類免疫不全病毒是美國政府的一間實驗室製造出來的。[20]

最後這個說法大概是持續最久的人類免疫不全病毒陰謀論，同樣也被具有政治意圖的菁英階層重複利用。它很可能始於冷戰末期，成為蘇聯的宣傳手段，而在全世界有相關歷史糾葛的地方，都普遍相信這是美國人的惡毒行為。

值得注意的是，南非總統塔博·姆貝基（Thabo Mbeki）就曾呼應這一點，在二十一世紀初期，藉此推行影響廣泛的愛滋病否定主義（AIDS denialism）運動。這場行動不只利用了關於病毒來源的陰謀論，姆貝基也肆無忌憚地在疫情陰謀論的第二部分大力發揮，攻擊醫界對於這種疾病的反應。他聲稱，

治療藥物「齊多夫定」（AZT）具有毒性且危險，是西方製藥公司的陰謀，想要從非洲人身上獲益並害死他們。

姆貝基接著任命一名衛生部長，這位部長推行了以甜菜根和檸檬汁等物品來治癒愛滋病的自然療法，並將人類免疫不全病毒防治計畫的資金移作他用，而這些舉動可能就導致了數十萬人死亡。在這件事上，他得到了一小群唱反調的西方科學家幫忙，這些人一直堅稱人類免疫不全病毒並非愛滋病的成因，偶爾還會質疑是否根本就沒有此疫情。

著重於醫界反應的第二類陰謀論也是歷史悠久。它在二十一世紀的伊波拉（Ebola）疫情中就曾出現，而關於疾病的陰謀論也經常引發針對醫務人員的暴力事件，就像十九世紀的霍亂暴動。其中有些陰謀論否認疾病的存在；許多陰謀論強調人們會被送進醫院裡殺害，或是西方組織為了利益或人口控制（或兩者皆是）而故意散播疾病。紅十字會（Red Cross）尤其是抨擊目標；某些謠言甚至提到紅十字會工作人員在學校噴灑伊波拉病毒。[21]

這種對於醫界反應的不信任其實由來已久。但是當不平等、殖民主義、文化衝突等因素結合起來，導致人們懷疑外來權威，這種情況就會更加惡化。

例如，香港於 1894 年爆發災難性的腺鼠疫（bubonic plague）時，英國當局迅速採取行動，同時還散發出人們心目

中的大英帝國在那段時期應有的得體與優雅。士兵於太平山一帶挨家挨戶搜查，在那個擁擠不堪的環境中，住著許多中國勞工，是目前疫情最慘重的地方。（《英國醫學期刊》〔*British Medical Journal*〕一位通訊作者在當時以愉快的語氣寫道：「我很慶幸這裡的歐洲人並未受到影響。」）[22]每戶人家只要有一個疑似病例就得強制撤離，而且執政者往往會將其房屋完全拆除；在那一年即將結束前，已經有七千人被迫離家，還有三百五十棟房子遭到摧毀。當局壓根也沒想過要舉辦傳統的中式葬禮。這一切讓本地居民感到深切的憤怒與不信任，所以陰謀論會開始傳播，還伴隨著攻擊政府的匿名海報宣傳，也就不令人意外了。據稱英國醫師會「切開孕婦的肚子，挖掉小孩的眼睛，以用來製造藥物，治療瘟疫患者」。[23]

這股反彈促使英國人發起一波運動，包括社區外展，傾聽民眾的不滿，並以更加公開透明的方式消除誤解。哈哈，才沒有，這只是在開玩笑。他們的反應其實是把一架武裝直升機停在太平山的海岸上。我猜這算是建立信任的一種方式吧。

幾年後，印度也在同一波瘟疫抵達時，上演了類似的劇情。殖民政府的反應相當……呃……積極，包括強制檢疫、隔離營、強迫住院，因此也造成強烈反彈，在孟買（Mumbai）、坎普爾（Kanpur）、旁遮普（Punjab）等地引起一波波暴動，導致醫院受到攻擊，瘟疫營慘遭燒毀。

諸如排擠本地醫師、強行進入民宅、軍事風格的搜救隊與

突襲、迫使家人分離、粗暴對待女性、禁止正式葬禮，以及破壞財產和住家等，這些高壓手段與漠視當地風俗的行為，同樣又成爲了衝突的根源，更火上加油的是，歐洲人在某些地方不必遵守規則。由此而生的陰謀論內容，也有許多類似之處：人們是被帶到醫院毒殺；疫情是用來消滅窮人並緩解城市過度擁擠的手段；疾病不存在，只是一種藉口，這樣才能強制實行嚴格的規定，並藉由威脅要通報症狀，來對人們敲詐勒索。㉔

　　正如我們之前提過，在贏得公衆信任這方面，醫療機構最大的敵人就是自己。而且你不必刻意去看那些比較過分的例子（例如將小孩的屍體斬首），就會知道原因爲何。在整段醫學史上，相同的情況實在出現太多次了：即使沒什麼好奇怪的，也要責怪患者得病是因爲他們的生活方式；不把病患對自身症狀或情況的描述當作一回事；任何知識只要是來自他們嚴密看守的職業圈外，一律不予理會；把患者當成實驗對象而不是人來看待；通常都會有些傲慢。

　　然而，還有其他問題可以用來解釋醫界爲何這麼容易引發陰謀論，而這些問題其實也不能全怪在他們身上。首先，跟醫師密切相關的就是……死亡。霍亂爆發期間，死於醫院的人比死在家裡的人更多，這會讓大家認爲醫院是致命的地方，而非還算準確的診斷與分類體系。（說實話，在現代人了解細菌理論和醫療衛生之前，醫院確實有點像是死亡陷阱。即使到了今

天，院內感染仍然是個重大問題。）

第二點，醫師做的事（就算在醫療上是必要的）通常都讓人很不舒服，而且會觸發各種原始的恐懼，像是血、疼痛、侵入身體。也許你在理智上明白醫師很清楚狀況，也具有善意。但是，話說回來，你也很難不出於本能地覺得，有人打算把手伸進你的身體裡做壞事。（不是好玩的那一種……）

這種出於本能的焦慮最為強烈的時候，就是當醫師對你說：「關於你很擔心的那種病，我們有一個計畫。基本上，就是我們會讓你先得病，藉此防止你得病。這聽起來如何？」

反疫苗情緒的歷史就跟……就跟疫苗一樣悠久。事實上，從某方面來看，它還出現得更早。愛德華・詹納（Edward Jenner）在十八世紀晚期，開創性地研發出最早的天花疫苗，但那其實是繼續發展「人痘接種」（variolation）的既有概念而已，而人痘接種在世界各地早已實施了數千年。（疫苗和人痘都屬於預防接種〔inoculation〕的類型，而預防接種是統稱，代表以人工方式加強免疫力。）人痘接種是相當生硬的工具，為了引起免疫反應而直接讓人體接觸真正的病原體。不過，疫苗則使用比較輕微、不活化或無害的病原體，以較少的風險達到相同的效果，而詹納的突破之處，就是使用較不致命也較安全的牛痘來取代天花。人痘接種的關鍵是控制好病原體的接觸，例如，透過皮膚上的小切口而非經由呼吸系統接觸，這樣能減少病情加重的機會。

人痘接種導致有人在1721年11月14日凌晨，向一位住在波士頓的清教徒牧師家中丟了一顆炸彈。

這位牧師就是科頓・馬瑟，而喜歡前一章內容的讀者可能會記得他曾寫過自己看到一艘船航行於康乃迪克州的天空。至於聽過塞勒姆審巫案（Salem Witch Trials）的讀者，可能也會知道他就是那波歇斯底里情緒爆發的主要煽動者。不過，在那場審判的三十年後，一波天花疫情席捲波士頓時，馬瑟卻面臨了截然不同的審判，成爲遭受陰謀指控的那一方。他受到醫學文獻和奴隸奧尼西姆斯（Onesimus）的影響——奧尼西姆斯曾於非洲接受過人痘接種，這種技術在那裡很普遍——因此提倡本地醫師開始在美國殖民地替人們預防接種，但當時的大眾幾乎沒聽說過這樣的作法。㉕

波士頓的醫界大多反對這個構想，因爲它並未經過試驗，也有可能違反上帝的旨意。可是，科頓・馬瑟找到一位願意配合計畫的醫師，一起展開實驗。這在一般大眾和醫療機構之中，引起了一波強烈的反對聲浪，他們甚至還指控這兩人刻意散播疾病。在小冊子、早報和公開會議上，都可見到雙方一連串惡毒的交鋒謾罵——對了，當然也包括有人把一顆炸彈扔進馬瑟家，還附了一張紙條寫著「我就用這個替你接種！」㉖（但那個裝置並沒有爆炸。）許多馬瑟的反對者都把他相信預防接種跟他以前喜歡殺害女巫的事連結起來；由班傑明・富蘭克林（Benjamin Franklin）的哥哥詹姆斯（James）所出版的

《新英格蘭報》（*New-England Courant*）就譴責那些人「從巫術到預防接種⋯⋯造成了禍害與麻煩」。至於馬瑟則指出，反對他的人大概都中邪了。㉗

不過，科頓・馬瑟還是成功讓數百人接受接種。此外，在塞勒姆審巫案事件後，他對於證據品質的態度明顯改進許多，還會針對結果收集資料，其結果非常清楚地顯示，接種者的死亡率遠低於其他人口。在下一個世紀，這項作法在殖民地愈來愈普及，像班傑明・富蘭克林和湯瑪斯・傑佛遜等大人物都給予支持，至於喬治・華盛頓（George Washington）則眾所周知地在獨立戰爭時，下令軍隊全員都要接種。

當然，疫苗陰謀論並非這樣就結束了，主要是因為「疫苗」（vaccine）這個名詞根本還不存在。但在十九世紀期間，即使愛德華・詹納的成果受到廣泛認同，大家對疫苗接種的作法還是相當抗拒。1853年，幾個英國城鎮發生了反疫苗暴動。1870年代早期，斯德哥爾摩（Stockholm）過半數的人口都不肯接種疫苗，情況要到1874年的一次天花大流行之後才有所改善。在這個世紀後半期，大西洋兩岸就冒出許多相關組織，例如反強制接種聯盟（Anti-Compulsory Vaccination League）、美國反疫苗協會（Anti-Vaccination Society of America）。㉘

英國的萊斯特（Leicester）在十九世紀末期陷入了一場持續多年的僵局，原因是當地衛生單位對疫苗抱持懷疑態度，斷

然拒絕政府強制接種的政策。（那種嚴苛的治理方式，還包括對拒絕接種處以高額罰金，而這當然會被視爲在迫害付不出錢的人；反對派後來成功地將同意原則編入英國法律之中。）諷刺的是，城裡那些反疫苗激進分子所提倡的替代方法，竟然就跟在其他情境中造成反彈的作法相同，也就是追蹤並追查受感染者、執行嚴格的檢疫與隔離，以及焚毀感染者的物品。㉙

值得注意的是，早期這種反對疫苗的態度不太算是陰謀思維。疫苗懷疑論就跟我們探討過的許多主題一樣，其實不是一種陰謀論。你可能會在不認爲背後有任何陰謀的情況下，覺得疫苗接種弊大於利。早期的接種技術大多讓人非常不舒服，像是割開孩子手臂上的皮膚，並抹上另一個染疫病童身上水泡的膿汁。所以，會對其抗拒並不需要什麼複雜的解釋，光是「噁心」這個原因就夠了。而且在十九世紀，疫苗接種的安全與效力，跟現今相比實在太不穩定了，另外，正反雙方也都會提出眞實性可疑的統計數據，就跟今日的作法非常類似。

不過，這些爭執爲現代的反疫苗運動建立了許多基礎。我們之後會討論到，在疫苗懷疑論中的隱性陰謀主義，也會於現代受到關注。支持疫苗的眾多證據與醫學共識，代表人們很難繼續站在認爲它們有害的立場，除非你相信推動這件事的背後懷有惡意，而非受到誤導。

這裡我們要暫停一下，先提出一個問題：到底爲什麼傳染

病會如此吸引陰謀論呢？

　　部分原因是對於疾病的恐懼，也就是害怕污染和傳染，這是人們最深沉也最原始的恐懼。而利用原始恐懼的陰謀論，當然會像野火般蔓延開來。人們躲避有害事物的本能強大到不可思議，所以才會在見到或聞到腐爛食物時覺得噁心，也可能會對看起來病懨懨的人產生強烈反感。

　　當然，這種情況不僅限於疾病。正如井中投毒說法在中世紀造成的狂熱，歷史上也很常見到對於食物或飲料受到污染的恐慌，例如，比利時政府於1999年6月針對可口可樂發布了兩週的禁令，因為當時全國上下都很害怕它會讓人生病。（後續調查指出這些恐懼毫無依據。）這種恐慌有時候會升高到陰謀論的層級；在比利時人對可樂感到驚恐的幾年前，中東突然出現了口香糖被刻意污染的一連串恐慌，首先是1996年的埃及，接著是一年後的巴勒斯坦領土。這種口香糖據說受到荷爾蒙污染，會導致年輕人陷入性愛狂熱；遭指控的兇手是以色列，這一點或許不令人意外。（沒有證據顯示所謂能影響精神的性愛口香糖確實存在。）⑳

　　這種污染恐懼正是某些歷久不衰的陰謀論之背後原因。化學尾跡能引起恐懼，主要就是因為我們害怕有人出於某種惡毒意圖而偷偷在空氣中下毒。同樣地，雖然在供水中加入氟化物這項由來已久的爭執，本質上不算是陰謀論——基本上任何公共衛生措施都會引發合理的爭論，儘管醫學共識多半支持加

氟——但它有可能陷入陰謀主義。例如，有人提出添加氟化物是控制人口的手段，或是某右翼期刊在1960年寫道：「加氟是共產黨用於紅色作戰的一種方法。」[31]

這種對於污染和傳染的恐懼雖然很強大，卻不是疾病爆發容易引起陰謀論的唯一原因。另一個因素是疾病爆發幾乎能徹底觸發本能的懷疑，讓人們不相信重大事件的成因可能微不足道或出於隨機。

當然，好一段時間，人們根本連許多疾病的原因是什麼都不清楚。但即使現在知道了，像是寄生蟲、細菌、病毒等諸如此類的東西，用它們來解釋傳染病，還是無法令人滿意，尤其是當你又困在該死的疫情中。這些重大到能夠改變世界的事件，打亂人們的生活、害死一堆人，還重塑了社會結構，怎麼可能是由肉眼看不見的東西造成的？雲南省某處洞穴裡有隻蝙蝠身上的一個分子在複製時，稍微出了點差錯，結果引發連鎖反應，過不了多久，我現在連出個門都犯法了？拜託！

傳染病還有另一種特質，會導致人們認為背後有看不見的手在推動。傳染病或許是能夠讓人們見識到接二連三即時發生之進化的最明顯例子，而這就跟其他進化的結果一樣，讓人很難相信它們出自純粹自然的過程，反倒看起來具備了……智慧設計的所有特徵。

總而言之，疾病往往**看起來**很像是有人刻意安排的。

當然，情況並非如此；這只是一種殘酷又有效的天擇過

程。基本上，每個病原體就只是一組指令，其內容是要產生更多相同的指令。如果複製的指令內容不夠好，那麼它們的數量就會隨著時間愈來愈少；如果指令的內容非常好，也能極有效率地複製，不久它們就會有一大堆了。指令在複製時偶爾會出點小差錯。多數時候，這種錯誤會讓指令變得更糟，或者變得毫無用處。不過有些時候，在隨機的情況下，這種錯誤反而會讓指令的複製變得更有效率，此時，疾病就要大展身手了。

你可以這樣想像：有一間大型辦公室，裡面都是非常盡忠職守的員工，可惜的是，他們也非常容易受騙。有一天，你溜進辦公室，在某人的桌上留了一張紙，上面只寫著：「重新打字輸入這張紙上的內容，印出兩份，然後在辦公室裡傳下去。」第一個看到的員工會照做，緊接著辦公室裡就會有三張這種紙了。接下來，兩個收到紙張的員工也會照做，然後會有四個員工收到，以此類推。從辦公室生產力的觀點來看，這樣就已經夠糟了。沒想到在過程中，有人在複製內容時打錯字了。現在紙張上寫的是「印出三份」（print out 3 copies）。

哎呀！

過不了多久，寫著「三份」的紙張數量就會超過原本的「兩份」。而隨著紙張的數量增加，重新打字輸入的員工會愈來愈多，後續發生錯誤的機率也會愈來愈高。有些內容會讓我們的紙張病毒效率降低，像是紙上寫的數目會減少成原本的兩份，或是一份；有些內容錯得很離譜，像是變成「印出三件披

風」（print out 3 capes），導致出現三張超人的照片，而且上面沒有任何指示，紙張病毒的發展到這裡就停止了。不過，有些紙張病毒則在純屬偶然的情況下，極為成功地複製了。午餐時間，大家會讚美彼此在早上做得很棒，討論執行長看到他們這麼勤奮工作會有多麼開心，結果下午就有人把「三份」打成了「三十份」。等到那天所有人打卡下班時，紙上寫著三十份的變種病毒，已經主宰了整個辦公室，現在幾乎所有員工都在忙著打字和列印，而公司也瀕臨崩潰。

病毒的情況大致就是這樣，只是把辦公室換成你的身體。

如果「純屬走運」的感覺還不足以解釋新疾病出現的原因，那麼或許可以考慮用數字來討論。這簡直難以想像；人腦真的無法設想這種規模的事。根據估計，我們的星球上有（深呼吸）10,000,000,000,000,000,000,000,000,000,000 隻病毒──這是十的三十一次方，也就是在一的後方有三十一個零，而基本上你一輩子都不會用到這種數字。[32]這樣算起來，目前每個活人身上都有超過十的二十一次方隻病毒（一的後面有二十一個零，又是個天文數字）。如果你把地球的病毒總數平均分配給宇宙所有的星星，那麼每一顆星星上就會有至少一千萬隻病毒，而且只是病毒喔！我們都還沒提到細菌、寄生蟲或原生動物呢！我們要說的是：疾病有很多走運的機會。

接下來，想想這一點：疾病自我複製的最佳方式，會隨著環境改變。如果是在人與牛隻頻繁互動的農耕社會，那麼從牛

跳到人類身上的疾病策略就會很有效率。假如用這種方式傳染倫敦地下鐵的通勤者，效率就會差得多。[3] 不過，要是換成會讓感染者咳嗽的疾病，那就……

也就是說，當我們的生活條件隨著時間改變，有些疾病也會因此更加發展茁壯。從這方面來看，疾病幾乎有一種可以反映人類社會的神祕能力，並且明顯暴露出社會的缺陷與弱點。簡單的天擇過程，會自然地突顯出人們原本想要忽視的一切。疾病就像路面長出的雜草，它們會強行推開裂縫，但老實說，它們只是讓人們看見原本就有裂縫的地方罷了。

因此，傳染病的歷史跟其所處的社會息息相關。它們變成一種黑暗諷刺的實況報導，訴說著人類進步的故事；它們是一種殘酷的哈哈鏡，反映出人們對於改變的所有焦慮。

在中世紀，瘟疫沿著跨越大陸的新貿易路線移動，如搭便車般到了跳蚤身上，而跳蚤到了老鼠身上，老鼠又到了馬車或船隻上；這是早期爆發的現代性（modernity）正在入侵幾乎尚未現代化的世界。在殖民時代，致命病原體以不對稱的方式雙向交換，「熱帶」疾病協助說服了殖民者，相信自己必須馴服這些條件惡劣的新土地，而他們帶來的疾病則消滅了當地所有居民。藉由污水傳播的霍亂，出自工業化的十九世紀，產生於過度擁擠、不衛生的城市，以及不平等情況擴大的條件下。流行性感冒之類的呼吸道疾病於二十世紀嶄露頭角，把這個國際旅遊快捷、人際交流密集的超網絡世界當成樂園；某個人在

世界的一端咳嗽，一天之內在世界另一端的某個人就會被傳染。後來又出現了殘酷剝削不平等狀況的人類免疫不全病毒，它會在富有國家蹂躪邊緣團體，或是在貧窮國家引發暴動，暴露出全球貧富差距的巨大鴻溝。

　　瘟疫似乎知道要做什麼，似乎想要表達觀點，難怪大家最後都會相信它們背後有某種邪惡的力量。

附註 ————

[1] 休斯夫卡遭到破壞，也算霍亂暴動中的一件怪事，因為它不但針對醫療機構，同時也針對城裡的猶太居民為目標。整體來看，在歐洲歷史上的陰謀暴力中，霍亂暴動的奇特之處在於它沒有反猶太情緒，甚至也不帶有任何種族或教派色彩。

[2] 歷史上還有其他被懷疑為下毒者的外國人，聲稱自己只是來度假的無辜教堂迷，而這次的事件大概算是比較有說服力的。

[3] 就我們所知，倫敦交通局（Transport for London）的運輸條款並未明確禁止牛隻，不過，站務人員有權禁止人們帶動物搭乘列車，除非那個人可以將動物攜帶在身上。沒錯，我們真的去調查了這件事。

Part 3

體系陰謀論蓄勢待發

All Systems Go

隨著陰謀在空間與時間裡發展，生活的所有層面
最後會融入愈來愈體系化的陰謀論，而牽涉其中
的每個人都會逐漸脫離現實。

8 對2020年的後見之明：
新冠肺炎疫情、5G技術與疫苗微晶片

2020 Hindsight

　　不知道你注意到了沒，不過……這個嘛，我們最近有點疫情。[1]如你所料，伴隨著歷史上疫情爆發的所有陰謀論觀點，又再次出現了，只是這次額外累積了多年的陰謀傳說可以利用。以前的疫情大多只會創造出事件理論，侷限於解釋眼前發生的事，然而，新冠肺炎（Covid-19）理論卻能夠從蜂巢式思維中抽取出早已存在且更為廣泛的理論，並將其應用於目前的狀況。這些就是體系陰謀論。

　　疫情會引起陰謀論，而先前每次爆發陌生又可怕的流行病時都是如此，這一點並不意外。就像我們也會說一大堆其他類型的廢話，陰謀論只是人類用來理解卻又徹底誤解這世界的無數創意方式之一。散布全球的不只是全新的冠狀病毒，也包括了上千種謬誤。錯誤資訊就跟病毒一樣，能夠輕易地在國家之間傳播，絲毫不把國際邊界放在眼裡。

錯誤謠言、群眾恐慌、冒牌療法隨處可見，而且造成了嚴重後果。亞利桑那州有個男人死於服用磷酸氯喹（chloroquine phosphate，某種魚缸清潔劑），而當時的美國總統川普才剛吹噓過氯奎（chloroquine）或許可以解決冠狀病毒；在伊朗，有數百人喝了工業酒精而死，因為他們相信這樣可以防疫；坦尚尼亞（Tanzania）總統否認新冠肺炎存在，據說他後來就是死於新冠肺炎（但官方否認此事）。[①]這只是一些比較引人注目的例子。

　　我們大概永遠無法得知錯誤資訊的傳播到底害死了多少人，畢竟它可能是帶來虛假安心感的無效民俗療法，也可能是受意識型態驅使而反對公共衛生措施的言論，或甚至是衛生當局在面對尚未理解的疾病時受到誤導而展現的信心。

　　從全世界的規模來看，新型冠狀病毒（SARS-CoV-2）疫情或許是最適合錯誤資訊氾濫的溫床。先前提過，陰謀論通常都會死纏著引人注目的重大新聞，還有其他類型的錯誤資訊。而最多人關注或最包羅萬象的事件，則非冠狀病毒莫屬。短短幾週內，疫情就在全球各地爆發，顯然不再只是地方事務，它也在頭版擠掉了其他新聞報導。突然之間，全球對話就只剩下一個主題，而且是真正的全球對話，這可是非常罕見的。

　　你很難想像比這更適合散布謊言的場景：一項全球性的新聞報導，一個直接衝擊人們生活的可怕卻無形的傳染威脅，並且發生在一個比以往都更緊密連結的世界中。除此之外，這種

威脅還帶有眞正的科學不確定性。疫情剛爆發時，我們至少有幾個月都處於資訊眞空（information vacuum）狀態。只要看專家講了幾次「我們不知道」，或許你就能判斷對方的可信程度。在一切不確定的情況下，任何說話頭頭是道的人都該被懷疑。似乎沒人能在疫情期間百分之百做對一切，而且很多專家對於某些事情的判斷都錯得非常離譜。

有個故事可以證明錯誤資訊在疫情早期如何迅速傳遍全球：「想像的直升機」。這根本不算是最認眞的個案研究，因爲不太可能有人因該謠言而死亡，而它造成的傷害大概就只是讓人多了那麼一點焦慮，畢竟這種時期大家眞正要擔心的事情已經夠多了。

就我們所知，謠言始於義大利，差不多在2020年3月10左右，當時，這個國家正深陷第一波歐洲疫情大爆發的惡夢之中。內容是一段簡短的訊息，透過推特文章、臉書文章、簡訊和WhatsApp等，以私人和公開方式在社交網路上散播開來。訊息寫的是（翻譯後的版本）：「今晚十一點四十分起，街上不能有人逗留。家戶的門窗要緊閉，因爲有五架直升機會在空中噴灑消毒劑以消滅冠狀病毒。」接著，它就慫恿讀者把訊息轉發給所有聯絡人。

這則訊息幾乎立刻傳遍了全世界。彼得・伯格（Peter Burger）博士是一名荷蘭學者，不但研究錯誤資訊，也追蹤了傳播到全球各地的直升機謠言，而他在當時向英國的事實查核

組織 "Full Fact" 表示，直升機訊息「僅在兩週內就傳給全世界的公民。從哥倫比亞到埃及、科威特、印度、巴基斯坦、印尼、菲律賓、比利時、瑞士、西班牙、義大利和荷蘭，內容會根據當地情境改編，更附上了造假的證明」。②有趣的是，雖然訊息在國際之間傳遞，內容被翻譯成各種語言，還加入警方或軍方標誌等符合本地情況的細節，但某些部分幾乎完全沒變：直升機有五架，而且都是精確地在晚上十一點四十分這個奇怪的時間抵達。

這不算陰謀論，卻充滿了跟陰謀相關的物件，「神祕直升機」是故事中一再出現的主題，在空中偷偷噴灑危險化學物質也是。這等於把化學尾跡和黑衣人混搭在一起，不過，他們在這裡被當成好人。

然而，這種假消息隨處可見，像是：軍隊在倫敦市克萊姆（Clapham）的街上準備執行戒嚴令；竊賊藉由發送浸過三氯甲烷（chloroform，又稱氯仿）的口罩來打家劫舍；乾洗手液會在高溫的車內爆炸。從疫情錯誤資訊的歷史來看，這些都不令人意外。老實說，會出現這樣的情況也很合理，畢竟大家的生活突然被徹底打亂了。還記得危機剛發生的前幾個月，感覺有多**奇怪**吧。在一個驟然陷入混亂的世界裡，人們自然很難辨別真偽。當一切都變得不尋常，似乎就沒有什麼事是難以置信的了。

陰謀論就會在這種時候上場。

關於新冠肺炎的主要陰謀論，有一點值得注意：**整體來說，它們並非憑空出現**。它們不是因應疫情而重新創造出來的，而是早已存在的信念，往往具有豐富的歷史，會配合疫情改造內容，只是它們突然找到了比之前更多也更能接受這些理論的群眾。

除此之外，這個單一新聞報導的中心性（centrality），還讓先前各自孤立的陰謀論者次文化之間產生了類似異花授粉的現象。相信某個陰謀論的人，突然在其他社群裡發現有人願意傾聽自己的論點，於是也將過程中遭遇到的新陰謀論納入自己的陳述。先前的小眾觀點（你知道替代醫學界有一小群人相信病毒不存在嗎？）如果能夠支持其世界觀或填埔漏洞，就有可能獲得青睞。新冠肺炎創造出了一種像是五獅合體聖戰士（Voltron）的陰謀，將迥然相異的部分組合成一隻更巨大的野獸。超陰謀正在成長。

想一想第五代行動通訊技術（簡稱 5G 技術）。有人害怕這種相對新穎的 5G 技術，正導致疫情擴散到世界各地；英國人對這件事的恐懼特別明顯，而這個理論也造成了真正的後果。手機基地台和其他基礎設施成為縱火攻擊的目標，電信公司工程師在工作時也受到當眾羞辱與威脅。[3] 格外諷刺的是，發生這些事的國家，比以往更加依賴手機和網際網路連線這些生活必需品。（另一個諷刺是，很多遭破壞的基地台或被辱罵

的工程師，根本跟 5G 技術一點關係也沒有。）

新冠肺炎／5G 陰謀論源於疫情爆發初期。最早將 5G 技術和新型冠狀病毒連結起來的社群媒體發文，在 2020 年 1 月出現，而國際新聞不久前才開始大幅報導中國境內有新病毒正迅速傳播，這時它還沒被稱為大流行。起初這只是個試探性的說法，例如，有一篇臉書發文（現已刪除）寫道：「武漢是最早推行 5G 技術的地方……萬一 5G 技術會破壞免疫系統，因此加強了一般感冒的毒性呢？」④

重點來了，許多陰謀論的建立就是根據這種巧合；更確切地說，它們會堅持巧合不可能只是巧合。只要你稍微認真看待，那些巧合的說法就會不攻自破，正如這個例子。

武漢確實有 5G 技術，也是中國最早使用 5G 技術的城市之一。注意，這裡說的是「之一」。中國同時在五十座城市開始推行 5G 技術，包括北京、上海、深圳、南京、成都、廣州、天津，以及其他許多城市，都受邀參加了 5G 派對。而且，中國的城市絕不是全世界最早推出 5G 市場的地方，很多國家早就有了，包括美國、英國和南韓。新冠肺炎出現時，全球已經有數百個城市使用 5G 技術，武漢只是其中之一，絕非唯一的先驅。

如此看來，所謂的巧合似乎就沒那麼詭異了。但這仍然無法阻止人們相信 5G 陰謀論並加以發揮。

伊朗是中國境外最早爆發重大疫情的國家，這可能會讓你

以為5G陰謀論就要在此止步，理由很明顯，因為伊朗根本沒有5G設備。抱歉，你錯了。疫情期間，新冠肺炎不斷在尚未推行5G技術的城市或國家爆發，然而，堅信此理論的人並未打退堂鼓；儘管還有另一個事實擺在眼前：世界上5G設備含蓋率最高的南韓，也是全球少數成功抗疫的其中一例。由於病毒特別容易在人口稠密的超連通大城市傳播，而電信公司也最喜歡在這種地方推出耀眼的新技術，這麼一來，一定會發生足夠的巧合讓陰謀論得以延續，但前提是你不介意那些人專挑對自己有利的部分來宣傳。

為了避免疑慮，在此我們應該要闡明一下，5G技術不會引發新冠肺炎，也不會造成其他健康問題。5G技術不是什麼激進的新技術，只是老式的無線電波，頻率跟我們以前使用過的稍微不一樣而已。重點在於，它是所謂的「非游離」（non-ionising）輻射，意思是它的頻率低於可見光，能量不足以造成分子傷害（例如你的DNA）。

在電磁頻譜（electromagnetic spectrum）上，只有頻率高於超過可見光者，像是紫外線、X光、伽瑪射線，其輻射才會引起我們所熟悉的問題，例如曬傷、癌症，或是綠巨人浩克。

頻率低於可見光的一切，都會無害地穿過你的身體，或是根本無法穿過。（5G技術穿透人體的程度，其實低於先前的手機頻率；頻率愈高，就會有愈多能量在發射表面消散。）它頂多可能在能量被身體吸收時，將你稍微加熱，不過，沒有任何

行動電話技術具有造成顯著效果的功率。

我們會知道這麼多，原因在於電磁輻射就是全宇宙最多人研究也最深入了解的自然現象。有一群很好的書呆子組成了國際非游離輻射防護委員會（ICNIRP），負責規範這些東西的標準，而他們很樂意告訴你，5G基地台所發出的功率，大約只有他們（謹慎研究過後）所規定的限制值的百分之一。

全球廣泛使用手機已經數十年，伴隨出現的健康恐慌也已經持續了數十年。然而，手機懷疑論者所警告的相關疾病（例如腦瘤）基本率卻毫無增長。⑤相信這種電磁輻射有害的人，已經收集了各式各樣所謂暴露造成的症狀，如偏頭痛、暈眩等等，但這些很明顯都不是新冠肺炎的主要症狀。

那麼，為什麼新冠肺炎／5G的陰謀論還能持續下去？嗯，首先，這不是一個陰謀論，而是好幾個相互矛盾的陰謀論。如果你曾經在2020年3月或4月，冒險到臉書的反5G技術大社團看看，就會發現它們都能和平共存，相互支持。

有些社團承認病毒確實存在，但認為5G技術會壓制免疫系統，或是讓病毒增強威力，導致輕微疾病變得更嚴重。某些社團說，才沒有病毒，疾病是由5G技術直接造成的，而症狀就是暴露於電磁輻射所引起的。第三種陣營則堅稱，不只病毒不存在，而且根本就沒有人生病，醫院裡沒有患者，整場疫情就是一個巨大騙局，目的是為了讓政府在封城的掩飾下偷偷裝設5G設備。這些理論不可能都是真的，不過沒關係；這些社

群會和睦相處，就是因為確信5G技術一定有某個地方不對勁，而且很可能跟疫情相關。結論不變，但說法可以改變。

因此，我們來到第二個重點。會發生這一切，是因為5G懷疑論在疫情來臨前早已醞釀多時。這個群體已經存在了，其中有影響者和布道者，也準備好了背景故事與支持資料。在新冠肺炎現身的至少一年前，許多國家已開始認真推行5G技術，而網路上關於5G的錯誤資訊，就是從那時起逐漸累積。[6]有那麼一段時間，世界上只要任何地方出現一群鳥墜落死亡，5G設備似乎就會成為眾矢之的。[2]

而且，這還不是從5G技術開始的。關於行動電話的陰謀論和健康恐慌，已經有超過二十年的歷史。英國在二十一世紀初期推行3G技術時，引發了幾乎相同的爭論，導致完全相同的破壞手機基地台事件。[7]（同一時間，Wi-Fi在美國也造成了類似的恐慌。）重點在於，不是只有網路文化才會出現這些恐慌。

由於反對意見往往源於街坊之中，所以在抵制特定基礎建設時，整個社區很容易凝聚起來。鄰居相互交流，建立起人際網絡與共同參與的活動，藉此維持並發展大家的基本信念。認為手機基地台會危害健康的人，可以在那些覺得基地台很醜的人們之中找到盟友，說不定對方還會改變想法來相信自己的論點。[8]畢竟，要促使一個群體採取行動或形成長久的憤恨，最好的方法莫過於讓大家對當地的規畫爭議產生不合理的怨念。

隨著時間推移，由無線通訊所造成的健康末日並未降臨，民眾也就毫不顧忌地接受了擁有無限網路流量的未來，最初圍繞著新技術的那些非關陰謀論的健康焦慮，被加入了更多的陰謀思維，因為那個試圖解釋大家為何錯得離譜的隱性陰謀主義，在其他方面很難站得住腳。總之，當新型冠狀病毒出現時，陰謀論者就已經有一套現成的說法，並且可以輕易修改內容用來解釋眼前的狀況。

　　因此，相信陰謀論的人會將新冠肺炎與他們對於手機輻射的看法連結起來，也就不足為奇了。由於體系陰謀論本來就必須解釋一切，那些陰謀論者通常不會在看到重大新聞報導之後這麼說：「哼，這不適合我們。」

　　這些描述也適用於疫苗，甚至更為貼切。

　　從十九世紀的反疫苗聯盟到現在，疫苗懷疑論已經取得了長足的進步。其中最重大的進展來自於安德魯・威克菲德（Andrew Wakefield）於 1998 年捏造的研究，這項研究謊稱疫苗與自閉症之間有關聯，引發了媒體炒作與政治狂熱。[3] 同樣地，原本完全合理（但不一定正確）的健康憂慮，逐漸轉變為徹底的陰謀主義，儘管證據一再顯示兩者之間並無連結。（疫苗與自閉症的關聯，算是現代醫學最深入研究也最確切駁斥的議題了。）⑨ 有關新世界秩序和人口控制的說法愈來愈多，而這透露了其中最重要的動機，也就是解釋醫界這麼熱中替人們

注射疫苗並掩蓋事實的原因。

所以，就跟 5G 技術一樣，在新型冠狀病毒開始登上國際新聞頭條時，有個早已存在的社群自然很樂意向大家解釋，比爾・蓋茲推動強制接種疫苗的理由，是想把微晶片植入全球每個人身上，藉此追蹤大家。

首先我們要說的是：不，疫苗裡沒有微晶片。我們還算有點把握，是因為我們看過疫苗，結果……呃，裡面沒有微晶片。雖然現在的微晶片很小，但還沒小到看不見。一瓶裝滿了目前最小型微晶片的疫苗，想必還是會引起一些問題，例如：「嘿，透明的疫苗裡怎麼會有混濁的沙粒？」如果你想要維持「疫苗裡有微晶片」這種說法，就得假設在微晶片的開發上有了某種祕密突破。

而且，我們還沒提到微晶片追蹤人類計畫的一些現實問題。舉例來說，目前世界上真的有人在自己手上植入微晶片，他們完全出於自願。有些公司甚至把這當成一種收費服務；奇怪的是，這在瑞典很受歡迎。（此處所謂的「受歡迎」，只是指幾千個自願者。）[10] 這些晶片可以用來支付，或是取代門禁卡，不過，根據一項新聞報導，它們最流行的用途仍然是讓人們「更快地開啓領英（LinkedIn）帳號來分享個人資料」。[11] 在一個討論大規模死亡的章節中，這可能是我們目前寫到最可怕的句子了。

不過，此處的重點在於，這些拚命拓展人脈又想當生化人

的傢伙，如果要讓晶片發揮作用，還是必須把手舉到掃描器前，就像無接觸支付那樣。那種看似米粒、一點也不微小的晶片，並不會發出任何信號。它們只會對其他裝置傳來的無線電波有反應。

這似乎會對疫苗微晶片陰謀論的「祕密地追蹤人」目標，造成限制。如果你想從你偷偷植入微晶片的人身上取得資訊，就得把掃描器貼到對方的臉上，這麼一來，你的計畫可能就不再隱密了。如果你希望晶片暗中發送他們的資訊，就必須為晶片加上電源裝置，不過這樣又更難處理了。

還有最後一個麻煩。我們這些愛交朋友的瑞典生化人是把晶片植入皮下。為什麼？這是由於無線電波的一種特性，它們在某些物質中傳導得比較順利，而有一種物質會讓它們的傳導變得特別差，那就是——水。這正是人體的主要成分。（你有藍芽耳機嗎？是否注意過當手機置於身體某一側，另一側的耳機偶爾就會斷線？你那充滿水分的身體，基本上就是個巨大的無線電干擾裝置。）因此，如果你想回答「我們應該把祕密追蹤微晶片放在哪裡？」這個問題，「放在人體的血液中」這個答案應該要擺在最後面。

從各方面來看，要是你真的想要暗中追蹤其他人，這個陰謀論提出的計畫重點，幾乎都是最糟的作法。接著，純屬好玩，我們來想一想這個問題：如果你確實是個邪惡的超級大壞蛋，該怎麼改良這個追蹤人們的計畫呢？

嗯，有個更好的辦法是利用身體外面的晶片。理想上，它會有自己的電源，也能夠自行發送信號，而不是只會應答傳入的信號。或許你可以把它放進……某種裝置？某種人們會隨身攜帶的東西？

在「藉由引發疫情殺死數百萬人，迫使大家注射微晶片疫苗，好讓你追蹤」的理論之中，有個不言而喻的大漏洞。問題很簡單：**人們已經有手機了。**

這個疫苗計畫應該達成的要素，早就實現了。這並未強迫不情願的人民，是大眾自己瘋狂地接受，而且是藉由發展幾十年的先進消費科技及一些像樣的行銷。在英國，將近90%的成年人都擁有智慧型手機，這個數字已經很接近疫苗推行計畫的高標值了。⑫數百萬人的大量追蹤資料，可以在公開市場上完全合法地買賣；在你煩惱疫苗的時候，去年你下載來玩了兩週的某個蠢遊戲，還待在手機裡，悄悄把你的詳細個資傳輸到某個地方。

假使比爾・蓋茲真的想要追蹤人們，為什麼他會把全世界最大的科技公司擺在一旁，要採用施打疫苗這種不確定性更高的方式？難道是因為微軟於2013年不幸地買下諾基亞（Nokia）後，無法讓Windows Phone取得市占率？倘若如此，這又會引起另一個問題：要是他確實如疫苗陰謀論所堅稱，在低功率奈米晶片技術上取得了重大突破，為何微軟的手機會那麼遜？

這個奇妙的微晶片爭議，證明了許多陰謀論都有同一個問

題：為了填補理論中的漏洞，陰謀論者會讓原本的陰謀論變得完全多餘。如果要他們去實現陰謀論，他們可能會採取一些更簡單、更可靠也不那麼罪大惡極的方式。

這個陰謀論的流行，也再次證明了，如果你能找到名人來當超級反派，對你的陰謀論一定大有幫助。轉而關心全球健康與推廣疫苗的科技寡頭比爾・蓋茲，幾乎就是最完美的對象。

關於新冠肺炎的陰謀論多半都是胡扯，但有一個理論還無法完全確定是假的，也就是針對病毒來源的「實驗室洩漏假說」。這當中有很多不同的說法，而且正如先前提過，它們並非原本都是陰謀論。或許病毒是不小心從研究蝙蝠冠狀病毒的實驗室外洩，但這樣不算陰謀（這也是相當合理的研究領域，畢竟 2003 年的 SARS 冠狀病毒差點就在全世界造成嚴重疫情）。情況相同的還有另一種稍具指控性的說法：讓新型冠狀病毒如此強大的特性，可能是在所謂「功能增益」（gain of function）研究裡，人為加入的（基本上就是在實驗室裡設計出一種特別的最糟情況，希望藉此讓你能夠應付病毒學上的最糟情況）。

前述兩種理論都比像較像是「犯蠢」而非「陰謀」，也沒人會寫關於「犯蠢理論」的書。[4] 在這些說法中，沒有人故意釋放病毒。（假設）錯誤必須被掩蓋，才算是陰謀的要素，而中國當局還沒出面公開對大家說：「對啊，是我們啦！真抱

歉，我們錯了。」

當然，這些陰謀論還有更極端的版本，像是：新型冠狀病毒是中國刻意開發的一種生化武器，為了搞垮世界經濟而釋放出來。這就可以當成陰謀論了。

但老實說，這也不太合理。一種具有高度傳播性的呼吸道病毒，只會讓大多數患者產生中度症狀，而且在感染後大約一個星期才會出現，要把它當作生化武器，這樣的效率似乎太差了。畢竟，假使你要設計生化武器，應該會想對敵人造成重大又立即的傷害。如果要特別影響某個年齡層，那可能就是處於青壯年時期的人，像是士兵和勞工，而不會是老人。還有，在理想狀態下，你也會希望它的攻擊目標夠精準，不會感染到你這一方。除此之外，中國的財政與全球經濟息息相關，他們到底為什麼想要破壞經濟，原因仍然……不得而知。

我們不是說這種事不會發生，而是如果確實發生，那也真的是蠢到了極點。

話說回來，在撰寫這本書時，我們無法確定所有的實驗室病毒外洩假說都不是事實。關於這件事，沒有特別令人信服的例證，只有非常含糊的間接證據，而且從那些證據來看，病毒還比較可能是自然產生的。最早的病例聚集在華南市場一帶，那裡會販售容易受病毒感染的動物；此外，病例很明顯並未集中於武漢病毒研究所附近，這兩個地點的距離有七英里，中間還隔了一條長江。⑬儘管如此，我們對爆發源頭仍然所知不

足，無法完全排除實驗室外洩的可能。從病毒學偵查兇手就有如大海撈針的特性來看，很有可能永遠都找不到源頭。

不過，我們可以說的是，這麼做沒有必要。新型冠狀病毒是「自然起源」的解釋，並沒有漏洞需要填補，而且關於這種病毒，並無任何古怪或費解之處，暗示有人為干預引發疫情；一切都指出病毒表現得完全正常，就只是在做病毒會做的事。

病毒的各方面都顯示它進化了。已經有人在自然界中從其他類型的冠狀病毒，觀察到能夠使它更有效複製的突變現象。[14]它的基因組並未包含任何基因操作的跡象。[15]再者，雖然它的分子組合之中一定藏了幾個妙招，但不會是最有效率地達到目標的方式。如果你想要設計出一種可以直接造成疫情的冠狀病毒，就不會採用這種方法。可是，新型冠狀病毒卻擁有經由天擇產生的一切特徵：未經規畫、隨機無章、反覆試驗、臨時拼湊。原本的病毒很明顯設計得並不完美，而在自然界，天擇過程會非常迅速地產生傳播能力強上許多的一連串變種——改造了希臘字母的西方人，應該非常熟悉。

另一個重點是，病毒不需要藉由人們的幫助，才能從蝙蝠與人類之間互相傳播，因為它們本來就很擅長這種事，厲害到會讓你做惡夢。動物傳染給人類的人畜共通疾病，普遍到令人擔憂，而隨著人類逐漸侵占動物的棲息地，情況大概只會愈來愈常見。超過半數新興傳染病都起源於人畜共通，每年也有數百萬人死於人畜共通疾病。[16]過去一百年左右，人畜共通傳染

病對人們造成了最可怕也最具破壞性的疫情，包括1918年「西班牙流感」、人類免疫不全病毒、伊波拉，以及許多沒那麼有名卻相當恐怖的殺手，例如馬堡（Marburg）、立百（Nipah）、辛諾布爾（Sin Nombre）。光是在過去二十年間，就有兩種致命的新型人畜共通冠狀病毒（SARS和MERS）傳染到人類身上。現在又有了第三種（跟原本的SARS非常類似），這應該不需要什麼特別的解釋吧。

換個方式說，如果你一直被獅子攻擊，那麼你指著第五隻獅子說這種話就有點奇怪：「好吧，我賭這一隻一定是從馬戲團逃出來的。」當然，也許牠真的是從馬戲團逃出來，不過從某方面來看，你仍然得面對現實：你就是住在一個到處都有獅子的地方。

碰上像新冠肺炎這種陌生又痛苦的疫情時，人們自然會認為原因一定也很不尋常。除了比例性偏誤，還有一個因素是這次危機的規模相當巨大。但這種看法忽略了一個事實，至少從病毒學的觀點來看，整件事沒有你想的那麼古怪。雖然2020年用了許多次「史無前例」這個成語，人們的生活也莫名其妙被弄得一團糟，可是2020年發生的許多狀況——其實有很多前例。

這裡就要提到最後一種新冠肺炎陰謀論了，在我們看來也是最讓人生氣的一種。

這類陰謀論主張有證據顯示，全球的公共衛生組織早就知道冠狀病毒存在了。例如世界衛生組織曾於2018年提出要小心一種神祕的「X疾病」（Disease X）。陰謀論者會強調，在2019年10月（新冠肺炎首次被確認的幾個月前），約翰霍普金斯衛生安全中心（Johns Hopkins Center for Health Security）執行了一次名為「201事件」（Event 201）的模擬，測試參與者對於類似SARS的冠狀病毒爆發有什麼反應。陰謀論者會挖出這次疫情之前，針對冠狀病毒的研究計畫與專利申請，然後這麼說：「看吧，他們知情。這整件事都是安排好的。」

　　才不是。

　　有些看法來自單純的誤解。雖然很多人可能都聽過"SARS"，但在2003年爆發期間，西方的媒體報導並不常使用「冠狀病毒」這個術語；等到這種疾病確定會造成麻煩時，大家都已經習慣使用"SARS"來稱呼了。因此，很多人可能是在2020年初的媒體報導中，第一次聽到「新型冠狀病毒」一詞。並非所有人都知道冠狀病毒是個著名的病毒大家族，以及人們大概都曾經感染過。也難怪當有些人發現疫情之前的時代提到「冠狀病毒」的資料，會以為自己找到了確鑿證據。

　　許多理論與其說是可惡，不如說是滑稽。某些人會用先前就有的冠狀病毒疫苗，來證明大陰謀存在，卻不知道那些是牛用疫苗（牛冠狀病毒會造成牛隻腹瀉）。在疫情發生前，購買的消毒噴霧瓶上寫著保證有效對付「人類冠狀病毒」等標語，

竟然讓臉書上的數千人恐慌起來，還導致滴露（Dettol）製造商突然發現自己變成了參與全球陰謀的嫌疑犯。⑰

可是，另一批理論就沒那麼好笑了，它們不但令人洩氣，也更加危險。這類理論會質疑專業知識，認為準確的警告代表了我們不能相信提出警告的人。因為新冠肺炎不只是可預測的，它已經被預測到了。

但那不是詳細的預測，不是像這種說法：「那麼，在2019年12月，會有一種叫新型冠狀病毒的束西出現，你最好先囤積一些衛生紙，再買一台還不錯的網路攝影機。」而是有人抓到了重點，知道這種新流行病發生的風險很高；來源非常有可能是冠狀病毒；這一切有很高機率在不久的將來出現。早在1997年，流行病學家唐納・伯克（Donald Burke）就指出，冠狀病毒造成大流行的可能性極高，因為已有實證顯示它們能夠在動物群體中傳染，並且原本就具有迅速進化的特性，而他也警告我們應該將其「視為對人類健康的嚴重威脅」。⑱這可是在SARS疫情出現的六年前；當時就我們所知，人類史上從未發生過致命的冠狀病毒疫情。然而，警告已經存在了。

從那時起，唐納・伯克指明的威脅確實發生了，傳染病專家敲響的警鐘聲愈來愈急促，大家卻置若罔聞。同樣的過程會一再重複：可能的威脅會出現；政策制定者和媒體會大驚小怪一陣子；隨著威脅逐漸遠離，他們很快就會失去興趣。當局會承諾投入大筆預算，然後又馬上刪減。世界躲開了最早的

SARS冠狀病毒攻擊，接著是2009年的豬流感；有太多人以爲這表示敵軍已經用光彈藥了。

所以世界衛生組織提出的「X疾病」，並非正式釋放新型冠狀病毒之前的祕密代號。這只是表示，專家明白可能會有某種未知傳染病出現，對全球造成嚴重的健康風險。結果呢？他們是對的！約翰霍普金斯中心會在疫情防治規畫演習中使用虛構的冠狀病毒，原因在於他們非常清楚冠狀病毒是下一波「大流行」的最佳候選者。再說一次：答對了，各位，這可不能怪你們。

數十年來，公共衛生專家一直在苦苦哀求政客和大眾，更嚴肅地看待人畜共通傳染病的威脅，並爲相關研究、早期預警系統和防治計畫提供適度資金。人們對這一切置之不理，還說那些警告都是邪惡意圖的證據；這麼做不但錯了，也非常不公平。專家們奉獻生命，努力保護人類不受一群看不見的致命敵人侵害，卻被當成在亂喊「狼來了」，而真正的大野狼出現時，專家們竟然還被指控是罪魁禍首。

我們通常會避免暗示陰謀論很蠢。很多時候，它們即使錯了也還不到蠢的地步。可是這次呢？沒錯，這種陰謀論簡直愚蠢透頂。就像氣象預報員叫你帶雨傘，你卻認爲是英國氣象局（Met Office）製造了一場暴風雨。這不是陰謀的證據。這表示他們知道自己在說什麼，而你應該聽他們的話。

附註 ————

[1] 目前的事件算是讀者比作者更具優勢，因爲你是在未來讀這本書的。那邊的情況如何呢？疫情⋯⋯結束了嗎？有結束的跡象嗎？請相信我們對這本書最深的期望：希望你是在酒吧裡讀這本書的，或是度假時在泳池邊讀。我們衷心希望你現在就得放下書先不讀，因爲你的朋友全都到了。

[2] 令人意外的是，這種事件其實很常見，從好幾個世紀前就有紀錄了。死掉的鳥就是會從天空一起落下，而人們會被嚇壞並尋求原因，這種反應很自然。但看起來，鳥就是會這樣。不過，在科幻影片裡，這確實是很完美的不祥意象。

[3] 還有一件幫倒忙的事：爲了找到奧薩瑪・賓拉登（Osama bin Laden），中情局在巴基斯坦假造了一個B型肝炎疫苗接種計畫，藉此竊取人們的DNA。他們做的事完全符合陰謀論對真正疫苗計畫的指控。這件事引發了疫苗懷疑論的軒然大波，導致當地許多區域的領袖禁止疫苗團隊進駐，阻礙了相關人士對於根除肝炎和小兒麻痺症的努力。巴基斯坦每年都有超過十萬人死於肝炎。

[4] 好吧，湯姆之前的著作：《人類很有事：草包佯裝英雄，犯蠢牽拖水逆，跨越萬年的暗黑愚行史》（*Humans: A Brief History of How We F*cked It All Up*），其實就是一本關於犯蠢理論的書。

9 地平說重生記:世界不是圓的? 芬蘭和澳洲是虛構的國家?

Plots of Land

　　西元 1870 年左右,亞爾佛德・羅素・華萊士(Alfred Russel Wallace)的事業發展得很順遂。這位地理學家兼博物學家,年輕時待在亞馬遜河與東南亞,花了很多時間收集標本,並且思考物種的起源。他於 1858 年針對這個主題寫了一篇論文,然後寄給查爾斯・達爾文(Charles Darwin)徵詢意見,因為達爾文是他的偶像。後來,達爾文發現這名年輕人提出的內容竟然跟自己醞釀了二十年的理論不謀而合,於是趕出一篇聯合論文,後來也發表了《物種起源》(*On the Origin of Species*)。

　　許多年來,一直默默無聞、辛勤工作的華萊士,突然變成了天擇演化的共同發現者,也成為當代科學思想家的先驅。1862 年,他回到英國,很快就跟自己崇拜的偶像們結為朋友。六年後,他贏得了英國皇家學會(Royal Society)最具聲望的皇家獎章(Royal Medal)。一切都很順利。

但有個地方不太順利：華萊士家境不好，生活拮据。所以他在1870年1月發現《科學見解》（Scientific Opinion）的這篇廣告時，會受到誘惑也是情有可原：

關於十九世紀之偽哲學，在智識人士中，知曉自身所處世界形狀者竟萬中無一？……下方署名人願提供五十至五百英鎊，按對等條件，挑戰英國所有思想家、神學家與科學教授，請其證明世界之球狀及旋轉，無論藉由《聖經》、藉由理性，或藉由事實……

廣告的署名者為「約翰‧漢普頓」（John Hampden）。

1870年的五百英鎊，相當於今日的三萬英鎊。而華萊士要做的，就只是證明一個明顯的既定事實：地球是圓的。因此，他決定接受這個賭局。

結果差一點毀了自己。①

目前，我們探討過的陰謀論主要關注的是單獨事件。即使是信徒，在一些基本問題（例如自己所處的時代和環境）上，通常還是會接受標準觀點。然而，有些理論就連這種程度的共識現實（consensus reality）也會產生質疑。

十九世紀就有許多科學發現，但其中不包括地球的形狀。在華萊士之前的數千年，我們已經知道自己住在一顆又大又圓

的石頭表面了。這個概念自古希臘傳到了羅馬、印度、伊斯蘭世界，以及中世紀歐洲。1492年，克里斯多福・哥倫布（Christopher Columbus）誤解了波斯人的計算，將地球的大小低估了約三分之一，結果航行到巴哈馬（Bahamas），還以爲自己抵達了亞洲東岸某處，滿懷信心將這裡命名爲「印地」（Indies）。雖然是誤打誤撞，但他在這個過程中從未想過地球不是圓的。②

在無法飛上天空確認之前，怎麼有人會知道地球是圓的？西元前四世紀，亞里斯多德（Aristotle）於某次月蝕期間，注意到地球在月亮上的影子爲圓形；有些在埃及看得見的星星，再往北去就看不到了；而且，如果你愈向南走，天空的那些星星就會變得更高。其他思想家則觀察到，船隻消失於地平線時，桅杆顯現的時間比船身更久：它們不只是離開人的視野，而是逐漸被大海的弧線遮蔽。

到了華萊士的時代，大家對「地球是圓的」這個概念早就習以爲常，科學家也相信自己能夠證明此一事實。出乎意料的是，有一群人說話愈來愈大聲，確信某處的某人捏造了這一切。他們當中有許多是《聖經》直譯主義者（biblical literalist），擔心新的科學發現（例如：天擇演化、地球有數百萬年的歷史）會破壞基督教的教義（例如：人是上帝所創造、世界始於西元前4004年10月的一個星期四）。「證明」世界是平的，就能讓大家知道《聖經》沒錯，而新奇的科學錯了。

就這樣，在1838年的某一天，二十二歲的山謬・伯利・羅博坦（Samuel Birley Rowbotham）涉水進入諾福克沼澤地帶（Norfolk Fens）的一條排水溝，他帶了一付望遠鏡，以及自認身為基督徒的使命感。

老貝德福德河（Old Bedford River）是一條六英里長的人工運河，不但形狀筆直，附近的地勢也完全平坦。根據山謬・伯利・羅博坦的推論，如果世界真的是一個周長兩萬五千英里的球體，那麼駛離的船應該會慢慢掉出他的視線之外，一英里下降八英寸，兩英里則下降三十二英寸，以此類推，到了六英里後，桅杆的頂端應該就會在他的視線下方好幾英尺。

於是，他把望遠鏡移到水平面上方八英寸處，就這樣進行觀察。六英里後，那艘船的整體還是很明顯。羅坦博非常得意，他認為世界是平的。

當時，貝德福德水平實驗（Bedford Level Experiment）並未引起多少注意，這對羅博坦是件好事，因為他搞砸了：望遠鏡這麼接近水面，大氣折射（atmospheric refraction）就會發揮作用，讓人看見原本看不見的東西。然而，這個錯誤正好幫了派瑞拉克斯（Parallax，註：為「視差」之意），他以這個筆名出版了《天文探究：大地非球體》（*Zetetic Astronomy: Earth Not a Globe*）這本書。根據他的說法，大地並非球體，它是一個平面，正中心為北極。相比之下，南極根本不是一個點，而是巨大的圓圈，雖然地圖上的南極洲是冰凍的大陸，不過那其

實是一片冰牆，以防止人類看見後方有什麼。

山謬‧伯利‧羅博坦有充分動機繼續推廣他的理論。除了出書之外，他還有一個賺錢的副業，就是舉辦以此爲主題的講座，儘管內容不一定能使人信服。1849年，他在位於伯恩利（Burnley）的一場演講中開溜，原因是他無法解釋爲何船隻從地平線消失。1864年，一位天文學作家挑戰他的理論，要他在特定時間前往普利茅斯（Plymouth）的一處海灘，證明十四英里外的渦石燈塔（Eddystone lighthouse）完全看得見。結果只能看到頂端；其他部分都藏在地平線之下。羅博坦只說，這證明了世界是平的，然後繼續過自己的生活。[1]

除了財富，這也爲他帶來了擁護者。其中一個是名叫威廉‧卡本特（William Carpenter）的印刷業者，他以「常識」（Common Sense）爲筆名，自行出版了書籍和小冊子，例如《大地不是球體的一百項證據》（*A Hundred Proofs the Earth is Not a Globe*）。

另一個人是一名好辯的基督徒，曾經爲了有更多時間讓大家知道現代教會的腐化而從牛津大學輟學，還在讀了威廉‧卡本特的書之後改信地平論。他的名字叫約翰‧漢普頓。

1870年1月15日，亞爾佛德‧羅素‧華萊士寫信給漢普頓，表示要「以該金額爲賭注，確切證明運河或湖泊之凸面，並以英尺及英寸測量」。他提出北威爾斯的巴拉湖（Bala Lake）是進行實驗的好地點，但也表示願意接受其他建議，這

一點算他運氣好，因為漢普頓早已下定決心要再做一次山謬‧伯利‧羅博坦於三十二年前搞砸的貝德福德水平實驗。

華萊士的實驗很順利。他並不知道羅博坦試圖做過這件事，卻改正了羅博坦曾犯下的錯；他利用橋梁和柱子，以間隔數英里的距離在水位上方高度一致處放置三個物體。如果大地是平的，這些東西看起來就會在一直線上；由於地球是圓的，所以它們並未排成一直線。

可是，裁決過程對華萊士來說並不順利。華萊士想要找一位獨立、專業的裁判，雖然漢普頓一開始同意，不過當賭金一交到仲裁人的手上後，漢普頓似乎又改變了心意；儘管他們選的人在私底下不認識彼此，他還是要求找自己熟識的裁判。華萊士想贏得光明正大，所以答應了。

漢普頓提議找威廉‧卡本特。沒錯，就是這個人，他的出版物包括了八股的傑作《檢視並揭發理論天文學：證明大地不是球體》（*Theoretical Astronomy Examined and Exposed – Proving the Earth Not a Globe*），打從一開始就說服了漢普頓相信大地是平的。在這場競賽中，卡本特可能已經有偏好的一方了。他拒絕接受結果，聲稱華萊士的儀器未經正確校準。

天真地相信人類具有理性的華萊士，同意重做實驗並重新校準儀器，在開始之前還特地走到金斯林鎮（King's Lynn）向公正的第三方借了設備。但這一次，漢普頓甚至拒絕從望遠鏡觀看結果，只肯聽卡本特的判決。接著，他就「堅決地宣布他

們獲勝，並宣稱：『我們早就知道了。』」③，只要曾經浪費一個下午在社群媒體筆戰的人，應該都很熟悉這種表達方式吧。

最後，他們找來第三位裁判，這個人審查了雙方於實驗的陳述，裁定華萊士是對的，另外還在自己的刊物《田野》（*Field*）寫下經過。華萊士一開始贏得賭金，不過，由於紳士的賭約在英國法律中的效力就跟決鬥差不多，所以最後他被迫歸還了。接下來十五年，漢普頓不斷用他想得到的各種難聽字眼，寫信辱罵華萊士，甚至還提到他的妻子：「夫人，倘若您那位無人性的賊丈夫某天被抬回家，整顆頭被砸成爛泥，您應該會知道原因……」。這種死亡威脅和誹謗罪害漢普頓上了法庭，甚至多次入獄，但他藉由宣告破產，勉強躲過賠償。

華萊士拿不到賭金，而訴諸法律的巨額開銷也讓自己賠掉一大筆錢。更慘的是，許多同儕都認為他一開始接受賭注的作為簡直太蠢了，還批評他「未經思考」就參與賭局，竟是為了「決定」最基本也最確切之科學事實。④

或者也可以換個說法：為什麼他要浪費時間跟那些瘋子講道理？

當然，光認為大地是平的、是一顆巨大的檸檬，或是任何你希望的形狀，並不代表你就是一個陰謀論者；約翰・漢普頓、威廉・卡本特那一夥人，或許只是錯了。要將地平說提升到陰謀論的層次，就必須解釋為什麼其他人都不認同這件事。

這種隱性陰謀主義在進入現代以後就開始高速發展，因爲現在我們能用陰謀論以外的東西，來證明地球的形狀了。

在華萊士犯下大錯的七十六年後，一枚改造過的德式 V-2 火箭於新墨西哥州的白沙（White Sands）發射，飛到一百公里左右的高度，然後拍了一張照片。照片的解析度不太好，雲量也讓人很難看出它拍到了行星的哪個部分。然而，你可以很明顯看出，大地是彎曲而不是平的。⑤

隨後也有其他圖像出現，顯示的特徵都一模一樣，這對行星上的絕大多數人來說並不意外。1972 年 12 月，阿波羅十七號有一名組員[2]拍下一張重要的照片，它將會成爲史上最著名的照片之一。這張舉世聞名的「藍色彈珠」（The Blue Marble）上，看得見非洲、阿拉伯半島，以及位於底部消失在雲層下方的南極洲。它在環境保護運動興起時出現，成爲最廣泛流傳的照片，並且象徵人們共有的這顆行星多麼脆弱。碰巧的是，它也顯示出地球是圓的。⑥

你可能會覺得事情到此結束了。不過，你漏掉三個重點。

首先是純粹的頑固。很多人都知道這個故事。有位記者得意揚揚地拿了一張從太空拍攝的地球照片給國際地平說學會（International Flat Earth Research Society）創辦人兼主席山謬‧申頓（Samuel Shenton），要他簡單地解釋一下這件事。他瞄了一眼，回答說：「那種照片很明顯可以騙過外行人。」⑦然後就沒有進一步解釋了。

堅持地平論的另一個理由是，許多更清楚的地球畫面，講難聽一點都是偽造的，至少近年來是這樣。像「藍色彈珠」那種拍到整顆地球的圖像其實不多，因為我們通常沒什麼機會拿著相機到那麼遙遠的地方拍攝；阿波羅十七號是最後一次載人飛到那麼遠的任務。從太空拍攝的地球影像，大多來自地球軌道，這有點像是想要拍某人的臉孔，可是你的相機距離對方的鼻子只有四英寸。

　　所以，現代從太空拍攝的地球影像，其實多半來自合成。例如，iPhone預設鎖定畫面的那顆地球，是美國國家航空暨太空總署員工羅伯特・西蒙斯（Robert Simmons）在2002年利用累積了四個月的資料所產生的。如果你是那種傾向於認為美國國家航空暨太空總署會參與陰謀並假造行星形狀的人，這一切就會變得非常可疑。[8]

　　雖然我們已經有實際照片顯示地球為圓形，但有某個東西還是能幫助地平說運動蓬勃發展，也就是：網際網路。在只能透過學校、工作場合或酒吧交際的世界裡，你光是想表達對世界形狀的疑慮就夠困難了，更別提還要找到同意你又不會嘲笑你的人。可是，在一個有社群媒體的世界中，這一切突然變得很簡單了：假設鎮上有四個人覺得藍色彈珠的照片不太對勁，他們很快就能找到彼此，組織起來。而YouTube及其演算法的興起，也會讓信徒可能改變其他人的想法。

　　因此，沉寂了多年的地平說學會在2009年又再次開始正

式召收新會員。

　　只是，都已經二十一世紀了，為什麼還是有人相信這一切？

　　馬克・薩金特（Mark Sargent）是在看了奧利佛・史東的《誰殺了甘迺迪》時第一次接觸到陰謀論。在美國太平洋西北地區一座島上成長的他說：「老實說，我不相信任何陰謀。（可是）我走出戲院的時候心想，哇塞，還真的有人會對大事件說謊。」他仍然每隔幾年就會看一次那部電影。⑨

　　接下來幾年，薩金特幾乎研究過所有現行的陰謀論，也發展出自己的看法。「但我沒研究地平說。研究那個要幹嘛？太蠢了吧。不過，後來我犯了一個錯，心想，呃，我又不是年輕人，研究一下也無妨。」

　　整整九個月，薩金特查看相關論點，試圖說服自己地平論者錯了，地球是圓的。但他辦不到。於是，他把自己的論點放到網路上，等著某人來指出他缺漏了什麼。「結果沒有人這麼做。主題專家打給我，軍方人士、飛行員、飛航管制員，跟運輸事務相關的這些人都說：『你知道嗎？其實沒那麼瘋狂。』。」

　　於是，薩金特變成了地平論者。事實上，過了幾年，他就成為全世界最有名的地平論者。[3]他的YouTube系列影片《地平線索》（*Flat Earth Clues*）讓許多沒接觸過的人注意到這個理論，也使他獲得了一定的知名度。2017年，地平國際會議

（Flat Earth International Conference）在北卡羅萊納州的羅利（Raleigh）舉辦時，薩金特就是其中一位受到矚目的明星。2018年的紀錄片《曲線之後》（*Behind the Curve*）內容，是關於這次會議以及更大規模的推廣運動，而薩金特就是紀錄片的主角。[4]

此後，薩金特便到（無論是什麼形狀的）世界各地接受採訪、參加聚會，還出現在澳洲博奕公司SportsBet的Foolproof應用程式廣告活動中。（說真的，你應該猜得到結果。）甚至還有一段英國獨立電視台的《今晨》（*This Morning*）影片，是他試圖在不到一分鐘的時間內，說服主持人菲爾（Phil）與荷莉（Holly）相信大地是平的。我們可以從許多訪談中歸納出他的論點。

1. 大氣

在地心引力跟太空真空的戰鬥中，後者每次都贏，對吧？那我們怎麼能呼吸？

2. 遠距攝影

相機能力進步的速度驚人，現在你可以看到從數十英里或甚至數百英里外拍攝的山脈照片。如果大地真的是球體，這些東西應該會被隱藏在視線之下。所以，為什麼相機可以拍得到，除非大地是平的？

3. 范艾倫輻射帶（Van Allen belt）

地球被一層厚厚的放射性粒子圍繞。要是太空人真的進了太空，為什麼他們都沒死於輻射中毒？有沒有可能是他們根本從未離開過這顆行星？

4. 飛行路線

南半球的飛行路線沒那麼多，就算有，航線上似乎也包含了北半球的中停地點。如果南半球真的跟北半球一樣，為什麼他們不直飛？是不是因為南半球各地點之間的實際距離，比球形大地的距離更遠？

5. 南極洲

行星上這片區域的面積，比任何主權國家都大（除了俄羅斯以外），而它卻被封鎖了六十年，只有少數科學家能夠進入。誰知道冰層底下藏著什麼資源？但大公司卻不被允許去找。這聽起來難以置信吧？

除非有人不想讓我們發現那裡面的東西，例如一堵巨大的冰牆。

這一切引起了兩個明顯的問題。怎麼會有人想隱瞞大地的形狀這種基本知識，甚至花了數十年時間偽造出好幾個完整的太空計畫？

馬克・薩金特的答案是，統治階級直到二十世紀中期才知道這件事，而他們太害怕把真相告訴人們之後會造成的後果。「在學術上，全世界所有大學都必須重新設計它們的科學課程。在經濟上，光是為了弄清楚衍生的結果，你就必須讓世界市場暫時停擺好幾個月。」不過，最重要的是精神影響。「大地是平」的這個消息，會使得每一個主要宗教「同時擁有比科學更強大的力量。這怎麼克制得了！所以這是不會發生的。」

　　另一個問題是，如果大地不是球體，那麼它是什麼形狀？在支持者中，其實對此主題有熱烈的爭論（「有別於主流的是，地平論不追隨領袖，它鼓勵自由思想和開放的心胸。」學會網站上是這麼說的。）但薩金特的看法是：「基本上就是個雪花球，而你是在一棟巨大的建築中，有牆壁、地板和天花板。」

　　在那後方有個國度，聽起來很像，呃，天堂。人們從那裡被驅逐，也可能是人們自己選擇離去，因此離開這個充滿痛苦與衝突的世界回到天堂時，我們就會懂得珍惜。「我不認為這是個監獄行星，我不認為這純屬娛樂。我認為這是一所學校：你是來這裡學習的。」

　　我們在科學書籍中所熟知的宇宙，實在太不適合人類探索了。外頭還有很多其他行星，說不定還有人居住，可是物理學無法讓人們在有生之年來得及抵達那裡。某些地方不在光年之外，而是只有幾千英里的距離，這種想法確實很誘人。說不定

你會覺得自己所知的一切都錯了，這其實還滿令人興奮的。

這裡應該要提一下，不是每個地平論者都跟馬克‧薩金特一樣如此樂在其中。「我也不想當地平論者啊！」名叫大衛‧魏斯（David Weiss）的再生能源專家在2019年這麼告訴美國有線電視新聞網（CNN）：「你希望一早起來就要大家認為你是個白痴嗎？」[10]同年，另一位到羅利出席會議的參與者向《衛報》表示，他很樂意有人能說服他相信世界是球體：「這會是一種解脫。」[11]從某方面看，知道自己以為的一切都錯了，這種事可能會讓人振奮，另一方面也可怕極了。

如果你這麼覺得，或許你可以透過理性解釋馬克‧薩金特提出的問題，來獲得一些慰藉。內容如下：

1. 大氣

真空不會吸引；空氣壓力會推擠。在高層大氣的區域裡，空氣稀薄到幾乎沒有空氣壓力，因此也就不會將大氣推到太空消散。[12]

2. 遠距攝影

這種照片幾乎都是從高海拔處拍攝，增加了地平線的距離。這類攝影師也會刻意使用折射（即光線在地球周圍彎曲的特性），並且刻意在日落後不久拍下那些破紀錄的照片，因為此時折射的效果最明顯。[13]基本上，這就是利用山謬‧伯利‧

羅博坦在老貝德福德河犯的錯，只是效果更明顯。

3. 范艾倫輻射帶

越過那裡通常只需要一個小時，太空人在這段期間接觸到的輻射量，大約是十六雷得（rad）。致命的劑量是每小時三百雷得。雖然你不會想要每天經過，但這麼做其實很安全。⑭

4. 飛行路線

具有商業價值的南半球航線並不多。就算有，它們通常也不會抄捷徑飛越南極洲，原因是航線上並沒有可供緊急停靠的地點。

5. 南極洲

無論那裡有沒有資源，要去把東西弄出來都是困難重重，所以不值得讓人為此違反條約。如果冰層開始融化，能不能去取得資源就是另一個問題了，但這種情況還沒發生。

換言之，科學可以解釋現代地平論者的所有論點，只是這種科學稍微複雜了一些，無法讓外行人一點就通。再換一種方式來說：現在都已經進入數位時代了，那些人的論點卻只是「哎呀，看起來很平嘛」。[5]

當然，地球的形狀不是唯一會吸引陰謀論的地理問題。想想芬蘭的爭議吧——因爲眞的有這種爭議。

　　關於芬蘭，你可能認爲那是北歐一個面積廣大但人口零星的國家，位於瑞典和俄羅斯之間，著名的特產有湖泊、森林、桑拿，以及派出一個打扮成怪物的重金屬樂團贏得了歐洲歌唱大賽（Eurovision）。不過，你完全錯了，因爲根據網路上某些角落的意見，芬蘭從未存在過。北歐那片面積廣大但人口零星的地帶？那只是波羅的海的一小塊區域。首都赫爾辛基（Helsinki）呢？那其實是瑞典的東部。那些確信自己是芬蘭人的傢伙？他們也來自瑞典東部，或者俄羅斯西部，要不就是愛沙尼亞北部。因爲根本就沒有芬蘭。⑮

　　這一切就跟其他太多糟糕透頂的事一樣，都是從 Reddit 互聯網論壇開始的。2015 年，在子論壇 AskReddit 上有個討論串提出這問題：「你爸媽曾經做過什麼，讓你發現自己原本以爲完全正常的事，其實一點也不正常？」一位名爲 u/Raregan 的使用者就提了芬蘭陰謀論爲例。⑯

　　根據他的解釋，這個陰謀的緣由跟捕魚權有關。你也知道，日本對壽司有著幾乎永不滿足的胃口，而他們吃掉的魚遠遠超過國際法所允許的漁獲量。此理論主張，爲了解決這個問題，日本和蘇聯密謀在俄羅斯的波羅的海海岸虛構出一個國家，在那個地方捕魚就不會受到打擾了。有個帳號在 r/FinlandConspiracy 子板（subreddit）解釋這個理論：「畢竟，

在大家都覺得是陸地的地方，應該就不會有人違反捕魚規定了吧？」⑰的確如此。

用這種方式捕獲的魚，會透過方便到令人起疑的西伯利亞鐵路（Trans-Siberian Railway）運輸，而且是偽裝成Nokia的產品。這說明了兩件事：為什麼Nokia在日本這麼成功，卻幾乎沒有人擁有他們的手機，以及Nokia如何成為芬蘭最大的公司，儘管芬蘭其實不存在。

世界上還有其他大約一百九十一個國家，至少其中一些應該會注意到波羅的海差不多比原本的面積大上了兩倍吧？而他們全都如此配合，原因很簡單：芬蘭這個虛構出來的國度，給了人們一種可以嚮往的地方。想像一個國家擁有卓越的教育、良好的健保、性別平等、出色的識字率。從許多方面來看，芬蘭就是個夢想。

還有，在名稱中也能找到關於真相的線索。芬蘭（Finland）是日本人捕魚的祕密地點。魚有什麼呢？想一想吧。（註：Finland=Fin-land，也就是一塊充滿「鰭」〔Fin〕的陸地。）

有一個廣大的地理區域裡，住著你可能實際遇過的人，而要把這一切視為謊言實在太古怪了，你應該也會覺得這只是一時的現象。你錯了！打從網際網路出現起，網路世界就一直在宣稱離線世界的某些地方是納尼亞王國（只是少了會說話的動物）。

比勒費爾德（Bielefeld）為德國第十八大城市，至少官方說法是這麼敘述的。那裡沒有重要的大公司或公共機構；沒有觀光景點；沒有主要河流。它沒有任何重要特徵。

因此，1994年，一個名叫阿希姆・海德（Achim Held）的學生，看到德國高速公路的路標上，前往比勒費爾德的標誌都被膠帶貼住了，於是想出一個理論來解釋為何一座擁有三十四萬人口的城市會如此默默無聞，也就是：它不存在。這可以說明為什麼他從未遇過來自那座城市的人，也從來沒人造訪過那裡。他在一篇使用者網路（Usenet，註：此種論壇系統無中央伺服器和管理員）的文章問，是誰在傳播這麼可怕的陰謀？一個只知其名為"SIE"的團體；而"SIE"的意思是「他們」。⑱

經過一個世代後，大家都對比勒費爾德有了共同的看法：假裝它不存在，真的很有趣。2010年，比勒費爾德大學的電影系學生製作了一部影片，內容就是關於這個陰謀以及SIE的目標。2012年，總理梅克爾（Angela Merkel）就曾開玩笑提到一座不存在的德國大城。

2014年，這座城市也開起了自己的玩笑，在宣傳八百週年紀念時採用標語"Das gibt's doch gar nicht"（那不是真的吧）。五年後，它甚至提出只要有人能提供「無可辯駁的證據」證明它不存在，就能獲得一百萬歐元。⑲最後沒人抱走獎金，這座城市則宣布自己真的存在，也宣告這場玩笑結束了。

結果如何還有待觀察。[20]

在網路上被當作虛構地方的例子，還包括美國的懷俄明州、巴西的阿克里州（Acre），以及義大利的莫利塞區（Molise）。這些地方都符合特定的描述，它們的地位不甚重要、人口零星散布、遠離觀光路線，而且除了存在與否的問題之外，沒有任何知名之處。阿希姆・海德對比勒費爾德採取的邏輯，也可以用來「證明」它們不存在。你去過Ｘ嗎？你知道有誰來自Ｘ嗎？你知道有誰去過Ｘ嗎？如果這三個問題的答案皆為「否」，那麼就可以合理推斷Ｘ很可能不存在，對吧？

然而，最大的地理陰謀論其實並不符合這種模式。你幾乎可以確定有人去過那個地方，或甚至有人把那裡稱為家園。

2018年，一個名叫雪莉・芙洛麗（Shelley Floryd）的臉書使用者，有一篇發文被分享了將近兩萬次，內容是概述「史上最慘烈的大屠殺」。她主張，在超過八十年期間，大英帝國用船隻載運了十六萬兩千名罪犯，表面上是要將他們流放到世界另一端的新監獄。她寫道：「實際上，這些罪犯全部被丟下船，在見到陸地之前就淹死了……他們從未抵達那片應許之地。」他們不可能到那裡，所以，澳洲是一場騙局。[21]

此時你可能會納悶，該怎麼解釋那些飛往澳洲的航班？說不定你還曾經搭過。其實，班機飛到了其他島嶼，說不定是南美洲的某些地方。（整個航空業都參與了陰謀。）而你的澳洲朋友呢？「他們全部是演員及電腦合成人物，目的是要欺騙全

世界。」換句話說，這是附屬在「澳洲不是真的」陰謀之下的次要陰謀，而追求真相的人都可以在相關理論上自由發揮，例如「根本沒有休・傑克曼（Hugh Jackman）這個人」、「凱莉・米洛（Kylie Minogue）是電腦化身」，或者宣稱他們討厭的某個澳洲人並不存在。

雪莉・芙洛麗在發文中寫道，這一切構成了「有史以來最大的騙局」。《文化旅行》（Culture Trip）上有篇文章提及此事，認為「如果捏造出世界第六大國還不能算是史上最大騙局，那麼第一名的詭計肯定是個漫天大謊」。㉒

最初的發文早就消失了（但同一篇文章也指出，這到底是邪惡的政府介入，或是憤怒的澳洲人所為，原因仍然不得而知）。不過，從各種網路迷因以及世界各國（無論是真實或想像出的國家）媒體組織所寫的評論中，你還是可以看出這篇發文的足跡。

總之，整塊澳洲大陸都是虛構的這種想法，在網路上並非首次出現。2006年，地平說學會的網路論壇上也有一篇發文主張澳洲不存在，卻未提供捏造此事的動機。訊息前面有一段免責聲明：「雖然我相信大地是平的，但這其實不是地平論的一部分。」許多地平論者的反應都是嘲笑這篇文章，或是簡單地回覆：「證據呢？」㉓

然而，這並不表示網路引戰與「真正的」陰謀論（例如地平論）之間就有一條明顯的界線。某些想法的本意是開玩笑，

但別人可能不那麼想，而尋找證據的人也很快就會遇到其他陰謀論。如果 YouTube 演算法讓研究比勒費爾德是否存在的人，很快就看到了「地平線索」影片，就算原本的發文只是開玩笑，又會如何呢？

這些巨大的地理陰謀論突顯了另一個問題：你要怎麼真的證明澳洲存在？地圖可以偽造；衛星照片可以修改。也許你認為自己去過那裡，但你是搭飛機去的，你知道的只有自己去過某個地方。從某方面看，親眼見證已經不夠了。我們相信有澳洲，是因為媒體跟相關當局告訴我們，它存在。可是，如果你不再信任媒體和相關當局，那麼要怎麼樣才能說服你呢？

順帶一提，Raregan 這個帳號本人的真名叫傑克（Jack），他說他一點也不相信自己提出的芬蘭理論。他父母也不相信，他們甚至忘記曾經對孩子撒過這個荒謬的謊，現在則覺得這整件事太可笑了。在 r/FinlandConspiracy 子板裡，也沒多少網路使用者積極詢問，要如何把「芬蘭並不存在」的這個壞消息，告訴自己的芬蘭朋友。

但這不表示沒人會這麼做。正如 2016 年，傑克在《Vice》的採訪中所言：「老實說，有時候真的無法分辨誰在開玩笑？誰是認真的？」[24]

人們會對身處之地的真實性產生疑慮，或許其來有自。質疑整塊大陸的存在固然奇怪，但在歷史上許多時候，人們往往

也會對發現某個超棒新國家的消息，抱持懷疑態度。有些人拒絕承認確切存在的地方，但在這種本體論（ontological，又譯存在論）的極端對立面，也有另一種人會狂熱宣傳那些捏造的國度。

這些大多都不是陰謀，畢竟「密謀假裝不存在的地方存在」通常很困難，也毫無意義。不過，其中有些論點確實開始慢慢往這個方向前進。

最早的跡象或許可以稱之為「推測地圖學」（speculative cartography），這些是早期製圖師為了讓地圖比較好看而虛構的地方。傑拉德‧麥卡托（Geradus Mercator）想出了一種地圖投影法，以誤導的方式將極區附近的陸地畫得特別大，也讓後來好幾個世紀的人們有機會向朋友吹噓，自己知道格陵蘭（Greenland）實際上有多小。但麥卡托並不因此滿足，還斷定羅盤都會指向北方，一定是因為北極有顆巨大的磁石。他開始在地圖上加入這種東西，將其標記為 "Rupes Nigra"（黑石）。他描述道，海裡有一座山，周圍有四個住著巨人和矮人的國家，邊界則是一個漩渦；其說法是「水勢奔騰並傾斜流入地球，彷彿將水倒進過濾用的漏斗」，雖然有趣，但可惜不太精確。㉕

其他不存在的地方，雖然也是像這樣從單純的錯誤中產生，卻對現實世界造成了影響。許多人相信海盜艾德華‧戴維斯（Edward Davis）在 1687 年於南太平洋發現了「戴維斯地」

（Davis Land），還認為這座沙島所處的緯線上可能有金礦，於是發起數次遠征去尋找財富，結果並沒發現什麼島嶼，只找到一大片海洋。[26]還有一個類似的情況，是十九世紀中期，人們在架設新的跨大西洋電報電纜時，也曾考慮將位於北大西洋某處的「賈奎島」（Jacquet Island）當成可能的中繼點。[27]這些討論並沒有後續發展，因為他們發現那個地方並不存在。

我們慢慢往前靠近真正陰謀的領域，此時人們已經開始對土地的事公然撒謊了。1913年，有一支探險隊出發去尋找「克洛克島」（Crocker Land），這是由極地探險家羅伯・佩里（Robert Peary）發現的一座島嶼（他以一位富裕金主的名字為此島命名，希望藉此取悅對方）。這場探險沒有（也無法）成功，因為這一切全都是佩里捏造的，就像他也曾捏造自己到過北極。然而，這場尋找克洛克島的行動，導致三位探險家在北方的冰天雪地中受困數個月，也讓一艘救援船在冰河上卡了幾年，至少還害一位因努特人（Inuit）被某個憤怒的美國人從背後射了一槍。

再接近陰謀一點，就是刻意的騙局了。1820年代初期，有一名充滿想像力，名字也很不可思議的蘇格蘭商人格雷格爾・麥格雷格爾（Gregor MacGregor），設法說服數百名蘇格蘭人，將畢生積蓄投資於波亞斯（Poyais），那是中美洲一片超級肥沃又遍布黃金的土地，而他正好是那裡的統治者。有兩百多人付出慘痛的代價，也就是移居過去，結果根本沒有波亞

斯這種地方，而原本應該在那裡等著他們的首都則變成了叢林與疾病。只有少數人活著回來。我們無法確認波亞斯到底算不算陰謀，唯一的原因在於，沒人知道麥格雷格爾是否有同夥，或者他光靠自己就矇騙了所有參與者。[6]

　　但你想聽的故事，應該是會對現實世界造成更大影響的虛構土地，同時也能帶我們回到陰謀論的領域，那就來說說貝梅哈（Bermeja）吧！2009年，墨西哥國立自治大學（UNAM）一份研究得出的結論是，位於猶加敦半島（Yucatán peninsula）北海岸附近，占地八十平方公里，最早自十六世紀就已經出現在地圖上的那座島，其實並不存在。從墨西哥的觀點來看，這很可惜，因為它會減少國家的海權區域，而那裡擁有大量人見人愛的石油。

　　所以那座島怎麼了？最明顯的解釋是它從未存在過，早期的製圖師犯了一個錯，或者是為了某個早已不可考的理由，想要誤導敵人。不過，有些人說那座島被海淹沒了，是氣候變遷最早的受害者。也許（就只是也許）墨西哥議員荷西・安西爾・康切洛（José Angel Conchello）查到了什麼，因為他認為是中情局刻意摧毀了那座島，目的是要提升美國領土權，得以在該區開採石油。

　　雖然美國政府能夠神不知鬼不覺地毀滅一整座島的說法看似可笑，但有件事為這個理論增添了令人不安的要素：荷西・安西爾・康切洛在1998年莫名死於一場車禍，這時美國和墨

西哥才剛開始為海洋邊界的事吵得不可開交。

貝梅哈島的故事[28]點出了一個令人不安的事實，亦即散布地理陰謀論的人不一定要相信這些陰謀論，就算他們不相信，還是可以對真正存在的事物產生影響，例如現實世界中的政治或國際關係。同樣地，山謬·伯利·羅博坦、約翰·漢普頓及其支持者所宣傳的地理說法，或許並非真實，但他們在科學與宗教之間發起的鬥爭是千真萬確的。

從某方面來看，實際聽過陰謀論的人數，遠比你是否真誠宣傳理論來得重要多了。網際網路上有一句老話叫「坡氏定律」（Poe's Law），意思是說，就算你刻意以諷刺方式表達的極端觀點再怎麼滑稽可笑，還是會有人誤把它當真。同理，一項陰謀論再怎麼荒唐，還是會有某人相信。

「我們要敞開心胸。」馬克·薩金特說：「事實上，在進入地平說的領域時，你會重新審視其他陰謀。大家會翻開那些閣上許久的書。」畢竟，「如果你能夠保守這個祕密，那麼你幾乎可以做到任何事。」

附註 ————

[1]「這不是證明了完全相反的結果嗎？」我們聽到你問的了。對，就是這樣。

[2] 三位組員都說那張知名照片是自己拍的。哎呀，要是你是組員，也會這麼說吧？

[3] 順帶一提，你還可以購買印著「地平說學會成員遍布全球」（The Flat Earth Society has members all around the globe）標語的T恤。就我們所知，真正的地平說學會從未用過這種說法，因為他們就跟其他人一樣看得出這句話哪裡好笑。

[4] 馬克‧薩金特的名氣會愈來愈大，似乎跟兩個因素有關，其一是他非常和藹可親，其二是在這場運動中，有些人真的很不和藹可親。紀錄片中有個地方提到，某個與之競爭的陰謀論者願意上鏡頭的條件，是要影片製作人交出創意控制權，並且提供部分影片利潤，還得答應「支持他未經證實的主張，也就是宣稱馬克‧薩金特背地裡是個使用假名的華納兄弟（Warner Bros.）高層人物。我們無法滿足他的要求。」影片在最後這麼表示。呃，有誰會答應啊！

[5] 順便讓你知道一下，書中的這個部分本來還有更長的篇幅，原因是其中一位作者無法立刻看出馬克‧薩金特的論點有什麼問題，而他為了不讓自己嚇傻，趕緊針對地球的形狀寫了好幾千字的內容。

[6] 湯姆在先前的著作《真相：屁話簡史》中，深入探討了雷格爾‧麥格雷格爾的虛構國家，以及羅伯‧佩里那場不精確的極地探險。

10 追憶似水年華：中世紀並不存在？遠古歐洲史都發生在中世紀？

In Search of Lost Time

　　西元五世紀時，西羅馬帝國（Western Roman Empire）「滅亡」了。但這件事不在本書的討論範圍內。雖然許多卓越的歷史學家認為，權力就是會從處於中心的皇帝轉移到各地為政的王國，或者從民政當局轉移至教會，但目前還沒出現任何陰謀論主張這個帝國從未滅亡，認為從英國卡萊爾（Carlisle）到埃及開羅（Cairo）等各地都是由躲在羅馬某處的皇帝暗中管轄。可惜沒有這種陰謀論，要不然一定會很棒。

　　總之，毫無疑問的是西元400年，西歐許多地方皆由羅馬人統治，到了西元500年就不是了，至於在那之後的好一段時間，情況就變得有點複雜了。接下來的數百年，人口銳減、農產歉收、貿易崩潰，生活的重點不再是到城市小酒館來場溫文儒雅的哲學討論，而是從事自給農業，並且希望正在地平線聚集的某個部落過來搶奪土地時，不會宰了你全家。

　　應該說，情況可能會像那樣。大概吧。這個我們無法確

定，原因是中央政府垮台時會產生一種副作用，也就是記下事情的人變得更少了。所以，我們對於歐洲大片地區在這幾個世紀的發展所知不多，反而比較了解更早之前的羅馬時期，以及接續其後的中世紀晚期。這種缺乏歷史記載的現象，導致後世某些學者將羅馬帝國滅亡後的那些年命名爲現在很不流行的「黑暗時代」（the Dark Ages）[1]，表示他們眞的很不清楚當時的狀況。總而言之，城市文明的其中一項特徵是會留下書面紀錄，而當城市瓦解，書面紀錄往往也會停止，因爲大家還有更重要的事得擔心。因此，有一派思想認爲歷史中的這些空白不值得大驚小怪或懷疑。

然而，還有另一派思想對羅馬滅亡後缺少文字記載一事提出了不同的解釋。也就是：

那段期間並不存在。

對，沒錯，羅馬是滅亡了，然後經過一段可謂空白的時期才出現中世紀歐洲，產生了騎士、騎士精神，以及一堆又臭又長的詩詞，描寫著在此處所能做出最浪漫的事就是不跟人上床。但根據這個理論，西元1000年並不是在基督誕生的標準日期一千年後，[2]而是七百零三年後。大約有三百年的歐洲歷史從未發生過。①

這個所謂的虛構時間假說（Phantom Time Hopythesis）首次發表於1694年，不過這個年份是根據它自己的曆法，換算一下等於我們的1991年。提出者是名叫赫里伯特・伊利格

（Heribert Illig）的德國作家兼出版商，他花了很多時間製作或推廣修正主義歷史（revisionist history）的作品。不過，這個假說也有其他支持者，例如技術專家漢斯－烏爾里希‧尼米茲（Hans-Ulrich Niemitz），他在1995年發表了一篇論文，標題爲《中世紀早期眞的存在嗎？》（*Did the Early Middle Ages Really Exist?*），這是擺明了要用「我只是問一下」這種方式，來獲得學術成就的典型例子。[2]

至於這項假說的證據，他們舉出的是能夠確實判定爲這段時期的考古證據極少，以及其他技術的限制，包括放射性定年法（radiometric dating）或樹輪學（dendrochronology，也就是查看樹木的年輪）。[3]他們指出，猶太團體歷史中有一段奇怪的空白，在中世紀早期從記載裡消失了幾個世紀，然後又於西元1000年左右再次出現，其農業或軍事技術、馬賽克藝術、基督教教義等一切發展，似乎也停頓了數百年。他們認爲在同一段期間，君士坦丁堡（Constantinople）不再建造偉大的建築，可是西元800年左右於亞琛（Aachen）蓋的教堂，卻採用了拱門和拱頂等各種巧妙的設計，出現的時間似乎早了大約兩百年。

他們也提到，人們對這段時期所知的歷史，是來自後世所寫。這表示它可能是某處的某人杜撰的。例如，在進入第二個千年之際，有一群統治者 —— 教宗西爾維斯特二世（Pope Sylvester II）、神聖羅馬帝國皇帝鄂圖三世（Otto III）、拜占庭

皇帝君士坦丁五世（Constantine V）——這些人聯合起來密謀修改曆法，理由是能在基督出現後第一千年而非第七百零三年統治，感覺起來更酷也更性感，於是他們在過程中捏造了一堆歷史，包括第一任神聖羅馬帝國皇帝查理曼（Charlemagne）。

然而，虛構時間假說擁護者最強的論點，跟我們測量時間的方式有關。由尤利烏斯・凱撒於西元前46年提出，並使用了大約一千六百年的儒略曆（Julian calendar），採取每三年加上一次閏年的簡單週期，也就是平均一年有365.25天。不過，這比地球實際環繞太陽公轉一圈的365.24219天還稍微多了一點，表示儒略曆每一百二十八年就會多出一天。因此，到十六世紀晚期應該會超過十三天。可是，替教宗葛利果十三世（Gregory XIII）服務的天文學家要改革曆法時，卻發現總共只多了十天。根據教宗詔書，1582年10月4日星期四的隔天，只要改成1582年10月15日星期五，就足以修正曆法的誤差了。

你知道該怎麼解釋這樣的差異嗎？那並不是基督誕生後的第一千五百八十二年，而是第一千兩百八十五年。換句話說，差不多有三個世紀的歷史從未發生過。

乍看之下，時間虛構假說似乎很合理，除了這個間接證據，還有我們對數個世紀的歷史所知甚少，也讓人覺得有點古怪。此外，我們真的能夠確定羅馬帝國皇帝和耶穌基督出現於兩千年前而非一千七百年前嗎？畢竟我們今日熟知的曆法一直要到西元800年左右才開始使用，大概就是亞琛那些拱門出現

的時候。而我們就只能參考早已作古的權威人士所說的話。

萬一那些權威人士錯了呢？甚至是他們在說謊呢？我們能確定嗎？我們真的會知道嗎？

這個嘛，是的，我們可以。時間虛構假說都是胡扯。這種說法僅適用於西歐，因為羅馬滅亡之後在此處的歷史上留下了一段討厭的空白。但在別處，例如中國的唐朝、波斯的阿拔斯（Abbasid）王朝，以及其他伊斯蘭世界，都是於西元七世紀發跡，這些地方的歷史仍然在迅速發展。東羅馬帝國的繼承者拜占庭帝國（Byzantine Empire）也一直持續到 1453 年為止，儘管今日有些犬儒主義者還是會認為君士坦丁堡所留下的偉大遺蹟不夠多。這個假說也會要你忽視天文學證據，例如老普林尼（Pliny the Elder）於西元 59 年記錄的日蝕，這表示古代發生的事件就是有你想的那麼久遠。[3]

至於從儒略曆轉換到格里曆（Gregorian calendar）的用意，從來就不是要重新調整凱撒在西元前 45 年施行的曆法，而是維持尼西亞會議（Council of Nicea）當時的現狀，也就是天主教會於西元 325 年採用的曆法。葛利果十三世的天文學家調整了十天而非十三天，是因為他們只要處理十二個世紀的變動，不是十六個世紀。這當中沒有任何需要解決的問題。

支持這項陰謀論的人其實不多。在研究甘迺迪遇刺案或匿名者 Q 最新聲明的 YouTuber 裡，似乎只有少數人擔心我們全被皇帝鄂圖三世蒙蔽了。然而，虛構時間假說還是讓我們看到

了陰謀論是怎麼運作的。首先是一堆「事實」，某些是真的，有完全合理的解釋，而其他的則大錯特錯，接著將它們融合起來，變成一種表面上令人信服的說法。如果你是對歷史只有粗淺認知的美國人或西歐人，就會覺得這很真實。唯一的問題在於它並非事實。

從某方面來看，虛構時間假說還有另一個瑕疵：缺少野心。人類歷史已經以某種形式發展了數千年；不過，在世界大部分地區，絕大部分時間裡發生的事件，至少都跟黑暗時代的西歐一樣欠缺記載。如果你想質疑這些時期存在與否，為什麼要限制自己，只主張有三個世紀的紀錄被消除？為何不懷疑那一切呢？

正好，有個「歷史從未發生」的理論格局大多了。俄羅斯數學家安納托利·福曼科（Anatoly Fomenko）提出了「新年代學」（New Chronology），其關鍵假設就是沒有古代史這種東西。古羅馬？其實發生於中世紀。古希臘？也一樣。古埃及？你懂的。

福曼科認為，西元十二世紀左右之前的絕大多數事件，以及九世紀前的一切，實際上發生的時間更晚，地點可能也不一樣。人們的記載大約是從西元800年開始，而人們對古代的認知，其實都來自於經過扭曲且較為近期的事件，至於歷史有時似乎會重演，是因為描寫的是同一個事件。④

依福曼科所言，某些人物或事件其實是完全不同的人物或事件，包括：

伯羅奔尼撒戰爭（Peloponnesian War）

發生於西元前五世紀，戰爭結果是提洛同盟（Delian League，以雅典爲首）遭到伯羅奔尼撒聯盟（Peloponnesian League，以斯巴達爲首）擊敗。此爲歐洲早期歷史最關鍵的事件；希臘歷史學家修昔底德（Thucydides）對這場戰爭的紀錄，至今仍是國際關係的重要文本。不過，根據福曼科的說法，這只是拙劣地複製了十四世紀雅典公國（Duchy of Athens）和納瓦拉傭兵團（Navarrese Company）間的一場戰爭。但這場戰爭就沒那麼關鍵了。

所羅門王（King Solomon）

如果眞有《聖經》中這位睿智的所羅門王，其統治期間應該是在西元前十世紀。不過，福曼科認爲，他其實是十六世紀鄂圖曼帝國的蘇萊曼大帝（Suleiman the Magnificent）。

巴比倫之囚（Babylon Captivity）

依照《聖經》描述，在西元前六世紀至五世紀之間的七十幾年間，猶大（Judah）王國的猶太人被囚擄於巴比倫。福曼科說，這其實是十四世紀期間教宗待在亞維儂（Avignon）的

那七十幾年。在此，我們要為福曼科說句公道話，這段時期確實偶爾會被稱為「巴比倫之囚」，但觀察家多半認為這只是一種有意的指涉，並非因為它們是同一件事。

特洛伊戰爭（Trojan War）

實際上為十字軍東征，目的是為了報復耶穌基督被釘在十字架上。

中世紀早期的盎格魯－撒克遜（Anglo-Saxon）王國

福曼科主張，這些（構成早期英國歷史許多部分的）王國，就只是拜占庭帝國的歷史。事實上，1453年君士坦丁堡遭土耳其人攻陷之後，許多領袖就逃到歐洲對面一座又冷又濕的島上，雙方都有各自的國王。

這些只是最明顯的例子。福曼科理論的英譯作品《歷史：是虛構還是科學？》（*History: Fiction of Science?*）總共有厚厚的七大本。拜託，我倒想看看你能不能在嚴格的字數限制下，證明人類歷史全都是胡扯。

誰會做出這麼殘忍的事，捏造成千上萬年的世界史？而他們的動機到底是什麼？答案將會帶我們深入一項對祖國不利的陰謀，這個陰謀雖然不存在，卻是邪惡至極。

「對於遙遠的過去，我們所知的一切可能都錯了」，這種說法並不荒謬。首先，關於那段時期發生的事，我們擁有的同時代資料相當稀少，正如歐洲中世紀早期的情況。我們知道的許多事都來自後世的資料，其中說不定有錯誤；或者來自後世的作家，但他們也許不清楚實情。而我們愈往前追溯，實際存在於當時的那些人所留下的證據就愈少。

從表面看，在歷史記載中確實有許多發生差錯的可能，或是被人刻意寫入錯誤的資訊。

就算我們真的有遠古史事件的第一手證據，要確認日期也不一定容易。原因很明顯，例如某個開頭寫著「西元前44年3月15日」的卷軸就可以視為偽造品，因為我們今日所熟知的曆法，一直要到西元六世紀才成型，九世紀才開始普遍使用，而且從十六世紀起就在不同的地方以不同的比例經過多次改革。確認遙遠的過去那些事件到底發生於何時，在歷史上一直是一件艱難的工作，也牽涉到各種方法，像是參考天文學資料、研究統治者名單是否有任何缺漏，並且交互參照年份長度可能有差異的定年系統。[4]

所以，今日的歷史書籍怎麼能這麼有把握地告訴你溫泉關戰役發生於西元前480年，或是波斯的居魯士大帝（Cyrus the Great）在西元前539年征服巴比倫，並釋放了被囚的猶太人？因為基本上已經有人完成了苦差事。例如，信奉喀爾文教派的法國學者約瑟夫・斯卡利格（Joseph Scaliger），在十六世紀晚

期就花了很多時間比較古代曆法，整理希臘與拉丁文本，計算日月蝕何時發生，利用錢幣作為歷史研究工具，而且大幅擴展了人們對於古代史的概念，不再只著重於希臘和羅馬（每個受過教育的歐洲人都很熟悉），也納入了波斯、巴比倫、埃及與猶太人的歷史。他和其他幾位思想家設計出基本的年代學，因此能夠將格里曆出現之前所發生的事件轉換成我們今天所熟悉的日期。⑤

然而，專家在運用我們無法輕易理解的方法進行研究時，總是會受到犬儒主義者的質疑，或許他們還會不屑一顧，希望讓自己顯得很聰明。一位思想家就曾經懷疑由斯卡利格設計而大家普遍採用的時間表，那個人就是艾薩克・牛頓爵士（Sir Issac Newton），其死後出版的《古王國年表修訂》（*The Chronology of Ancient Kingdoms Amended*）⑥篩選了各種古典文本，針對一些重大事件提出不同的日期，例如羅馬的建立、特洛伊戰爭，以及（這個更令人意外）肯定是冒險神話故事的《傑森王子戰群妖》（*Jason and the Argonauts*）。[5]

另外還有一位跟牛頓同時代的法國人尚・哈杜因（Jean Hardouin），他是當時備受敬重的古典學者，不過現今世人最記得的是他那些瘋狂理論。其中最著名的是他強烈相信所有希臘羅馬文獻皆是由一群十三世紀的僧侶所偽造，除了得到他正式認可的荷馬（Homer）、希羅多德（Herodotus）和西塞羅（Cicero），以及普林尼（Pliny）、維吉爾（Virgil）與賀瑞斯

（Horace）的特定文本之外。⑦

　　尚‧哈杜因的理論啓發了安納托利‧福曼科的新年代學，還有尼古拉‧莫洛佐夫（Nikolai Morozov）的理論也啓發了福曼科。莫洛佐夫這位俄國革命者因爲從事政治活動而從1882年被囚禁至1905年，可是在沙皇遭推翻後，似乎又完全對革命失去了興趣。[6]他在人生最後三十年轉而研究科學、天文學和歷史，還根據《新約聖經》對於日月蝕的描述，斷定約瑟夫‧斯卡利格的年代學有錯，並主張耶穌基督實際上是生活於西元五世紀。⑧除此之外，他還提出了一大堆結論，尤其是尤利烏斯‧凱撒從不存在，那其實是十四世紀一位被稱爲「背教者尤利安」（Julian the Apostate）的皇帝，另外，他也認爲許多古典文獻只是中世紀的贋品。[7]

　　福曼科從莫洛佐夫那裡學到一個觀念，亦即斯卡利格的年代學是透過「重複」來「任意發展」⑨，而且認爲當某一時地的歷史令人聯想到另一時地的歷史，並不是因爲人性和命運變遷造成了某些重複的模式。原因在於它們本來就是相同的事件，只是不小心複製貼上了不同的場景。

　　爲了「證明」這一點，福曼科花了許多時間仔細檢查天文學證據，將古代占星術或星表拿來跟天體的運行資料對照，推算它們是何時產生的；找出一顆眞正的超新星位置，因爲那可能就是伯利恆之星（Star of Bethlehem），而他可以藉此重新指定耶穌的生日；以及確認可能發生於十字架釘刑的日蝕日期。

（他似乎沒想到《聖經》提起這類現象時，可能只是為了隱喻。）於是，他建立一種概念，其中的事件都有貌似合理的發生時間，而且跟人們一直以為的不同。

不過，福曼科是一位訓練有素的數學家，所以他的主要招式運用了數字。在翻閱歷史文本時，通常你會很直覺地發現多事之年（戰爭、暴亂、瘟疫等等）占了很大的篇幅，在平靜的時候（沒有戰爭、暴亂或瘟疫之類）就著墨甚少。福曼科的理論是，實際計算歷史分配給每一年多少頁數，讓各段時期產生一種獨特的歷史指紋。好比說，在一個世紀的前幾年或許只寫了幾頁；接著第五年和第六年的一場戰爭就占了許多頁面；第十二年的瘟疫有兩、三頁；然後又安靜了一陣子。根據福曼科的論點，如果有兩份據稱來自不同時代的文本描寫同一個地方，而它們的形狀大致一樣（第五年和第六年有高峰，第十二年為較低的高峰，其他時候則沒什麼起伏），那麼它們就是在描述同一段時期的歷史。基本上這又是樹輪學了，只不過看的是書本章節而非年輪。

為了「證明」這個方式有效，這位數學家比較了兩份關於同一段時期之同一個地方的文本：一份是蒂托・李維在奧古斯都（Augustus）時代寫的古羅馬歷史，另一份是某位俄國歷史學家於二十世紀寫的羅馬歷史，結果發現它們在圖表上產生了類似的形狀。因此，他又比較了關於不同時期之不同地方的文本，發現它們的形狀截然不同。接著，他再對照一段古羅馬及

中世紀羅馬的歷史，發現它們的形狀一樣。他從中得到結論，斷定古羅馬的事件實際上發生於中世紀。[8]

如果你覺得這樣有點怪，那麼你更應該聽聽他的另一招，基本上套路都相同，只是把關注的重點換成真人：如果有兩個朝代的模式都是「在位許久的愚鈍統治者最後得到善終；在位短暫卻被護衛刺死；接替者在位極久而被視為國父」，那麼它們大概就是同一個朝代吧！相當合理。

就這樣，福曼科用數百頁篇幅，以自己滿意的方式「證明」了羅馬城的古代與中世紀歷史其實是同一段時期，《聖經》中古代的猶大國王跟四世紀的西羅馬帝國皇帝實際上也是同一批人，諸如此類。

不過，他的證明方法卻無法讓其他人滿意。傑森‧科拉維托（Jason Colavito）在2001年版《懷疑論者》（*Skeptic*）雜誌一篇受到廣泛引用的文章中指出，福曼科把在位十六年跟在位九年的統治者劃上等號，或者認為在位二十五年跟在位十六年的是同一個人。⑩福曼科也會把某些統治者硬湊起來，其中有些名字類似──賈斯丁（Justin）和查士丁尼（Justinian），有些根本不像──狄奧多西（Theodosius）和馬爾西安（Marcian）。

傑森‧科拉維托提到，福曼科還把早期的英國國王埃德加（Edgar）及其繼承人殉教者愛德華（Edward the Martyr）混在一起，因為他們的名字「相仿，所以本該合而為一」。這種作法忽略了英國早期有一大堆國王叫埃德加、愛德華、埃德蒙

（Edmund）、埃德維（Edwig）、埃德雷德（Eadred），以及阿爾弗雷德（Alfred）、埃塞爾雷德（Ethelred）、埃塞爾沃夫（Ethelwulf）、埃塞爾伯特（Ethelbert）；雖然當時盎格魯－撒克遜英格蘭（Anglo-Saxon England）的語言中缺乏母音，名字拼起來大同小異，但他們並不是同一個人。科拉維托也略帶挖苦地寫道，不僅如此，「顯然野蠻人都能夠輕易辨別名爲康斯坦丁（Constantine）的十一位皇帝（以及其他名爲康斯坦斯〔Constans〕與康斯坦提烏斯〔Constantius〕的皇帝）」。福曼科讓人覺得像是在把每一塊拼圖撕成自己方便拼湊的形狀。

當然，從某些方面來看，試圖反駁新年代學感覺還滿奇怪的，因爲這基本上等於是要證明歷史發生過，這就像是要你證明天空是藍色的，或者二加二的答案是四。不過，我們還是要強調一下，雖然古代特定事件到底出現於何時，仍有那麼一點討論空間，例如關於數千年前法老王確切登基日期的爭議，不過有充分證據表明，這些事確實是在非常久遠之前發生的。姑且不論大家熟悉且愛用的放射性碳定年法和樹輪定年法，我們還有一系列幾乎完好無缺的錢幣，可爲當今的年代學提供證據，它們最早出現於羅馬共和國，一直使用到1453年君士坦丁堡淪陷爲止。「羅馬」一詞並不如福曼科所言像是種標籤，可以隨意貼到其他地區所發展的文明，例如遙遠的埃及與莫斯科，這個字詞代表了一座真正的城市，以及從其發展出來的文明，有著我們還算熟悉的兩千多年歷史。福曼科錯了。

然而，他的英文版出版商還是在2004年宣告，只要有人能夠證明一件工藝品出現的時間早於西元前1000年，就可以獲得一萬美元的獎金。[11]唯一的麻煩是他們不准使用「考古學、樹輪學、古文字學、碳定年等方法」。我們不太清楚少了這些方式要怎麼證明一個古壺的年代比那更早，是要拿出收據嗎？總之，雖然獎金似乎一直無人領走，但在我們看來，比起確認文物的年代是否有那麼久遠，這場比賽的限制條件透露了更多端倪。

話說回來，有誰會想要重寫人類的歷史，徹底消除過去一千年以外的一切？答案似乎牽涉了羅馬教廷、神聖羅馬帝國，以及自1613年統治俄國直至1917年發生革命的羅曼諾夫（Romanov）王朝。[9]換言之，這個聯盟有天主教徒（東正教在歷史上的主要敵人）、德國人（俄國人在歷史上的主要敵人），以及將祖國母親（Mother Russia）出賣給敵人的皇室。因為新年代學不只是隨機重新安排歷史，它更將俄國重新安排為一切的中心。[12]

在俄國歷史中，莫斯科是「第三羅馬」的概念其實由來已久。第二羅馬當然是君士坦丁堡，它從東方持續統治另一個羅馬帝國將近千年，最後才消滅於西方人手中。君士坦丁堡於1453年遭鄂圖曼土耳其人攻陷時，俄羅斯大公國（Grand Duchy of Moscow）正在東正教世界中崛起，也就順理成章地

自詡為正統繼承者。1547年，恐怖伊凡（Ivan the Terrible）正式加冕為俄國史上第一任沙皇，在距離羅馬將近一千五百英里，距離帝國曾經攻占之領土也超過五百英里的這個地方，有一位俄羅斯國王把自己稱為「凱撒」了。

即使這個想法已於俄國流傳了數世紀，在國外注意到的人卻不多，基本上在東正教世界以外連一個也沒有。這種感覺一定非常討厭，就像你知道自己是救世主，但其他人都不相信。

因此，除了複製貼上的朝代、天文學資料，以及基於頁數計算的文本分析這些東西之外，整件事的重點，就是將「近世莫斯科處於定義文明的帝國之中心」這個概念文字化。福曼科假定有一個巨大但被遺忘的陸地帝國，稱之為「俄羅斯部族」（Russian Horde）。根據他的說法，這個帝國繼承了早先羅馬的光榮（奇怪的是第一個繼承羅馬精神的帝國在埃及），及其傳播文明和基督教的使命。

這正好表示他們周圍的民族其實也都是俄羅斯人，並且擁有共同的歷史，儘管其中有許多民族在他於1980年代晚期寫下理論時，正急著脫離蘇聯。這也表示，雖然成吉思汗的蒙古大軍在十三世紀征服了亞洲及東歐許多地方，於所到之處燒殺擄掠，還對中世紀俄羅斯人造成了精神創傷，但事實上這支身材高大、皮膚白皙、金髮碧眼的游牧民族，看起來就跟俄羅斯人沒兩樣。俄國怎麼可能被外來侵略者踩在腳下，畢竟那些侵略者本來就是俄羅斯人啊？看吧，我沒哭，其實我在笑。

爲什麼我們完全不知道這些事？因爲俄羅斯的敵人，以及那些背叛國家的領袖，封鎖了眞正的歷史。

　　可想而知，當蘇聯解體，俄羅斯的國力也衰弱到數十年未有的局面，這種說法就有可能帶來慰藉。福曼科表示，俄國不僅是文明的中心，基本上它就是文明。第一個由歷史學家公認爲俄國的政治實體——基輔羅斯（Kievan Rus），亦即今日的烏克蘭——出現於九世紀中期。你應該注意到，此時差不多也是福曼科所謂的歷史起源。這很難不讓人懷疑兩件事有關聯。

　　對了，那麼耶穌基督呢？按照福曼科的說法，他是十二世紀的克里米亞人。或者從其觀點來看是個俄羅斯人。不過，你大概已經猜到了。[10]

　　值得注意的是，幾乎全世界都把安納托利・福曼科的理論當成僞歷史（pseudohistory），有聲譽的史學家根本不想爲其背書。西洋棋大師加里・卡斯帕洛夫（Garry Kasparov）偶爾會被視爲支持者，不過他曾經解釋，儘管福曼科的理論確實引發了關於傳統歷史的問題，但他並不認同這個歷史更換計畫；而且，他解釋過好幾次，有時候好像一副很後悔蹚了這渾水的樣子。⑬就算是公然宣傳俄羅斯之偉大，或者重寫關於史達林等歷史的普丁政府，也不會誇張到去擁護俄羅斯部族的概念。

沒有任何名人贊同這個理論。

然而，在網際網路的角落，一些根據福曼科理論所建立的概念，還是得到了熱烈擁護。例如，有幾個活躍的Reddit子板就很關心韃靼利亞（Tartaria）的歷史，那是個巨大的歐亞帝國，一直發展到十九世紀，現在卻從紀錄中抹去了。⑭這是一個多文化與多種族的政體，範圍涵蓋現今北亞許多部分，善於打造宏偉的建築，而且擁有比當時西歐先進許多的技術。在某些比較古怪的說法中，這裡可能住了「食氣者」（breatharian），一種不需要食物或水，而是直接從空氣中獲得能量的生物；⑮在較為缺乏想像力的版本中，這裡就只是巨人的家。

許多相關證據都被一場為人遺忘的「泥石流」災難掩埋了。由於西方列強不想讓人知道世界上曾經有個更進步的地方，所以一直在防止此事張揚出去。隱瞞真相的可能也是俄羅斯，因為他們想要掩飾自己在歷史上對鄰國做過的暴行。豈料中情局竟然在1957年的一份文件中宣傳後者的理論，導致一票被激怒的歷史學家發表意見：無論中情局有什麼本領，如果你想了解歐亞大草原的中世紀歷史，可千萬別去找他們。⑯

之所以會有這些傳言，其中一個理由很簡單，那就是西方忽視了我們不常聽到的這個區域：有些人把地理標示誤認成政治實體，再融入自己隱約記得的游牧民族征服者故事，例如成吉思汗或一個曾經叫帖木兒的人。

但不管怎麼說，比起你根本就不知道的歷史，刻意被掩蓋

的祕密過去肯定有趣多了。正如虛構時間假說，或是保羅‧麥卡尼早在1966年就已經死亡的說法，認為自己所知的一切都錯了，當然比較好玩。不過，倒是沒人知道巨人或食氣者的故事是從哪裡來的。

地平說和虛構時間的理論提醒了我們，在陰謀宇宙的極端區域，整個共識現實的概念都會開始瓦解。受到干涉的不再只有獨立事件，就連歷史本身也變得像謊言了。

我們將討論到，這種思想會主宰二十世紀的陰謀主義。接下來該把光明會的故事說完了。

附註 ————

[1] 如果遇到中世紀歷史學家，千萬別在對方面前提起這個詞，他們可是會跟你打起來的。

[2] 歷史人物拿撒勒的耶穌（Jesus of Nazareth）幾乎可以確定不是在這時候誕生的，他的出生時間大概介於西元前六年至西元前四年之間，不過這個爭議又是另一件事了。

[3] 此處應該要詳細說明一下，因為這實在太令人大開眼界了。樹幹每年都會長出一圈新的樹輪，其寬度取決於樹木生長當時的氣候條件，因此，只要將數世紀前砍下的木材，拿來跟資料庫裡同類型的樹木樣本相比，就可以判定它是在哪一年砍的。真正的科學這麼神奇，你還需要陰謀論幹嘛？

[4] 伊斯蘭世界的許多地方，仍會使用伊斯蘭曆來決定宗教節日，而它的長度只有每年三百五十四天至三百五十五天。要將那些日期轉換成格里曆，真是有趣極了。

[5]《傑森王子戰群妖》也理所當然地認為半人半馬是真的。如果你覺得現代物理學的奠基者做這種事有點奇怪，可別忘了艾薩克爵士還耗費了許多時光試圖找出煉金術的祕密，甚至曾經用一根針刺入眼球與眼窩之間的縫隙，想看看會發生什麼事。他可不是所有著作都能通過同儕審查。

[6] 如今也有另一位尼古拉·莫洛佐夫偶爾會在新聞上出現。他是花式滑冰選手，曾經參與一九九八年冬季奧運，而我們沒理由相信他會對羅馬人所在時代有什麼奇怪的看法。

[7] 尼古拉·莫洛佐夫針對此主題所寫的傑作，使用了極為淺顯易懂的名稱：《基督》（Christ），就跟《歷史：是虛構還是科學？》一樣總共有七冊。是巧合嗎？你來決定。

[8] 當然，羅馬近代史及蒂托·李維寫的羅馬史會有類似形狀，理由非常明顯：李維是最好的參考來源，所以如果他覺得某些年沒什麼好寫的，現代史學家很可能也不會多所著墨。

[9] 此處用了「似乎」一詞：福曼科的許多作品都只有俄文版本，因此我們不太確定這是福曼科本人提出的解釋，或是其支持者粉飾的說法。無論如何，大家就是這麼解讀的，包括支持者和批評者——這方面可以參考瑪琳·拉魯埃勒（Marlene Laruelle）的著作。

[10] 他也是拜占庭皇帝安德洛尼卡一世·科穆寧（Andronikos I Komnenos），可能還是教宗格列哥里七世（Gregory VII）、舊約先知以利沙（Elisha），以及其他許多人。

11 誰主宰世界？（外星蜥蜴人）：
法西斯、反共、光明會與新世界秩序
Who Runs the World?（Lizards）

　　內斯塔・海倫・韋伯斯特（Nesta Helen Webster，以下簡稱內斯塔・韋伯斯特）從小就擁有無法遏制的冒險精神，以及一顆不斷求新求變的好奇心。

　　可惜她運氣不好，在她那個時代，這些特質並不符合社會對於女性角色的期望。她出生於 1876 年，是十四個孩子中的老么，家境富裕，父母又極為虔誠，母親是一位主教的女兒，父親是改信福音派的嚴謹教徒，同時也是巴克萊銀行（Barclays）的大人物。她接受了昂貴的教育，卻無法實現進入牛津或劍橋的夢想，原因是母親認為那些大學的風氣太開放了。十九世紀邁入尾聲時，二十一歲的韋伯斯特告別了西菲爾德學院（Westfield College），為了拓展眼界而踏上一場漫遊世界的旅行，穿越非洲、亞洲及美洲，還接觸了佛教一陣子。

　　但是，韋伯斯特一返回英國，就感到十分沮喪。她已經變得「厭惡無所事事的生活」，也難以接受像自己這樣聰明的年

輕女子竟然缺少發展機會。「當時的女性能從事什麼職業？」後來她這麼寫道。她擔心選擇婚姻的結果會更糟，認為這將「終結所有冒險」。①不過，最終她還是跟自己在印度認識的一名警察閃電結婚。

儘管如此，她仍然想要更多；不是擔任女教師或護士，更不是當個符合社會期望的妻子，過著僵化刻板的生活。她想要做點什麼。內斯塔・韋伯斯特想在世界上闖出名號。

於是，她變成了一名法西斯主義者。

讓我們先把話說清楚：她可不是變得有點像法西斯主義者。不是「哎呀，這年頭無論說什麼都會被當成法西斯主義者，簡直政治正確過頭了嘛！」那種情況。不，韋伯斯特成了徹頭徹尾的法西斯主義者。1920 年代，她在英國法西斯（British Fascists）擔任領導職位，而這個團體最後會合併至奧斯瓦爾德・莫斯利（Oswald Mosley）的英國法西斯聯盟（British Union of Fascists）。她的文章經常出現在極右派著作，例如《法西斯公報》（*Fascist Bulletin*）、《愛國者》（*Patriot*）、《英國雄獅》（*British Lion*）；另外，她也是《晨報》（*Morning Post*）惡名昭彰的系列文章〈猶太威脅〉（The Jewish Peril）的主要撰稿者。所以，沒錯，她是十足的法西斯主義者。

然而，這名心胸開闊、環遊世界並逐漸學會深切尊重各地宗教的年輕女子，並非搖身一變就成為狂熱的反猶太分子。至於她會出現在我們的故事中，是因為她選擇的路線將使「內斯

塔・韋伯斯特」這號人物成為二十世紀最具影響力的陰謀論者。這個路線會讓她創造出各式各樣最新的陰謀論想法，認為有個由全球菁英（從新世界秩序到畢德堡集團）組成的神祕陰謀團體控制了世界。而且這個路線也會經過我們老愛提起的法國大革命。

她必須從事有意義的職業，又渴望開拓新視野，面對如何兼顧兩者的棘手問題，她的解決辦法是當一位作家。結果，她勝任愉快：第一本著作是廣受好評的小說《羊道》（*The Sheep Track*），除了藉此傳達她鄙視女性被迫順從和受到輕浮對待的狀況，也吐露自己想要踏上那條較少人走的路。[1]不過，在她嘗試撰寫非小說的內容時，事情開始出了差錯。

1916 年，她出版了一部作品，描寫薩布蘭伯爵夫人（Comtesse de Sabran）和布弗勒騎士（Chevalier de Boufflers）這兩位法國貴族在革命時代的羅曼史，從此讓自己深深迷戀那段時期。其實，這麼說還太客氣了；她似乎逐漸相信自己在某種程度就是伯爵夫人的化身，而且擁有對於革命的個人記憶。她不只對那段時代著迷，還發展出堅定的信念，認為革命是一種深切的罪惡，甚至覺得那個時期的大部分歷史都是錯的。

韋伯斯特不僅僅想像，而是把自己當成實際活在革命時代的人，試圖解釋那些她覺得不可思議又駭人聽聞的事件。結果她重新找出了蘇格蘭物理學家約翰・羅比森和法國牧師奧古斯丁・巴魯爾於十八世紀出版的著作，並從中發現她所認為的

「眞相」。

1920年，她出版了《法國大革命：民主研究》（*The French Revolution: A Study in Democracy*，以下簡稱《民主研究》），在書中不但成爲民主的反對者，更特別的是，她將光明會促成革命的理論再次帶到新時代。原本可能要逐漸淹沒於歷史中的東西突然重生了。**光明會回來啦，寶貝！**

然而，韋伯斯特並不打算讓亞當．魏薩普的活動及所謂密謀的那一切，停留在十八世紀。《民主研究》只是她生產力爆發期間所打響的第一炮，之後她還會配合自己所處時代的焦慮，調整奧古斯丁．巴魯爾和約翰．羅比森的信念，因而主導了西方陰謀論在下個世紀的走向。在以法國大革命爲主題的這本書推出一年後，韋伯斯特又出版了《世界革命：反文明的陰謀》（*World Revolution: The Plot Against Civilization*，以下簡稱《世界革命》），從中提出她最重要的論點：古往今來的革命皆由「光明共濟會」策畫，而且這類祕密社團一直是形塑世界大事背後那股「可怕、不變、殘酷又極具破壞性」的力量。她將光明會的短暫壽命往前也往後拉長，不但堅稱它仍活躍於二十世紀，更主張它自十二世紀就以某種形式存在，並於敘述時提到了玫瑰十字會（Rosicrucian）與聖殿騎士團（Knights Templar）等團體，這將成爲陰謀史觀的範本，以及丹．布朗（Dan Brown）小說的主題。[2]

這不只是抽象的歷史推測，而是對當前事件的直接反應。

法國大革命對十八世紀的政治體制造成強烈衝擊，1917年的俄國革命也是，而且還在歐洲許多地方引發了類似的暴動。布爾什維克（Bolshevik，註：意思是「多數派」，爲俄國社會民主工黨的一個派別）奪下莫斯科時，韋伯斯特彷彿也看見了她熱愛的法國貴族所感受的恐懼。因此，她貿然做出結論，認爲它們不只在主題上類似，而是確實有關聯，因爲這兩次事件都是由同一批壞蛋策畫，其巨大陰謀跨越了數個世紀。

內斯塔‧韋伯斯特一開始透過反共主義而接納法西斯主義的情況並非特例，許多跟她同時代的人都是這樣。韋伯斯特憎惡布爾什維克及其擁護的一切，認爲法西斯主義就是對抗他們的最佳方式。除此之外，她還相信當時在歐洲許多地方普遍流傳的一種錯誤觀念：「猶太布爾什維主義」（Judeo-Bolshevism），亦即將共產主義視爲猶太人的陰謀，而許多人「只會把猶太人當成革命的罪魁禍首」。[2]

在連結反猶太陰謀論與光明會陰謀論的過程中，韋伯斯特發現了一位神祕的義大利陸軍上尉強‧巴蒂斯特‧西莫尼尼（Jean Baptiste Simonini），他在1806年寫了一封信給牧師奧古斯丁‧巴魯爾，表示亞當‧魏薩普的團體背後有猶太人的勢力。雖然巴魯爾最後不接受這個理論，但在十九世紀期間，西莫尼尼的信件副本一直都在反猶太主義者的圈子裡流傳。[3]

韋伯斯特一搭上法西斯主義的列車，就給予全力的支持。儘管她承認《錫安長老議定書》的眞實性有疑慮，卻還是爲其

辯護；在《世界革命》這本書中，她花了很大的篇幅，不專業地對照了光明會著作、《錫安長老議定書》及社會主義和共產主義文本，以不太具說服力的方式證明它們是同樣的東西。

西元1924年，她在《世界革命》之後出版了最重要的作品《祕密社團與顛覆運動》（*Secret Societies and Subversive Movements*），不僅在其中擴展了自己的理論，還更明確地指出猶太人就是一切的幕後推手。她寫道：「猶太力量造成的嚴重問題，或許是現代世界所面臨最關鍵的問題。」

她還會繼續推出其他書籍和許多文章來發展相關主題，包括1926年的《社會主義網絡》（*The Socialist Network*），這本沒那麼重要的作品有個特點，就是裡頭附了一張展示此網絡的圖表折頁，老早就為我們示範了何謂典型的陰謀論者信念，也就是：只要在一堆隱約看似有關的事件之間劃上連結，你就能證明它們是陰謀。不過，《祕密社團與顛覆運動》仍然是她在主流影響力與名氣方面的巔峰，因為後來她發現自己可能無法成為一位備受敬重的歷史學家，便將注意力逐漸轉移到現實，以組織法西斯主義者為目標。

大家對韋伯斯特作品的看法，算是褒貶不一。真正的歷史學家相當不以為然。美國最重要的歷史期刊《美國歷史評論》（*The American Historical Review*）就認為，《民主研究》「並未超越反動手冊之水準」。該評論還寫道：「可見得韋伯斯特夫人幾乎完全忽視了近年來關於革命的文獻……她絲毫不知道證

據對於歷史研究的意義。」最後的結論是:「寫這本書純粹是浪費時間,很遺憾它竟然還能夠出版。」除此之外,評論者還告誡這本書的問世:「可能會造成莫大傷害」。④

然而,有那麼一段時期,韋伯斯特也在右派中找到了認同自己的讀者。這裡指的可不僅限於極端分子,例如《旁觀者》(*Spectator*)雜誌就對《民主研究》一書讚譽有加,而且韋伯斯特也受邀向英國軍隊發表演說,探討其理論。

從1920年倫敦《週日先鋒畫報》(*Illustrated Sunday Herald*)刊出的一篇新聞報導,或許最能看出韋伯斯特對於當時主流政治思想的影響。報導標題為「錫安主義對上布爾什維主義:猶太人之靈魂掙扎」,內容試圖劃分出所謂的「好猶太人」(good Jews),而在其他猶太人之中最壞的是「國際猶太人」(International Jews)。文章敘述「從宛如斯巴達克斯(Spartacus,註:反抗羅馬共和國的起義軍之領導者)的亞當・魏薩普到卡爾・馬克思(Karl Marx)這段時期」始終有股「懷著嫉妒的惡意」在推動一個「欲推翻文明的世界級陰謀」,並主張這種力量「很明顯參與了法國大革命的悲劇,正如……韋伯斯特夫人所巧妙展示的事實。」此文也宣稱,這個全球性陰謀「主導了十九世紀所有的顛覆運動」,最後歸結到布爾什維主義,指出「其領袖多數為猶太人」。⑤

這篇文章並非由名不見經傳的小報寫手匆促完成。作者可是鼎鼎有名的溫斯頓・邱吉爾(Winston S. Churchill)閣下;

這位未來將成為首相又經常登上最偉大英國人冠軍寶座的人物，在當時擔任的是陸軍暨空軍大臣這個高級內閣職位。

我們現在不是要重新檢討「溫斯頓・邱吉爾：好人或壞人？」這個問題——天哪，別又來了——邱吉爾在數十年公職生涯裡，從事過許多引發爭議的職務，所以對於他，你想挑什麼證據說什麼話都行。當然，鮮少有證據顯示陰謀思維主導了邱吉爾的觀念。不過，這倒是清楚證明了一件事：只要符合政治菁英先入為主的世界觀，就算是早已拆穿的陰謀論，也會被他們輕易採納並藉題發揮。

儘管內斯塔・韋伯斯特的影響力日益衰退，其他人卻很樂意將她的理論發揚光大。當中最重要的人物非昆伯勒夫人（Lady Queenborough）莫屬，她的本名叫伊迪絲・史塔爾・米勒（Edith Starr Miller），是一個家境富裕的紐約社交名媛，擁有大量空閒時間，憎恨猶太人及摩門教徒。米勒嫁給了昆伯勒男爵（Baron Queenborough），對方是一位英國企業家，曾經擔任劍橋的保守黨議員，晚年都在極力宣揚希特勒（Hitler）與佛朗哥（Franco）有多麼偉大；米勒（昆伯勒夫人）則是在貼近法西斯的那段生活中，花了將近十年「研究」祕密社團的歷史。

昆伯勒夫人的著作《神祕的神權政治》（*Occult Theocracy*）共有兩冊，在1931年及其死後的1933年出版，跟韋伯斯特的

《祕密社團與顛覆運動》並列陰謀文學的經典，內容不斷提及德魯伊教徒（druid）、巫術、撒旦崇拜者、聖殿騎士、玫瑰十字會等元素，為此理論的神祕歷史傳說奠定了更深的基礎。

昆伯勒夫人協助韋伯斯特的理論跨越了大西洋。而讓這些理論在美國占有一席之地的人，則是傑若・溫瓦（Gerald Winrod），他是浸信會牧師、陰謀論者，更是堅定的反猶太主義者，有個為人熟知的外號叫「堪薩斯納粹」（Jayhawk Nazi），後來因為公開熱情支持希特勒，差點在1944年被判處煽動叛亂罪。溫瓦將韋伯斯特的分析，以及她對奧古斯丁・巴魯爾和約翰・羅比森的重新詮釋照單全收，並且廣泛引用這三個人的言論。他強調「整件事就是猶太人的陰謀」，也堅稱卡爾・馬克思是「根據亞當・魏薩普的著作來改修自己的學說」。他在1935年出版了一本薄薄的書，探討「邪惡天才」與「道德變態」，而從其標題大致就能看出他的態度：《亞當・魏薩普：人魔》（*Adam Weishaupt: A Human Devil*）。[6]

把陰謀論植入反共的美國右派邊緣這項舉動相當重要，因為不到幾十年後，關於光明會的陰謀論又會再度興起。隨著布爾什維克革命（Bolshevik Revolution）的衝擊消退，再加上納粹主義的威脅崛起，韋伯斯特和她那些法西斯分子的市場也有點萎縮了。可是，隨著二十世紀的歷史稍微推進，不久，鐘擺又盪了回來，反共主義再次成為搶手貨。

這次的始作俑者叫威廉・蓋伊・卡爾（William Guy

Carr，以下簡稱威廉・卡爾），曾經當過潛艇兵，雖然出生於英國蘭開夏（Lancashire）的福姆比（Formby），後來卻爲加拿大海軍到海面下服役。卡爾一接觸到在1930年代早期流行的光明會理論後，花了二十年時間，以傳統方式針對該主題「自行研究」，推出了一系列相關書籍，最早爲1955年的《棋中之子》（*Pawns in the Game*）和《紅霧罩美》（*Red Fog Over America*），這些作品從韋伯斯特、昆伯勒夫人和其他人物身上汲取靈感，創造出一種氣味濃烈的大雜燴，裡頭都是只有部分相關的陰謀論概念，例如指控被這個陰謀害死的人，不只有林肯，還包括了查理一世（Charles I）、開國元勛亞歷山大・漢彌爾頓（Alexander Hamilton）、威廉・麥金利（William McKinley）總統、法蘭茲・斐迪南大公，可能還有最著名的耶穌基督。

威廉・卡爾的影響很深遠，他的書大受歡迎（據說《棋中之子》賣了五十萬本左右），而且他也修改了光明會的理論以配合當前的時代。他不但維持著前人對於反共主義的熱情，更擷取了左派的陰謀構想，將這兩方面結合起來，一起攻擊美國的宗教傳統（正如《棋中之子》的出版社推薦語：「國際共產主義者和國際資本主義者……爲了擊敗基督教民主主義而暫時聯手。」）他將光明會塑造成猶太教（Judaism，這個團體經常被稱爲「猶太光明會」）的前鋒，接著又把猶太教描寫成撒旦教的前鋒。《棋中之子》也花了許多篇幅探討所謂的「帕拉丁

主義」（Palldium），據說這是共濟會的撒旦教分支；對於威廉・卡爾來說有點可惜的是，關於帕拉丁信徒的一切，全部都是一個名叫里歐・塔西爾（Léo Taxil）的法國騙子在1880年代虛構出來的——這又再次證明了玩笑不能隨便亂開。[3]

此外，卡爾的書算是最早使用「新世界秩序」一詞，藉此描述其所謂陰謀的終極目標：建立一個世界政府。這個概念會被下一位陰謀名人堂的得主發揚光大，爲您隆重介紹羅伯・威爾許（Robert Welch）。

羅伯・威爾許是個美國商人，靠銷售糖果賺了大錢，對共產主義這件事有極爲強烈的個人意見。簡單來說，就是他一點也不喜歡。1958年，威爾許建立了約翰・伯奇協會（John Birch Society），而約翰・伯奇是一個不幸的美國陸軍情報員，曾經當過傳教士，1945年，在中國跟共產黨部隊發生了一場衝突後被處決。在威爾許那種善惡對立的世界觀裡，伯奇是對抗共產主義大戰之中第一位犧牲生命的美國人。

在約翰・伯奇協會誕生之前，美國已經長期處於陰謀主義的氛圍裡，表現出來的形式包括了紅色恐慌（Red Scare）和約瑟夫・麥卡錫（Joseph McCarthy）參議員的獵巫行爲（註：他在1950年代提出共產黨滲透了美國政府的論點）。雖然民意及主流政治逐漸認爲麥卡錫爲了根除（眞實和想像的）共產主義者而做得太過分，羅伯・威爾許卻認爲這樣還不夠。他確信

「共產主義⋯⋯完全是陰謀，是個奴役全人類的巨大陰謀」，⑦並下定決心讓約翰・伯奇協會站在反抗的第一線。

不過，這就跟許多強效藥一樣，狂熱反共所帶來的興奮感，最後也無法讓人滿足了。到了 1960 年代初期，羅伯・威爾許開始確信光是用一個龐大的共產主義陰謀，已經不足以解釋當前的世界大事，於是⋯⋯沒錯，你猜對了，他開始**自行研究**。1964 年，他揭露了自己所發現的全新真相：站在陰謀金字塔頂端的並非共產黨員。他寫道，事實上「共產主義運動只是整個陰謀的一項工具」。

你猜得到所謂的整個陰謀是什麼嗎？

羅伯・威爾許重新提出的光明會理論，基本上就是直接修改內斯塔・韋伯斯特的作品：共產主義只是一個分支，隸屬於一項可追溯至將近兩個世紀前的光明會陰謀，這項陰謀據稱在該團體瓦解之後仍然持續進行，這一切「在羅比森和牧師巴魯爾詳述之歷史中，均已清楚證明」。（順帶一提，他只提了韋伯斯特、羅比森和巴魯爾的歷史資料來佐證。）不過，威爾許也開始創造自己的術語，將光明會火焰的現代繼承人稱為 "INSIDERS"（圈內人之意），這是「陰謀力量的內部核心，能夠指揮並控制觸及全世界的顛覆運動，他們狡猾無比，生性殘忍，對其策略擁有極度的遠見及耐心」。

威爾許重新提出韋伯斯特的理論時，添加了許多自己的見解，其中很多在未來都會成為右派陰謀觀點中的支柱。

INSIDERS（不知道爲什麼一定要大寫）的終極目標是「將所有剩下的美國主權交給聯合國，並讓共產主義的單一世界政府使用外國部隊來『控管』我們的國家」，以威廉‧卡爾爲榜樣的伯奇派人士，之後會將這種事態稱爲「新世界秩序」。INSIDERS變成沒有特定形體卻又萬用無比的敵人，讓威爾許和盟友可以把他們討厭的任何事物貼上標籤，包括影響力甚大的美國外交關係協會（Council on Foreign Relations）和在水中加氟，這兩件事到今天仍然是陰謀宇宙裡的要角。

在巔峰時期，約翰‧伯奇協會擁有超過十萬名成員，而且在美國共和黨政治中勢力極大。不過，正如先前其他某些團體所經歷過的情況，只要影響力增加，就很容易成爲衆矢之的。伯奇派人士瘋狂胡亂猜疑，願意指控任何人參與陰謀，甚至包括現任的共和黨總統，而這些特點讓他們樹立了一堆敵人。其中最重要的是，曾經睿智帶領共和黨數十年的大老威廉‧巴克利（William F. Buckley）。巴克利向伯奇派人士開戰，決心不讓他的政黨走上法西斯的路線。整體來說，巴克利贏了；雖然協會在1970年代仍然活躍並具有影響力，卻無法成爲共和主義的支配力量，最後也進入一段持續衰退的時期。

儘管如此，約翰‧伯奇協會長久以來在針對美國左派的偏執想像中，還是發揮了過度的影響力，有時候甚至讓人覺得他們幾乎就像是光明會。最明顯的例子在第五章提過，就是李‧哈維‧奧斯華在刺殺甘迺迪的前幾個月，曾經試圖在約翰‧伯

奇協會資深成員艾德溫‧渥克的家中刺殺他（結果並未成功）。多年來，大家普遍害怕該協會持續在暗地裡操弄或是有可能復甦，所以你偶爾會在媒體上看到以「約翰‧伯奇協會回來了」為主題的各式文章。火上加油的是，佛雷德‧科克（Fred Koch）曾為該協會的創始成員，而他的兒子查爾斯‧科克（Charles Koch）和大衛‧科克（David Koch）經營科氏工業集團（Koch Industries），是一系列右翼事業的大金主，也是美國左派仇敵清單中一直以來的大壞蛋。

某些地方可能說得誇張了點，不過至少有一點可以肯定，那就是該協會的權力再也回不到1960年代的全盛期了。從意識型態來看，川普政府與伯奇派人士確實有許多相似之處，這是美國有史以來最接近伯奇派路線的政府，而羅伯‧威爾許協助在美國右派中植入的陰謀論，基本上也就是許多川普支持者的世界觀。可是整體而言，該協會的實力已經大不如前，除了成員人數極少，真正的影響力也相當有限。它的概念或許壯大了，但它本身卻沒有。再說，共同的想法跟陰謀是兩碼子事，儘管奧古斯丁‧巴魯爾並不這麼認為。

總之，在1960年代處於巔峰的伯奇派人士，的確是一股不容小覷的力量。不過，後來發生了意想不到的事。

在這裡，我們要講另一個你可能聽過的光明會故事，以及他們如何成為陰謀的代名詞。其實，這一切就只是因為一個失

控的玩笑。以某個網站上寫的內容來說，就是「所有光明會陰謀論都源自於1960年代的一場嬉皮惡作劇」，[8]可是後來人們把這場惡作劇看得太認真，情況便愈演愈烈。這個理論還得到了一些支持：它在英國廣播公司（BBC）的一篇文章中被當成事實陳述，[9]而知名紀錄片製作人亞當・柯蒂斯（Adam Curtis）也在他的2021年系列影片《難以忘懷：現代世界情感史》（*Can't Get You Out of My Head: An Emotional History of the Modern World*）中再次提及。

當然，這並非事實。正如我們所見，從1790年代的奧古斯丁・巴魯爾和約翰・羅比森，到後來的韋伯斯特、傑若・溫瓦與羅伯・威爾許之間，有著一段毫不間斷的連鎖影響，而這段連鎖影響也繼續深入了現今的陰謀論。這就是現代所有陰謀論的基礎：每個階段都有非常認真看待它的重要角色。

話說回來，這當中的確有幾分事實。在威爾許和伯奇派人士深信光明會理論的幾年後，他們觸發了一種反應，將此陰謀論的概念從反動右派移植到左派的反文化，接著再從左派反文化轉移至主流文化。這裡所謂的反應就是指「腦殘行動」（Operation Mindfuck）。

此事起源於混沌教派（Discordianism），這是一種荒謬主義者的偽宗教，崇拜混亂，由反文化作家葛雷格・希爾（Greg Hill）和凱瑞・索恩利（Kerry Thornley）於1960年代早期創立。而索恩利在1968年跟同教派的作家兼記者羅伯特・安

東·威爾森（Robert Anton Wilson，以下簡稱羅伯特·威爾森）一起發起了腦殘行動，用最簡單的話來說，就是一種製造混亂的長期運動，其形式爲一連串僞造的報載文章以及寄給顯要人物的惡作劇信件，企圖傳播一個信念：在美國發生的一切事件，幾乎都跟光明會有所關聯。

羅伯特·威爾森對陰謀主義的興趣源自他在《花花公子》（*Playboy*）的編輯工作，當時他負責的是讀者回信部分，不得不閱讀偏激分子寫的東西，而那些受到羅伯·威爾許啓發的想法，全都激動地堅稱光明會確實存在，或者如同威爾森後來形容的，是「那些想像著光怪陸離陰謀的人，在那裡疑神疑鬼地嚷嚷著」。有一天，威爾森跟同事鮑伯·席亞（Bob Shea）在閒聊，其中一個人隨口說：「我們就假設那些瘋子是對的，還有他們抱怨的每一個陰謀都確實存在。」[10]腦殘行動的前提就這麼誕生了。

至於凱瑞·索恩利會對陰謀主義感興趣，原因就直接多了：他和李·哈維·奧斯華曾經一起服役，所以很熟，甚至於1962年寫了一本關於奧斯華的書，這大概是在甘迺迪遭到射殺之前，唯一一本以奧斯華爲主題的著作。索恩利寫的這本書，讓他遭到華倫委員會傳喚作證，緊接著又被拖進陰謀論者吉姆·蓋里森檢察官的案件中，最後的結果是索恩利因爲堅稱退伍後未曾與奧斯華聯繫，而被蓋里森依僞證罪起訴。碰上這種事，難怪他會對陰謀論的領域產生一點興趣，也難怪有人會

相信陰謀論。[4]

在散布光明會理論這方面，並無大量證據顯示初版的腦殘行動比約翰·伯奇協會更厲害（不過，羅伯特·威爾森確實主張他們成功地讓激進分子燃起了一些興趣，並在其自傳中寫道：「從極右派到超左派的刊物，到處都開始出現新的光明會爆料內容。」）。後來，這種情況改變了，原因是威爾森和鮑伯·席亞合作把腦殘行動的基本設定，轉換成了系列小說：《光明會三部曲》（*The Illuminatus! Trilogy*）。

《光明會三部曲》是一套雜亂無章、駭人聽聞的科幻架空歷史作品，描繪一個幻想世界，在那裡基本上所有陰謀論都是真實的（如果還有「真實」這種概念的話）。這套小說於1975年首次出版，逐漸成為邪典之作，經過一陣子後意外爆紅，最後變成了真正的暢銷大作。它吸引了各式各樣的熱情讀者，而威爾森將這些讀者形容為「抱持不可知論的異端分子」，他們是一群萬用的無神論者及懷疑論者，拒絕接受主流說法，認為自己大規模地遭到欺騙，但在看待陰謀論時的態度也是如此輕蔑。他寫道，這三部曲的書迷往往會「懷疑有人能夠精明到猜出真相，或是猜到誰統治了這顆星球，甚至到底有沒有人在統治」。

從這個觀點來看，我們無法確定有多少人因為威爾森的作品而真正成為光明會陰謀的信徒。不過，這三部曲確實幫上了忙，將右派邊緣的概念引進主流，並扮演關鍵角色，使光明會

同時成為流行文化現象以及真正的陰謀信念。別的不說，很可能就是因為這三部曲，尤其是第一冊《金字塔之眼》（*The Eye in the Pyramid*），大家才會普遍認為美國國徽中由金字塔和眼睛結合起來的那幅著名意象，其實是光明會的標誌。

其實不是！這個所謂的「上帝之眼」（Eye of Providence）跟巴伐利亞光明會一點關係也沒有，它只是早期現代宗教意象中一種流行的描繪方式，用以代表干預世事的神永恆存在，靈感來源則是埃及的象形文字。光明會的確有個標誌，就是：⊙——這個圓圈中心有一點的圖案叫"circumpunct"，意思可能是「太陽發出光芒照亮外圈」。[11]成員在通信時會使用此符號而非直接寫出「光明會」，但這個超祕密的代碼根本掩飾不了他們所做的一切。

不過，就在羅伯特・威爾森和夥伴忙著譏諷一切人事物之際，經過羅伯・威爾許改造而留下的光明會神話，仍繼續發展著。在政治鬥爭與文化戰爭的推波助瀾之下，威爾許的陰謀論變成了一種實用的臨時架構，可以搭配任何討厭的主題，因此，陰謀中的陰謀就這樣以缺乏證據的方式層層疊起，有如一個俄羅斯娃娃。超陰謀的時代誕生了。

最明顯的例子來自伯奇派內部：協會成員蓋瑞・艾倫（Gary Allen）與賴瑞・亞伯拉罕（Larry Abraham）於1971年出版的《沒人敢說是陰謀》（*None Dare Call It Conspiracy*）。

這本書很特別，原因有幾個。首先，它非常暢銷，在1975年總統大選期間就賣了四、五百萬本。為其寫序的是一位現任國會議員，對方還提醒說會有強大的力量企圖「扼殺」這本書，而且「『專家』會藉由嘲笑，試圖阻止你去調查書中的資訊是否為真」。⑫

《沒人敢說是陰謀》的另一個特點是，它以超前時代的方式取得成功，而這些作法為現代政治競選運動建立了許多基礎。它幾乎只透過郵購販售，也會鼓勵讀者多訂幾份，好將信息傳播給他們認識的人。（它在開題就寫著：「也許你透過郵件收到了這本書。這是一位讀過此書又關心情況的美國人所送的禮物。」）這就是我們今日所謂網路爆紅的早期範例。不只如此，蓋瑞・艾倫還利用郵購資料建立起一份龐大的郵寄名單，如此一來，他就可以繼續將自己的訊息直接傳達給那些可能相信其理論的人。⑬

《沒人敢說是陰謀》之所以在光明會陰謀論進化過程中，成為令人關注的里程碑，還有最後一個理由：它幾乎未曾提過光明會。這本伯奇派人士的著作，引進羅伯・威爾許所創的術語 "Insiders"，就這樣沿用下去（不過他們沒維持全部大寫了）。書中的架構一模一樣，有一項追溯至法國大革命的陰謀，以及利用共產主義實現建立單一世界政府的終極目標。如果你知道威爾許所謂的 "INSIDERS" 實際上等同於「光明會」，那麼你就可以看出其中的關聯。但這個團體在書中只被

提到幾次，多半也用於主張卡爾·馬克思的《共產黨宣言》（*Communist Manifesto*）完全抄自原版的光明會教戰手冊，而且據說是奉某個光明會掩護團體之命所寫的。

從蓋瑞·艾倫和賴瑞·亞伯拉罕所寫的這本書開始，光明會理論跟歷史上的光明會就變得毫不相干，而那些顯然受到光明會啓發的理論中，也不會有近世巴伐利亞地方政治的繁瑣細節。實際上，這本書花了許多篇幅在談論一個超陰謀宇宙，裡頭都是我們現在很熟悉的目標：所得稅、中央銀行與國債、外交關係協會、聯合國、主宰西方金融界的羅斯柴爾德（Rothschild）家族和洛克斐勒（Rockefeller）家族、即將實現「新世界秩序」的計畫，這些全都是圈內人宏大陰謀的一部分。[5]

蓋瑞·艾倫的書發行幾年後，戴·葛里芬（Des Griffin）就推出了另一個版本，他於1976年出版《富人的第四帝國》（*Fourth Reich of the Rich*），基本手法是將光明會的歷史往前延伸，一直延伸到，呃，合理的時間點：他把《以賽亞書》中的路西法（Lucifer，註：《聖經》中文和合本譯爲「明亮之星」）被逐出天堂，視爲光明會陰謀的最早起源。這就像威廉·卡爾之前發表的作品，很明顯是從宗教的層面來詮釋光明會傳說；傳說中，光明會是撒旦的陰謀，由《聖經》人物寧錄（Nimrod）在古巴比倫建立，而天主教會延續了古代巴比倫人的異教。這結合了兩派理論，一派來自奧古斯丁·巴魯爾等人，另一派則來自蘇格蘭長老會神學家亞歷山大·希斯錄（Alexander

Hislop）於1850年代傳播的反天主教陰謀論者小冊。戴・葛里芬並不是第一個結合這些理論的人，事實上，這正是「堪薩斯納粹」傑若・溫瓦在1930年代與1940年代最喜歡做的事，他的月報《捍衛者》（Defender）就不斷提及了巴比倫和寧錄。[6] 不過，葛里芬更新了溫瓦和威廉・卡爾的理論，並且播下了種子，讓基督教右派（註：美國極保守的政治派別）產生一系列豐富的陰謀論，將政治陰謀以及對於經文的禍福詮釋融合起來，最後讓人們相信全民健保的提案就是世界末日的前兆。

這種情況於1990年代達到高峰，政治基督教的陰謀論經常以預示大災變的形式出現，在美國政治的激進右派中扮演重要角色。最極端的例子包括了泰克斯・馬爾斯（Texe Marrs），這位前美國空軍軍官對光明會理論的闡釋，幾乎完全脫離了其歷史起源。對馬爾斯來說，光明會就是路西法的大軍，他們有一項反基督教的超陰謀，堅決創造出新世界秩序，而這將會實現《聖經》的預言，並引發光明與黑暗力量的最終大戰。

然而，這項運動也留下了一種顯著而普及，且堪稱為主流的足跡。最好的例子就是電視福音布道家以及未來將成為共和黨總統參選人的派特・羅伯森（Pat Robertson），他在1991年出版的《新世界秩序》（New World Order）是《紐約時報》暢銷書，為廣大讀者帶來了一種低脂版本的陰謀論。

派特・羅伯森不像馬爾斯等人採取比較極端的觀點，但還是納入了這項運動七十年來所創造的為人所知的許多參考點。

光明會還是要為法國大革命負責；共產主義只是稍微修改了內容的光明會宣言；從那時起，一切都圍繞著同樣的核心陰謀運轉，包括羅斯柴爾德家族、布爾什維克、聯準會（Federal Reserve）、美國外交關係協會等。針對光明會歷史與後來的世界革命，派特·羅伯森也引用了約翰·羅比森和內斯塔·韋伯斯特的作品當作證據。

派特·羅伯森在1990年代獲得了足夠的主流影響力，導致他陷入不少麻煩，例如《紐約時報》和《紐約書評》（New York Review of Books）等媒體發表專文，指出他引用了一位法西斯主義者的言論，其理論也帶有強烈的反猶太情緒。

從許多方面來看，派特·羅伯森的作品代表著光明會理論兜了一大圈又回到原點，不過在經歷兩個世紀的社會變遷後，當中的意義就截然不同了。奧古斯丁·巴魯爾和派特·羅伯森的論點其實非常類似：社會的自然秩序就是基督教神學的規則，而散布任何與之牴觸的觀念都算是陰謀。不過，巴魯爾的陰謀論是要為菁英階層辯護，也表達了他很擔憂人民有權的政治模式興起，但羅伯森的陰謀論卻是害怕菁英階層會密謀壓抑人民的自由。巴魯爾擔心即將到來的世界；羅伯森則回顧過去，想知道一切是從哪裡出了差錯。（當然，羅伯森是個大富翁，擁有自己的電視網，所以某些人會覺得他對菁英階層的譴責有點偽善，但他的觀眾似乎不在意。）

在千禧年即將到來的那段期間，基督教保守派提出了最具影響力的光明會理論，但他們並非唯一這麼做的群體。另一個派別不但也採用戴・葛里芬理論中那些明顯的撒旦元素，更加油添醋地納入新的特點，讓理論胡亂往別的方向發展，其影響範圍會遠遠超出激進右派狹隘的意識型態社群，吸引到不同類型的信徒。

1970年代不僅是政治與宗教領域陰謀論開始結合為超陰謀的時期，也萌發了一場野心勃勃並大幅擴展陰謀電影宇宙的跨界活動。情況在1980年代達到高峰，接著繼續對1990年代的政治和文化發揮深遠影響。這場跨界活動融合了兩個要素，分別是美國右派以光明會為靈感的新世界秩序理論，以及另一套截然不同的信念：幽浮學（ufology）。

乍看之下，你應該不會覺得這兩者是天生一對。一邊是人們積極為天空中的光源尋求意義，一邊是針對地球上各種觀念之爭的偏執詮釋，雙方似乎風馬牛不相及；外星人的存在與透過《聖經》所建構的理論似乎特別不搭調。

顯然他們並不會因此卻步。對於幽浮的信念雖然總帶有陰謀元素，不過自1970年代晚期以來，對於政府掩飾真相的普遍指控，已經發展成了更完整（也更邪惡）的陰謀論，包括牲畜肢解、綁架、會消除記憶的黑衣人，以及跟超自然邪惡力量合作的統治階層。幽浮社群為其陰謀論所獨立創造出的架構，跟現今已大幅擴張的光明會新世界秩序陰謀宇宙之間，就有許

多相同元素（而且經常跨界通用）。

正如麥克‧巴昆在《陰謀文化》一書中所述，這兩種說法的連結爲雙方團體都帶來了好處。對於相信新世界秩序的幽浮學家而言，他們得到了一個設計更爲完整的陰謀，當中充滿了內容豐富的背景故事和各式各樣的角色。至於來自激進右派以及美國迅速發展的民兵運動中那些陰謀論者，則有可能使其概念觸及更廣大的群眾——我們在第六章提過，相信有幽浮的人數其實占了不少比例。

這場收穫甚豐的跨界活動，由一位名叫米爾頓‧威廉‧庫柏（Milton William Cooper，以下簡稱米爾頓‧庫柏）的陰謀論者主導，他是協助光明會理論跳脫極端右派侷限的最大推手，也讓此理論觸及了更廣泛的受眾。他於1991年出版的《看那蒼白騎士》（Behold a Pale Rider）至今仍得到右派分子的喜愛，許多民兵團體也把它當成重要的作品。本書的粉絲還包括了提莫西‧麥克維（Timothy McVeigh），這位白人民族主義者在1995年炸毀奧克拉荷馬市（Oklahoma City）的艾佛瑞德‧P‧莫拉聯邦大樓（Alfred P. Murrah Federal Building），奪走了一百六十八條人命。

然而，米爾頓‧庫柏的影響力不僅如此。他的書最早是在監獄裡開始流行，其傳達的無情體制世界觀，明顯得到了共鳴。後來，據說它是巴諾書店（Barnes & Noble）有史以來最常被偷的書。他也在一些黑人社群中找到了堅定的信眾，更成

為許多嘻哈大明星的標竿，像是全民公敵組合（Public Enemy）、武當幫（Wu-Tang）、吐派克、納斯（Nas）、傑斯（Jay-Z）等名人，都曾在歌詞中提及他的著作。庫柏對流行文化的影響也未就此止步，《X檔案》有大量情節就是直接取自庫柏的世界觀。

　　《看那蒼白騎士》的理論基礎是⋯⋯呃，這很複雜。米爾頓・庫柏從二十世紀主張光明會陰謀的所有派別中，任意擷取了自己想要的論點。這本書採納了內斯塔・韋伯斯特和昆伯勒夫人的說法，把光明會的歷史往前延伸至聖殿騎士團；依循威廉・卡爾及戴・葛里芬的路線，大剌剌地將這項歷史陰謀與撒旦連結起來；接受了葛里芬的主張，聲稱《錫安長老議定書》其實就是光明會的著作。這本書還扯進了畢德堡集團和外交關係協會這類國際主義政治的代表性團體，就跟羅伯・威爾許、蓋瑞・艾倫與伯奇派人士的作法一樣。更重要的是，這本書引進了幽浮理論，宣稱光明會從二十世紀初期就在密謀偽造外星威脅，藉此實現新世界秩序，同時也告訴大家，外星人真的存在，而光明會跟對方有勾結。對了，它還指出甘迺迪會被殺害，是因為他正要揭露這場外星人掩飾行動（這也是《X檔案》借用的概念之一）。

　　米爾頓・庫柏的幽浮理論中，有一個關鍵要素叫「**第三選擇**」（Alternative 3），這大概是目前最厲害的例子，證明了**基本上只要你製造出騙局，就一定會有人相信**。根據第三選擇的

設定，在即將發生的環境災難威脅下，地球的統治階層早就開始執行計畫要拋棄這顆星球，以及大多數的人口。月球與火星上的殖民計畫正在進行中，而那些政治領袖和超級有錢人隨時都可能會搭上他們的太空船，丟下我們自生自滅。（這當中根本沒提到外星人，不過你可以看出這很符合主張政府跟小灰人合作的幽浮理論。）

整件事的重點在於：《第三選擇》是1977年於英國獨立電視台播放的一部電視劇。此齣劇的本意並非要讓任何人信以為真。這只是一種好玩（也許稍微省略了某些部分）的傳統，有些英國電視節目會一本正經地惡作劇，把內容製作成紀實文學，再由受信賴的新聞與紀錄片主持人呈現。這一切始於理查・丁伯比（Richard Dimbleby）在1957年用「義大利麵樹」開了個差勁的愚人節玩笑；這類節目在英國廣播公司於1992年萬聖節播出《看鬼去》（*Ghostwatch*）之後，就大幅減少了，因為這個所謂的超自然調查直播節目，讓一整個世代的英國孩子受到心靈創傷，[7]據說還有位觀眾心臟病發身亡，引起了一陣媒體撻伐。

問題是，《第三選擇》就跟以義大利麵樹為主題的節目一樣，本來應該要在四月一日播放，但遺憾的是播放時間被延後，一直到六月二十日才播出，而國家電視頻道在這種日期播放的節目，通常不會被視為惡作劇。

這齣虛構的戲劇會被當成事實，部分原因或許是觀眾產生

了某種程度的文化混淆。劇中有許多「科學家」都是由英國電視節目知名演員所扮演（而且片尾的演員名單也列出了他們），所以大家應該可以明顯看出這其實不是紀錄片。在《看那蒼白騎士》出版的1991年，大多數英國觀眾在看到《第三選擇》影片中的陰謀首腦「卡爾‧格斯坦博士」（Dr Carl Gerstein）時都會說：「看哪，他也在那齣愛開黃腔的納粹情境喜劇《法國小館兒》（'Allo 'Allo!）裡扮演過馮‧斯特羅姆上校（Colonel Von Strohm）。」[8]很可惜的是，大西洋彼岸的英國表親缺少了這些重要的背景知識。或許就是因為如此，米爾頓‧庫柏才會斬釘截鐵地在書中寫道「《第三選擇》是事實。它不是科幻作品。」（但它就是科幻作品。）

就像他們說的，庫柏的理論涵蓋範圍很廣。順帶一提，之前說的只是跟幽浮和光明會有關的內容。我們都還沒提到人類免疫不全病毒是消滅少數群體的陰謀，而這個概念也找到了信徒，很遺憾其中有一位還曾經是南非衛生部長。

結果，這種亂槍打鳥的方式：從各式各樣的理論中擷取不同的陰謀，不在乎是否符合邏輯或意識型態，讓米爾頓‧庫柏的作品大獲成功。他的作品真的很符合大家的胃口；來自各行各業處於不同政治光譜上的人，都能在某方面找到共鳴。因此，從羅伯特‧威爾森和《光明會三部曲》以來，庫柏幾乎算是將廣大陰謀宇宙帶入主流的最大推手了。

（之前發生過一次讓陰謀論者覺得好到難以置信的歷史巧

合。1991 年 11 月，米爾頓・庫柏在亞特蘭大出席一場會議時，羅伯特・威爾森正好也是來賓。根據在場人士的說法，庫柏徹底失控地朝威爾森大吼：「你覺得一切都是個笑話，對吧？」──老實說，這句話還滿正確的──接著又說：「儘管笑吧。你很快就會發現這有多好笑了。」）⑭

米爾頓・庫柏可以從一整個世紀的陰謀論者傳統中選擇迥然不同的特點，把它們打造成能夠吸引注意力（但不一定前後一致）的成套說法，迎合各種政治取向，而這就是我們要探討的最後一點，亦即光明會從巴伐利亞醜聞到統治世界這段奇異旅程中的最終站。正如《第三選擇》，這件事也是從英國電視開始的。

大衛・艾克（David Icke）原本是一位可靠的英國廣播公司運動節目主持人，後來卻成為以救世主自居的陰謀論者，箇中原因跟千禧年前的英國文化有關，卻跟英國電視主持人吉米・薩維爾或是情境喜劇《法國小館兒》一樣，很難向美國人或是二十五歲以下的人解釋清楚。

當然，在現今的時代，如果你想看電視上的名人在現實中失控，只要登入推特就行了，那裡的例子多不勝數。不過，在 1991 年 4 月，當大衛・艾克參加泰瑞・沃根（Terry Wogan）在英國廣播公司第一台的談話節目，面對一群困惑且嘲笑他的觀眾，情況就不一樣了。要是名人發脾氣，通常只會私下解

決。他們不會在黃金時段上節目澄清，雖然他們並未宣稱自己是上帝之子本身，但確實跟耶穌基督一樣展現了神性。這正是艾克的作法。

1980年代晚期和1990年代初期，對大衛‧艾克來說是一段動盪的時期。他因為不打算付人頭稅而離開了英國廣播公司的工作；他很快就當上綠黨（Green Party）的主要發言人，而這個政黨因為主流政治議題開始關注環保而突然大受歡迎；他也認真投入靈學，跟妻子和一位被他弄大肚子的靈媒維持過一段短暫的三角關係。他開始只穿綠松石色的衣物，因為綠松石色的能量跟愛與智慧的能量頻率相同，另外他還開始發表由超自然存在傳達給他的預言，預測英國很快就會發生重大的地質災難。

這一切都顯示大衛‧艾克有別於內斯塔‧韋伯斯特、羅伯‧威爾許或派特‧羅伯森，是來自非常不同的政治光譜。從落袋式撞球運動司諾克的播報員，轉換成非傳統思想家的初期，他肯定是左派的，關心貧窮與環境，也反對戰爭以及有組織的宗教。[9] 他算是一般稱為「新時代」（New Age）哲學的擁護者，這種組織鬆散的運動追求「氛圍」，也有一套連貫的信念，著重水晶與治療的程度，就像其他人著重於幽浮和全球騙局一樣。艾克在展現神性之後所出版的前幾本書，都是依循這種模式，還取了《真相的共鳴》（*The Truth Vibrations*）和《愛改變一切》（*Love Changes Everything*）這類書名；其焦點

主要放在靈性、超自然、麥田圈等議題上，而非陰謀世界。[10]

可是，當大衛・艾克接觸到右翼陰謀論者的政治世界觀後，卻對他們宣揚的理論照單全收。艾克在1994年出版的《機器人的反叛》（*The Robots' Rebellion*），是他第一本冒然投入陰謀主義的著作，書中完全接受並擴充了韋伯斯特、威爾許及其後繼者所發展的概念。根據本書的解釋，歷史長久以來都受到祕密社團操控，而光明會是一切的中心，是菁英中的菁英，在由相互聯繫的陰謀所構成的金字塔中位於頂端，艾克則將其稱為「兄弟會」（the Brotherhood）。他提供了一段簡介做為超陰謀世界觀的背景，他寫道：「在光明會的層級，所有祕密社團都變成了同一個組織。」⑮

正如韋伯斯特之後的陰謀論者，大衛・艾克也將光明會的存在時間往前推移，追溯其起源至十四世紀，將宗教改革之類的活動歸咎於他們（當然，一切的目的都是為了製造衝突）。而他也跟韋伯斯特一樣，認為《錫安長老議定書》準確描述了世界的情況，但他在一開始還依循了戴・葛里芬和米爾頓・庫柏的作法，將《錫安長老議定書》的來源推給光明會（他稱之為「光明會議定書」），試圖規避反猶太主義的控制。他堅決表示，所描述的「不是猶太人的陰謀，再次重申，不是」。⑯後來，這種劃清界線的情況愈來愈少，而他的著作中也出現愈來愈多明顯的反猶太內容。[11]

在大衛・艾克的信念之中，最著名（也最多人聽過）的主

張，或許是來自四維空間的變身蜥蜴外星人統治了世界。這個概念一直要到1999年《最大的祕密》（*The Biggest Secret*）出版後，才會成為他的理論主軸，而這本令人眼花繚亂的作品，也嘗試將眾多陰謀信念融合成一個整體。書中引用了一堆歷史，從亞述帝國（Assyrian Empire）講到黛安娜王妃的「謀殺」（她是「在墨洛溫王朝為女神黛安娜打造的古老獻祭地點遭到殺害」），還提及了法國大革命（由光明會策畫）、林肯遇刺（由愛德溫・史坦頓下令），以及為了迎接世界政府而利用疫苗作為人口控制的手段（由聯合國推動）。

不過，其中最重要的論點，是大衛・艾克揭露了這個世界被來自天龍星座（Draco）且能夠控制心靈的爬蟲類外星人所掌握。[12]光明會現在被重新設定為具有人類與爬蟲人混血的菁英血統，聽從純種外星爬蟲人的吩咐，而你所能想到的歷史名人，幾乎都是光明會爬蟲人。而且，爬蟲人會喝孩子的血。他寫道：「今日的兄弟會統治集團熱中於撒旦儀式、兒童獻祭、飲血以及其他可憎之事。」而這呼應了八百五十年前始於諾里奇那場可惡的血祭誹謗。他指出，許多菁英人物都沉迷於「腎上腺毒」（adrenalchrome），這種物質是在「恐懼期間」由松果體（pineal gland）產生，因此會於獻祭執行之前釋放到受害者的血液裡。

大部分的明星若非爬蟲人，就是受到精神控制，艾克列舉了瑪丹娜、貓王和芭芭拉・史翠珊（Barbra Streisand）是精神

奴隸；而法蘭克・辛納屈（Frank Sinatra）、鮑伯・霍伯（Bob Hope）與克里斯・克里斯多佛森（Kris Kristofferson）都是控制者。大衛・艾克聲稱所有的美國總統都是光明會爬蟲人，把希拉蕊・柯林頓描述成「一位六級光明會女巫兼奴隸處理者」，而英國前首相東尼・布萊爾（Tony Blair）則被稱為「兄弟會代表」，他在1980年代曾經跟伊莉莎白王太后（Queen Mother）、穆罕默德・法耶茲（Mohamed Al-Fayed，註：埃及裔富商，其子是黛安娜王妃的最後一任男友）和羅斯柴爾德家族，到比利時參與一場光明會活人祭；根據艾克的說法，東尼・布萊爾的當選日期（1997年5月1日）就是刻意要向光明會的建立日期致敬。[17]

大衛・艾克所寫的東西幾乎沒有原創，其中大部分都是從現有的陰謀論者次文化中抄襲而來。不過，他就跟米爾頓・庫柏一樣，善於將陰謀宇宙中不同派系裡最具說服力的元素加以整理、合成並推廣；他在著作中自行搭配出一種能夠迎合所有人的特質，因此從新時代左派到反動右派人士都受到了吸引。

他的粉絲什麼人都有，包括電台主持人兼陰謀論核心人物亞歷克斯・瓊斯（Alex Jones，艾克多年以來也經常上他的節目），以及普立茲獎（Pulitzer Prize）作家兼社會正義積極分子愛麗絲・華克（Alice Walker）。他的書賣了數十萬本，他在重要會場舉辦的現場活動吸引了忠實信徒，而且他也證明了自己擅長利用時事拉攏更多粉絲，近年來最明顯的例子就跟新冠肺

炎有關，他很早就在大力推動5G陰謀論以及反疫苗的恐懼心理了。

老實說，我們比較喜歡主持《看台》（Grandstand）體育節目時期的他。

這些只是二十世紀末期劇烈發展的陰謀文化中，最具影響力的幾個例子。雖然主要的陰謀論點此時尚未完全融合成一個完整的超陰謀世界觀，但已經有許多論點都在朝這個方向前進。在十八世紀的巴伐利亞，有個學術團體過度發展而遭到反噬，因此衍生出世代相傳的陰謀論，而超陰謀世界中的主要派別，幾乎都跟這些理論脫離不了關係（其中某些派別甚至從未公然提及光明會）。

千禧年到來之際，陰謀主義已不再是一種思維方式，而是一種運動。它是一連串蔓延發展，卻又彼此連結的既有次文化，就算動機迥異並橫跨不同的政治光譜，還是能夠互相汲取並供給養分。不僅如此，**它還變成了一種產業**。人們能夠藉由製造陰謀論謀生，而且還有愈來愈多的熱切觀眾，他們總會渴望聽到更多曲折離奇的全球控制理論。原本始於地方政治的反啟蒙運動，現在則是將世界觀、社群和商業模式全部融合在一起的集合體。

接著來到2001年，在某個清爽的九月早晨，有兩架飛機出現在紐約市的湛藍天空中。

附註 ————

[1] 看來，陰謀論者把不認同自己觀點的人稱爲「羊群」，早有先例。

[2] 丹·布朗最暢銷的小說《達文西密碼》(*The Da Vinci Code*) 可是欠了《聖血與聖杯》(*The Holy Blood and the Holy Grail*) 很大的人情，這本1982年出版的陰謀僞歷史有三位作者，其中包括麥克·培金（Michael Baigent）和理查·李伊（Richard Leigh）。《達文西密碼》裡的壞蛋名字叫「李伊·提賓」（Leigh Teabing）大概並非巧合，而是布朗可能不知道其他人也能解開重組字（譯註：有人說Leigh指的是Richard Leigh，而Teabing則是另一位作者培金Baigent的重組字）。可惜在《達文西密碼》書中找不到《聖血與聖杯》第三位作者亨利·林肯（Henry Lincoln）的影子。這很遺憾，因爲他是在派勞克·特勞頓主演《超時空奇俠》的1966年到1969年間，發明雪怪（Yeti）的人之一。

[3] 昆伯勒夫人也曾經很喜歡帕拉丁主義；內斯特·韋伯斯特則似乎不相信，還在《祕密社團與顛覆運動》的註腳中說，里歐·塔西爾是一位「惡名昭彰的羅曼史作家」，這一點勉強還值得稱讚一下。

[4] 針對凱瑞·索恩利的控訴，後來被地方檢察官吉姆·蓋里森的接替者撤銷了，這位接替者剛好是爵士歌手小哈利·康尼克（Harry Connick Jr）的父親。雖然索恩利否認涉案，但後來卻逐漸相信了一個非常奇特的甘迺迪陰謀論：這件事是索恩利他本人幹的。

[5] 一個有趣的歷史轉折：蓋瑞·艾倫的兒子是政治記者麥克·艾倫（Mike Allen），他創辦了新聞組織Axios，也創造了政客（Politico）新聞媒體著名的「教戰手冊」（Playbook）電子報，這可是終極的「圈內人」產品，具有《沒人敢說是陰謀》所痛斥的一切特質（但他也像父親一樣，知道建立一份有效郵寄名單的威力）。

[6] 如果有人受到這個故事啓發，要開創自己的陰謀論，在此提醒你，溫瓦（Winrod）和寧錄（Nimrod）其實是同一個詞，只要把第一個音節倒轉，再把一個字母上下顛倒過來就行了。

[7] 包括本書的其中一位作者。

[8] 我們仍然無法確定劇中的〈大咪咪抹大拉〉(The Fallen Madonna with the Big Boobies) 這幅畫究竟會不會被送到火星。

[9] 從大衛・艾克對泰瑞・沃根說的一段話中，可以明顯看出他當時抱持的觀點：「世界上每兩秒就有一個孩子死於可以預防的疾病；經濟體系就只是為了延續下去而必須毀滅地球；當你看見所有的戰爭，當你看見所有的痛苦，當你看見所有的折磨，你還會覺得是愛與智慧與寬容的力量在掌握這顆星球嗎？或是有一種力量想要帶來憎恨、侵略、折磨？」

[10] 大衛・艾克在《真相的共鳴》中寫道，麥田圈是地球自己創造出來的，這是為了要「發出能量幫助受污染的天空與臭氧層，為地球吸取其他的療癒能量，增強衰退的地球能量線，以及運用符號來喚醒靈魂的記憶。」

[11] 大衛・艾克始終否認自己是反猶太主義者。他堅稱統治全球政治與金融體系並能控制心靈的外星蜥蜴人，不是在影射猶太人；他是指真的蜥蜴。但即使如此，他的著作還是充滿了太多無法否認的反猶太觀點，例如羅斯柴爾德陰謀論和提倡否認大屠殺的說法。

[12] 星座並非實體，我們只是把從地球上觀看時似乎會形成某些圖案的星星集合起來。不過，在跟巨大蜥蜴的理論對比之下，這彷彿是個微不足道的問題。

12 陰謀論的黃金時代：
911事件、操控選舉、匿名者Q

The Age of Conspiracy

在911事件的恐怖攻擊中，第一架抵達目標的飛機於美國東部時間上午八點四十六分撞進北塔。兩個小時內，有將近三千人死亡。不到七個小時，陰謀論就開始流傳了。[1]

你可以完全放心地說「航空燃油實際上無法融化鋼梁」。這個事實應該毫無爭議，因為鋼通常要到1500℃左右才會融化；航空燃油燃燒的溫度多半介於1000℃至1200℃之間。非常簡單的數學問題。結案！

不過，如果有某個人說「航空燃油無法融化鋼梁」，對方通常不是只想告訴你一些有趣冷知識的冶金專家，因為這項主張已被陰謀論大肆利用，宣稱911恐怖攻擊事件其實不是蓋達組織派人劫機撞進世貿大樓及五角大廈。這個陰謀論認為，世貿雙塔是在一連串的控制爆破下坍塌，有人預先密謀安排，想要偽裝成一場恐怖攻擊。

這個陰謀論在事發後的幾個小時內就開始傳播了。攻擊發

生的當天下午三點十二分，有個名叫大衛·羅斯切克（David Rostcheck）的軟體顧問，在網路論壇上發表了一段訊息，很可能是最早出現的911事件陰謀論。他寫道：「注意看影片，那些建築物被『拆除』了。」後來，其他人將此概念發展成一套複雜的陰謀論，使得「鋼梁」變成了某些人的信條，或是某些人的迷因。

大家都看得出來，關於鋼梁的主張雖然沒錯，但跟這件事其實不太相關，因為根據「官方說法」，世貿雙塔並不是**融化**的。早在2005年，《大眾機械》（*Popular Mechanics*）雜誌就刊出一篇很長的專文來檢視各種911事件陰謀論。你不一定要融化鋼，才能破壞其結構完整性，只要加熱就行了。溫度愈高，結構的強度就愈弱。超過400℃，它的強度就會開始變差；到了600℃，它已經失去將近一半的強度；在1000℃（這正是世貿中心燃燒時最高的溫度），它的強度就會減少到只剩下10%。再加上飛機一開始撞擊所造成的嚴重破壞（還弄斷了好幾根承重柱），以及金屬膨脹後的扭曲，大樓倒塌只是遲早的事。②

單一的「911事件陰謀論」這種東西並不存在，相關的陰謀論其實很多，而且往往互相矛盾。其中有少數幾個貌似合理，例如，聯合航空93號班機並非因為乘客反抗才墜毀，而是被美國軍方擊落。（這不是事實，卻有可能發生，因為當時戰機已經緊急出動，準備在必要時這麼做。）不過，有大量陰

謀論根本就是瘋狂的幻想，比方說事件跟飛機無關，而當代新聞中所有的飛機影片都是電腦合成的，或是「看起來像飛機」但其實是「被立體投影包圍的飛彈」。③

許多主張如同鋼梁理論，是以主流說法中被認為不合理的地方為基礎，但其實那些都很合理。譬如，如果聯合航空93號班機只是墜機，殘骸散落的區域範圍不可能那麼大，這表示它是被飛彈擊落的（不過，其殘骸分布符合高速墜毀的情況，而其他大多數航空事故都是在起飛或降落等速度較慢的時候發生）。也有陰謀論認為，五角大廈的破壞程度，看起來不可能是遭到飛機撞擊（他們似乎認為，墜機時會產生跟飛機形狀一模一樣的大洞，就像卡通的威利狼撞進山崖那樣）。

另外，這些理論也跟許多陰謀論一樣，想從主流的陳述中找出缺失，來拼湊另一種說法，結果只會造成比那些缺失更大的漏洞。像是我們一直都不明白，為何中情局要大費周章在多棟摩天大樓裡安裝炸藥，還得駕駛飛機撞上去，好讓大家相信這是一場恐怖攻擊。為什麼不直接……假裝是炸彈攻擊？（大衛‧羅斯切克在攻擊當天提出的拆除理論中，就考慮過這一點了：「如果想拆除大樓，演得那麼浮誇有何用意？」）④

許多想在官方說法中挑漏洞的作法本身就有缺陷，因為那些人擴大了「官方說法」的定義，把事發後那段驚慌困惑的時間內所發布的媒體報導，全都包含進去，就如同伯特蘭‧羅素在幾十年前針對甘迺迪遇刺案所提出的問題。倘若你曾經在突

發新聞（恐怖攻擊、大規模槍擊、天災）期間進過新聞編輯室，就知道在事件初期出現的資訊往往錯得離譜，那些令人糊塗的內容總是混合了謠言、各說各話，以及毫不合理的主張。要從混亂中大海撈針般過濾出真相談何容易，就算是最用功的記者也有可能出錯。

不過，對於陰謀論者而言，錯誤不可能只是錯誤，這一定代表密謀者不小心洩露了重要線索。「那天中午只有我一個人在更新網站內容。」在辛辛那提市WCPO電視台工作的一名可憐記者於2006年時這麼解釋。後來，她在無意間成了某陰謀論的核心人物；此理論主張聯合航空93號班機根本沒墜毀，反倒是安全降落於俄亥俄州的克里夫蘭（Cleveland）機場，而在那之前乘客們都神祕地「被消失了」。⑤實際上，這個想法是來自美聯社（Associated Press）將聯合航空93號班機誤認成另一架班機的錯誤報導；雖然內容在幾分鐘內就修正了，但這個忙翻天的WCPO電視台職員卻忘了刪掉原本的報導，導致這個從未發生的事件在網際網路留下了唯一的證據。

果不其然，幾年後，這名記者在部落格文章中解釋這一切時，第一則回應的評論就指控她被布希（Bush）政府收買了。試圖駁斥陰謀論的人都有過這種類似經驗，《大眾機械》的主編記得自己曾為此遭受死亡威脅，還有人說該雜誌一定是「按照共濟會和光明會陰謀集團命令」所出版的。⑥

911恐怖攻擊事件幾乎是最完美的例子，證明了有些事件

嚴重到光用一個簡單的陰謀論（這是恐怖分子的陰謀！）似乎無法充分解釋。

不過，值得注意的是，相關的陰謀論明顯分成兩波出現，而且把911事件視爲宏大陰謀的概念，一直要到好幾年後才會打進主流。雖然這種暴行令人震驚，但許多最後變成「眞相者」（truther）的人，一開始也沒想到要用陰謀來解釋。

起初，這些理論主要還是侷限於現有的陰謀文化中，他們已經有既定的信念，認爲全世界都受到陰謀主宰，而一切重大新聞事件都必須整合到包羅萬象的超陰謀宇宙裡。因此，幽浮迷堅稱在一段紐約的影片中看到了幽浮。亞歷克斯·瓊斯將矛頭指向新世界秩序（但很快就被大部分播放其節目的電台拋棄了）。米爾頓·庫柏怪罪「國防軍事複合體」。⑦泰克斯·馬爾斯則把情況歸咎於「撒旦的華盛頓特區光明會之兄弟會那些惡人」。⑧

大衛·艾克原先也是指控光明會，不過，後來轉而提出一個更複雜的理論，當中牽涉了（以下只是列舉一部分）德國央行（Bundesbank）、穆罕默德·法耶茲、基因改造的僵屍名人，以及喬治·布希和東尼·布萊爾之間的某種心靈連結。⑨有幾個網站專門記載官方新聞中所謂的瑕疵，但一開始沒什麼影響力。相關陰謀論最接近主流的一次，是左翼法國記者蒂埃里·梅桑（Thierry Meyssan）在英語世界外出版的《911大騙局》（*9/11: The Big Lie*），即使如此，這本書在其原產地仍然是

備受批評的邊緣作品。

　　一直要到2004年左右，這些理論才開始在陰謀論忠實信徒的圈子外，真正獲得追隨者。在第二波影響中，最著名的例子是2005年至2009年間，多次釋出更新版本的業餘紀錄片《Loose Change》。這部影片讓閱聽大眾真正接觸到911事件陰謀論，並在迅速發展的真相運動中成為「關鍵文本」。[10]影片中的理論多半並非原創，而是大量抄襲自現行陰謀產業所製造的網站、書籍與紀錄片。《Loose Change》所做的（而且做得非常成功），是將這些東西轉化並重新包裝，吸引更多原本不處於陰謀文化之中的群眾。這種作法預告了數十年後的陰謀論景象，也就是：業餘創作者將既有的陰謀傳說資料庫重新混合以及再脈絡化，製作出爆紅的內容。（亞歷克斯・瓊斯一直在背後推波助瀾，他不但啟發了前幾版影片的靈感，也是後幾版影片的金主。）

　　為什麼911事件陰謀論花了那麼多年才打進主流？它們會突然在2005年人氣暴漲，跟攻擊過後那幾年的兩個重要發展密切相關。首先，2005年的網際網路與2001年的網際網路完全不同。此時的使用者更多（達到美國人口的三分之二，之前還不到一半）；部落格興起，讓有機會發表的人比以往更多；或許最重要的是，網際網路終於有了品質較好的影片，而不是看起來只有郵票大小，還得花兩個小時才能下載完成的Real-Player檔案。這是《Loose Change》能夠傳播開來的關鍵，它

原本是以DVD發行，在某人把它上傳到剛起步的Google Video後，首度引起廣泛注意。

另一個因素是，在經過十五個月徒勞無功的搜查後，美國政府於2004年底正式承認伊拉克或許沒有大規模毀滅性武器（WMD）。

對大多數人來說，似乎很難相信「政府為了找藉口發動戰爭而策畫911事件」這個陰謀論。[1]不過，當許多人開始相信美國、英國及其盟友真的編造出其他理由來發動戰爭，這個理論無疑變得**更**具說服力了。伊拉克戰爭的基礎建立在錯誤前提上這件事，打開了一個讓陰謀論得以大展拳腳的空間。而《Loose Change》幕後團隊中，確實有一名成員參與過伊拉克自由行動（Operation Iraqi Freedom），從一開始支持戰爭到後來演變成徹底幻滅。

我們仍然不知道，會發生這場令人產生誤解的戰爭，原因到底是刻意欺騙（換言之就是真正的陰謀），還是情報工作做得太差（再加上帶有強烈政治動機的集體迷思）。也許各占一點吧。

事實上，你可以合理地說，「伊拉克大規模毀滅性武器計畫」**本身**就算是陰謀了。「這些人密謀製造並藏匿致命武器」**聽起來**就像個陰謀。除此之外，許多國家的政治及情報圈處理此問題的方式，也跟許多陰謀論者完全相同，也就是挑選那些支持預定結論的證據，忽視另一些不適合的證據，並將證據調

整、操縱、扭曲，直到完全符合自己想要的說法。

而且，這個理論跟許多陰謀論一樣，就算面對堆積如山的反證，卻還是莫名其妙地有韌性。2015年的一項民調顯示，42%的美國人（多半爲共和黨人士）仍然相信美軍**確實**發現了伊拉克正在部署大規模毀滅性武器計畫。

喬治・布希於2004年驚險贏得總統連任時，許多民主黨人都難以接受。約翰・凱瑞（John Kerry）原本前景看好，但在關鍵搖擺州遲來的票數公布後，逐漸失去優勢，而選舉之夜才結束不久，陰謀論就已經開始流傳，宣稱這場大規模騙局操控投票機竊選。2005年1月6日，當立法者聚集於參議院準備認證選舉結果，有些民主黨員卻對關鍵選票提出抗議，拖延了計票過程。這聽起來很熟悉，對吧。

然而，在這次事件中，竊選的理論並未引起軒然大波。約翰・凱瑞很快就承認敗選，大多數民選官員都接受結果，整體來說，民主黨也決定放下了。不過，還是有三十一位眾議員和一位參議員投了反對票。另外，仍然有一群人數雖少但相當固執的陰謀論者，從未認可這次選舉的合法性，花了好幾年時間繼續挖掘證據。他們對於美國選舉安全性的論點有些合情合理，有些則誇大其辭，這些論點將於十六年後再次浮現，這群人也會對是否支持川普的選舉舞弊主張而分裂。[11]

過去數十年來，容易有爭議的全國選舉一向都會引發陰謀

論，這一點並不令人意外。2014年7月，在蘇格蘭投票決定是否脫離英國的幾週前，當時的英國首相大衛·卡麥隆（David Cameron）飛到了北海（North Sea）的昔德蘭群島（Shetland Islands）。大家都認爲首相的這個舉動很奇怪，因爲他至少要有自覺，知道他在公投前幾週現身蘇格蘭，對聯合主義者的主張並無助益。

所以他爲何要這麼做？謠言很快就開始流傳，說他是去看一座大油田，其價值足以讓獨立的蘇格蘭人成爲穿格紋裙的挪威人。許多爆紅的臉書發文宣稱，克萊里奇（Clair Ridge）油田的工人都遭到解雇，還得簽署保密協議，在投票之前不能洩露關於黑色黃金的祕密。

隨著選情膠著，有些支持獨立的激進分子開始指控統一派的政客與記者掩飾了眞相。他們主張，聯合主義分子隱瞞豐富油藏的祕密，想藉此削弱獨立的力量。一旦蘇格蘭投票決定留在英國內，倫敦政府就可以公布油田的事，因爲他們接下來就能安心地將油田產生的財富帶回英國。

克萊里奇確實有一座油田，許多石油公司從1970年代起就一直設法開採，但成效有限。在公投之前，克萊里奇的開採條件就跟過去數十年一樣。本書寫作時，鑽井作業尚未展開，蘇格蘭也還隸屬於英國（暫時是如此）。2014年會出現蘇格蘭有祕密財富這種看法，顯然是因爲很多人都認爲英國幾十年來一直在消耗蘇格蘭的石油，而且蘇格蘭獨立後就能靠一項資源

的收益變得富有，而不是被一個比他們大上十二倍的國家拿去亂花。挪威利用石油收入，建立了龐大的主權財富基金（sovereign wealth fund）；柴契爾政府卻是拿去資助減稅。

既然說到了會引發陰謀論的爭議性公投，我們就來談談英國脫歐（Brexit）吧。這件事衍生了沒完沒了的問題：某些脫歐支持者相信，如果在投票時使用鉛筆，他們投的選項就會被擦掉；而留歐者則普遍認為，脫歐的真正動機是要讓對沖基金做空，或者讓海外帳戶避免遭受歐盟法律審查。（這些皆非事實。）然而，當中或許有個最大的陰謀論，認為我們不知道自己被徹底操縱了。

此陰謀論的說法大概是：一家鮮為人知的政治諮詢公司劍橋分析（Cambridge Analytica），利用非法從臉書獲得的大量私人資料，在政治競選中成為可怕的推手。新興的「心理變數」（psychographic）研究方法，讓他們能夠利用這種資料，精準投放針對個別選民性格微調的廣告，藉此操控他們最深沉的恐懼，改變其投票意向。這種陰險的心理力量主導了一些令人意外的選舉結果，包括英國歐盟公投由脫歐派獲勝，以及唐納·川普贏得了美國總統大選，而這些想要推翻民主的企圖，都來自同一群幕後首腦（可能是俄國人，或是富裕的右翼家族，說不定兩者都有）。

重點在於，這一切幾乎都不是事實。劍橋分析公司**確實**買了一大筆臉書個人資料（例如個人檔案和按讚紀錄），而這數

百萬人的資料都是在缺少明確許可的情況下所收集。另外，正如《衛報》的哈利‧戴維斯（Harry Davies）於2015年揭露的內容，他們也**確實**在泰德‧克魯茲（Ted Cruz）爭取2016年共和黨提名的初選中，使用了這種資料。[12]但對於他們的能耐，以及對兩國選民的影響力等相關主張，似乎都過分渲染了。

　　儘管心理變數受到大肆炒作，即利用人們的興趣和生活方式等資訊來描繪其心理，並根據其人格特質投放廣告，但卻沒有證據顯示有人真的把它成功運用在現實的政治運動中。此外，幾乎沒有證據表明它適用於零售廣告（而且要改變某人對清潔劑的偏好，比改變其政治世界觀簡單多了）。目前，它的效果遠不如經過實際驗證的方法。劍橋分析公司大概是在2013年才投入數據分析，而這個領域在美國選舉中扮演要角至少十年，可見得他們不算是產業先驅。[13]泰德‧克魯茲敗選團隊的成員說，劍橋分析公司拿了幾百萬美元，卻從未實現承諾（據稱一名職員表示，「這就像是內部的龐氏騙局！」）。[14]

　　整件事當中，曾真心真意相信這家公司行銷說辭的人，就是他們的批評者；每個實際跟他們合作過的人，都對其能力不敢恭維。雖然劍橋分析公司確實為川普的競選團隊做了一些事，但競選團隊內部成員的反應就跟泰德‧克魯茲團隊那些人差不多：劍橋分析公司只會鬼扯，而且太愛搶別人的功勞。毫無證據顯示該公司曾在總統競選時期使用過心理變數資料；從該公司本身的內部文件就看得出來，他們還是堅持傳統方式，

完全沒採用精準投放策略，例如在搖擺州安排廣告，或是購買谷歌（Google）廣告，讓搜尋「川普經濟計畫」的人可以連結到……唐納・川普的經濟計畫。⑮

至於英國脫歐方面，由英國資訊專員（Information Commissioner）執行的一項調查指出，劍橋分析公司實際上根本沒介入大選，頂多只是曾經替支持脫歐的Leave.EU組織，寄了一些調查意向的電子郵件。他們並不是黑巫師，在數位反烏托邦這種可怕的新時代中，擁有強大無比的力量。他們只是低廉、老派、手段卑鄙的烏合之眾，業界名聲糟糕透頂，在數據分析領域的表現也遙遙落後，因此只能用未經證實的投機手法孤注一擲。他們在這段期間的主要成就，是幫助等同於美國基督教右派化身的泰德・克魯茲輸掉選舉，讓福音派人士把票投給一個滿口粗話、離婚兩次的紐約浪蕩子，這個人甚至連《聖經》章節也引用不出來。

劍橋分析公司跟英國脫歐沒有半點關係，而他們對於川普選情的貢獻，只要是在過去六個月曾看過部落格「538（FiveThirtyEight）」民調的人都能做到。整件事的教訓是，為什麼你不相信蛇油（snack oil，註：指被誇大成效的一種藥物）的推銷員，之後卻又表現出你發現了關於蛇的祕密真相。

當然，對這些選舉結果感到衝擊與驚恐的人，一定會尋求解釋，也會被主張「結果並不合法」的陰謀論吸引。但這兩種結果真的需要特別解釋嗎？「英國對歐洲沒興趣」和「美國容

易受到種族緊張局勢和民粹主義的影響」，並不是什麼驚天動地的真相。歷史上的陰謀論，都把壞蛋描繪成以不正當手段熟練操控民意的人，從十八世紀大家害怕那些「不敬神的小冊子」開始就是如此，而劍橋分析公司陰謀論也是這樣，認為有幕後黑手在利用惡意情報，卻忽視了「**就是有人會跟你意見不同**」這個基本事實。

即使某些事件背後幾乎可以肯定有陰謀在進行，人們還是會認為真正的陰謀更為宏大。俄羅斯試圖透過影響力行動操控2016年總統大選、駭入民主黨全國委員會（Democratic National Committee）的電子郵件，還透過社群媒體假帳號散播不實訊息，這些都很難否認。而此作法對選舉結果的實際影響，以及川普陣營的介入程度，就不得而知了；但我們可以確定這樣的企圖確實存在。

這種事應該並不意外。「干涉他國選舉」是美國和蘇聯在冷戰時期的標準作業規範。有一項學術研究顯示，1946年至2000年期間，美國與蘇聯在全世界總共「介入了約九分之一的國家大選」。⑯當許多美國參議員宣稱俄國干預選舉等同於「戰爭行為」，世界上其他地方的人可能會面露懷疑，意有所指地問：「喔，是嗎？」

然而，在面對這個真正的陰謀時，卻有相當多人無視於我們實際擁有的證據，不但花了好幾年想像有個規模更大的陰

謀，還認為俄國的影響力無處不在。最明顯的例子莫過於俄國「網路機器人」這個棘手問題。

「機器人」這個名稱取得不太好，因為我們感興趣的大多數假帳號，並非完全自動化，而是有人利用半自動化的工具編寫出來，好幫助他們運作大量頻繁使用的帳號。不過，這是一種真實的現象，也不只有俄國會使用。但事實上，這種方法通常不太有效。我們知道有少數幾個例子累積了許多擁護者，也產生了一定的影響力，可是在絕大多數情況裡，這種作法幾乎吸引不了任何追隨者。這就像在對著虛空大喊。

針對網路機器人所造成的恐慌，真正的問題不在於它們有沒有效，而是要先辨認出它們。要正確辨別一個帳號是不是機器人，真的非常困難，原因不是機器人偽裝成人類的能力極強；而是人類有時候很奇怪，會表現得就像機器人，尤其是擁有強烈政治信念以及很多空閒時間的人。

因此，好幾年來我們都聽過一連串的故事，說著哪裡又發現了想要影響本國政治的網路機器人，但其中很多只要你稍微深入了解一下就能戳破。Byline網站有位上進的記者寫了篇文章，描述他如何發現「一個推送俄羅斯訊息的國外網軍」，結果《蘇格蘭人報》（*Scotsman*）兩天後就揭露這個帳號持有者是個不折不扣的真人，他就在格拉斯哥擔任保全。他說：「大家可能不認同我的意見，但那不代表我就是俄羅斯網軍。」[17]

在此同時，倫敦大學城市學院（City, University of

London）做了一項學術研究，據稱找到了由一萬三千個支持脫歐的機器人帳號所組成的網路結構，其根據是這些帳號於公投期間發送許多推文，而公投結束後不久就毫無動靜。這項研究以及伴隨發布的新聞稿，公開了五個最為活躍的「機器人」帳號，但其中一位實際上是英國獨立黨（UKIP）的議員候選人。⑱他在公投結束後不久便停止推文，是因為他死於癌症，只要上網搜尋一下，馬上就能查到這個訊息了。

這裡必須一提，在真正的俄羅斯影響力行動中，最有效的成果並非選出他們偏好的總統候選人，而是說服了許多在其他方面還算理性的人，相信在網路上跟他們意見相左的那些帳號根本不是人類。

另外，俄羅斯人駭進的那些電子郵件，來自約翰・波德斯塔（John Podesta），他是民主黨戰略家兼柯林頓的長期助手，而郵件資料則在 2016 年大選前遭到維基解密公開，還引發了所謂「披薩門」（Pizzagate）的小插曲。在一本寫滿陰謀論的書裡，這大概是其中最蠢的理論了吧。

雖然那些電子郵件代表了真正的醜聞——揭露私人郵件！發現祕密！——不過，實際的內容大多只是無聊的辦公室對話。除了一些在黨內搞的小手段，其實並沒有什麼特別難堪的事，除非你很在意波德斯塔向他那些可疑的同事堅稱「胡桃醬是很棒的披薩配料」。[2]

但還是有人從中發現了醜聞。原來，胡桃醬就是一切的關

鍵。有個白人至上主義者的推特帳號，先前發布了一則毫無事實根據的謠言，提到了「民主黨高層有個戀童癖圈子這件事，已經傳聞滿天飛」。因此，網際網路上的人判定這些關於食物的閒聊其實都是一種代碼。例如，只要你把「披薩」這個詞換成「女孩」，「義大利麵」換成「小男孩」，「醬汁」換成「性愛派對」，這些電子郵件揭露的就是在華盛頓中心有個戀童癖集團。

這就是整件事的依據。拜託，照這種方式，你也能把「披薩」換成「可分裂物質」，「義大利麵」換成「被綁架的核子科學家」，「醬汁」換成「爆炸半徑」，如此一來，那些電子郵件指的就是「你必須立刻疏散華府周圍二十五英里的所有人」，可是我不確定這麼做有什麼意義。

總之，這些胡扯的內容引發了一件事：2016 年 12 月 4 日，有個男人拿著一把 AR-15 型半自動步槍闖進一家披薩店，開了幾槍，試圖救出他堅信被囚禁在地下室的孩子們。但他攻擊的那家店，根本沒有地下室。

這個突如其來又令人震驚的案例，證明了從線上世界發表的內容，就算後來被許多評論者斥為偏激的謬論，還是有可能影響到現實。然而，這種事並非史無前例。

2002 年就發生過極為相似的事件：有個武裝男子在闖入加州波希米亞樹林（Bohemian Grove）後遭到逮捕，而這裡是全球菁英的集會地點，參與者僅限男性，在陰謀文學中經常跟

光明會劃上連結，據說參與者會進行神祕儀式及其他見不得人的事。武裝男子名叫理查・麥卡斯林（Richard McCaslin），他帶了幾把槍、一把刀、一把十字弓和爆炸裝置，還戴了個骷髏面具，自認為是超級英雄「幻影愛國者」（Phantom Patriot）。他告訴警方，自己是要前去阻止現場的兒童虐待與活人祭儀式。他還補充說，自己已經準備好為此大開殺戒；這個目標並未實現，因為當時正值寒冷的冬季，會場根本沒有人。

雖然無人受傷，麥卡斯林還是被判刑了，罪名包括了縱火、盜竊以及向警員揮舞武器，[19]接下來六年他就被關在監獄裡，創作幻影愛國者的冒險漫畫。他還穿著裝扮（連身工作服、頭巾、骷髏面具）拍了一些照片，看起來就像作家艾倫・摩爾（Alan Moore）的圖畫小說《守護者》（*Watchmen*）中被踢出的不予採用的角色。他死於2018年。

麥卡斯林是從哪裡得知波希米亞樹林會舉辦活人祭這種事？原來是亞歷克斯・瓊斯製作的一部影片，這部片風格古怪，內容雜亂，充滿了模糊的影像，而作家兼記者強・朗森（Jon Ronson）還在其中客串演出（當時他正在拍瓊斯的紀錄片）。泰克斯・馬爾斯也在影片的最後出現，解釋這一切是如何連結到最早的巴伐利亞光明會。

亞歷克斯・瓊斯的事業從電台擴及到網際網路，在2010年代花了許多時間利用其網站Inforwars來推廣右翼陰謀論，包括政府的氣象武器（其說法是：*德州大約在十五年前發生洪*

水，一夜之間就奪走了三十幾條生命；結果那是空軍搞的。），以及羅伯特·穆勒（Robert Mueller）其實很邪惡（其說法是：據說他沒侵犯孩子，他只是控制著這一切。你能想像有這種怪物嗎？）。[20]他用這種內容吸引到大量觀眾後，就開始嘗試兜售營養補充品給他們，還取了「男性超雄風」之類的名稱；他於2014年表示自己一年的收入就超過了兩千萬美元。[21]

有時候瓊斯只會被當成怪胎，最著名的是2017年他在毫無證據的情況下主張「美國大部分區域裡的大多數青蛙，現在都是同性戀」。（我們不清楚他是怎麼查出這件事的。）不過，人們很快就發現他的陰謀論並不是無傷大雅。最為人所知的是2012年桑迪胡克（Sandy Hook）小學屠殺案，共有二十六人死亡，其中包括二十位六、七歲的孩子，而瓊斯宣稱這只是一場戲。瓊斯表示，這場槍擊「徹底造假」，是利用「危機演員」來提升槍支管制政策支持率的騙局。[22]

認為政府為了順利推動特定政策而自導自演（亦即「假旗」行動），這種想法顯然並非毫無依據。無論是想找藉口發動戰爭，或是在外國煽動政變，歷史上都有很多例子。然而，這個陰謀圈裡無所不在的概念遠遠超出了現實，導致人們企圖否認現實，也就是對於不符合自己世界觀的新聞大事，全都可以置之不理。過去幾年裡，「假旗」一詞就被應用在各種事件上，包括2013年的波士頓爆炸案和2015年的巴黎恐怖攻擊事件。陰謀論者認為那些案件不是真正的攻擊，還提出了「危機

演員」這個概念，藉此解釋為何電視上那些生還者和悲痛親友們會說出與事實相反的話。這再次證明了他們試圖用更大的陰謀來掩蓋漏洞。

對於桑迪胡克小學槍擊事件中那些哀傷的家人來說，被指控「造假」簡直是在傷口上撒鹽的惡夢，因此有八個人決定對瓊斯的言論提出告訴。（後來，他改變說法，宣稱攻擊確有其事，不過是民主黨派人幹的。）2018年，各家社群媒體管道終於把瓊斯封鎖了；2021年，法官裁定瓊斯必須在桑迪胡克訴訟案中承擔損害賠償責任。

2010年代也重新流行起一個古老的黑暗陰謀論，而在這之前它已經以許多形式存在了將近兩個世紀。它的現代形式叫「大取代」（Great Replacement）理論，源自於2011年由法國作家雷諾‧加繆（Renaud Camus）出版的《大取代》（*Le Grand Remplacement*），書中主張政治菁英（即取代派）刻意讓來自非洲與中東的穆斯林族群，取代法國乃至於整個歐洲的白人。

雖然當中牽涉到的國家與族群可能會改變，但此主張顯然繼承了山謬‧摩斯在1835年所宣傳，以及查爾斯‧祈理魁於1886年所推動的移民恐慌理論，這兩人都宣稱天主教會試圖在美國透過移民以奪取權力。在其之上還有一個範圍更廣泛的理論類型，通常稱為「白人種族滅絕」（white genocide），這個已經存在數個世代的概念，是將對於移民、出生率和非白人掌控政治與經濟權力之可能性的恐懼，整合成一項陰謀論，主

張有個看不見的陰謀集團在主導這一切。猶太人經常被視為幕後首腦；2017年，拿著火炬的遊行人士在維吉尼亞州夏綠蒂鎮（Charlottesville）反覆呼喊著「猶太人不能取代我們」，所指的就是這件事。

你可能希望這個明顯在宣傳白人民族主義思想的大取代理論，只會侷限於邊緣，但結果當然沒有，它在許多國家的政治主流中大受歡迎。在歐洲，政治人物的說辭與政見，或多或少都會採用大取代的概念，嚴肅的新聞媒體也會委婉地將這種觀點隱藏於刊載的內容中；在美國，它成為了右派的支柱之一，福斯新聞主播塔克・卡森（Tucker Carlson）更大剌剌地捍衛此理論，表示民主黨的目標就是要用「比較聽話的第三世界投票人」來「取代目前的選民」。

這個理論也導致了暴力與死亡，在全世界至少引發了三起大規模槍擊案，包括匹茲堡的生命樹（Tree of Life）猶太教會，以及基督城（Christchurch）的努爾清真寺（Al Noor Mosque），而槍手在陳述動機時，都曾提及他們對於大取代理論的信念。

不過，現代最令人煩擾也最具影響力的陰謀論，或許還是匿名者Q（QAnon），因此我們必須好好檢視這個由互相聯繫的陰謀交織而成的雜亂網絡。就是因為這個陰謀論，傑克・安吉利才會以毛帽和刺青造型在2021年1月6日闖進美國參議院。

從許多方面來看，它也是陰謀論隨著時間發展到最後所該有的樣貌。「匿名者Q」這個巨大、令人困惑又充滿矛盾的超陰謀，不僅造成美國國會大廈被入侵，也讓許多擁護者當選美國國會議員，同時更傳播到國際之間，影響力遠超出其起源的美國政治圈。

有鑑於其發展，我們應該要回到最初，看看匿名者Q是怎麼出現的。因為它一開始並不具有包羅萬象的世界觀，而是始於一個小團體，成員都是整天泡在網路世界的川普粉絲，這些人會試圖說服自己相信「他們最愛的總統一直過得很順利」。

2017年10月，上任還不算久的川普總統過得……並不順利。這個人只雇用「最優秀與最認真的人才」，但其政府卻發生了一連串備受矚目的醜聞、解雇和辭職事件。他的知名政策，包括築牆、穆斯林移民禁令，全都遭到法院或自己政黨所掌控的國會所擋下。因為穆勒調查案（註：由勞勃・穆勒〔Robert Mueller〕帶頭進行調查俄羅斯是否干涉2016年總統大選）而自作自受造成的傷害，衝擊了他的政府與跟班，有人把這件事當成消遣，也有人因此面臨入獄的風險。得意的自由主義者說川普是個爛總統，不過情況沒這麼簡單；原因在於他無法實現對真正支持者的承諾。對某些支持者（尤其是網民）來說，這實在很難符合他們對他抱持的期望。他們本來以為自己選出了一位威風的天子，會透過意志力統治一切並嚴懲敵人。結果，他們得到的是一個只會在電視上抱怨的糊塗老人。

這就是匿名者Q出現的背景：一個政客的粉絲試圖在期望與現實的差距之中，找到合理解釋。後來，在匿名的4chan留言板上成為"Q"的那位發文者，並不是自己發明了最廣為接受的合理解釋，而是這個解釋早就存在了。

Q所提出的解釋是什麼？又對事件提出了什麼令人寬慰的說法呢？精於布局的川普其實是在下一盤大棋。我們表面上看到的一切，全都是在聲東擊西，是一種巧妙的手法，其實地平線那頭的煙霧，代表我們看不見的地方正在進行一場大戰。那場戰役是為了完成另一個未實現的承諾：川普會「調查她」，把希拉蕊‧柯林頓和她那個為非作歹的小圈子繩之以法，因為他們犯下了無法明確描述但確實令人髮指的罪行，正如他在選戰期間所指控的那樣。大家一致認定，這就是他擔任總統的真正目標；其他一切就只是達成目標的手段。在這種詮釋中，有氣無力的億萬富翁形象只是一種偽裝，而他必須這麼做才能夠掩飾自己真正的意圖，亦即打擊犯罪，讓壞蛋受到制裁。

基本上，這等於是把川普視為由布魯斯‧韋恩（Bruce Wayne）所扮成的蝙蝠俠。

因此，2017年10月28日，在新聞爆出穆勒調查案即將提出第一波起訴時，川普在4chan '/pol/'（「政治不正確」之簡稱）看板的粉絲已經有所準備，認為遭受攻擊的不會是川普世界（Trumpworld）的成員，而是另一個陣營的人。[3]這個時候，面具將會摘下，真正的計畫也會揭露出來，而被徹底擊潰

的敵人也將痛哭流涕。

　　第一則"Qdrop"貼文就利用了這個信念，寫道：「人權理事會跟幾個國家簽定的引渡協議已於昨日生效，以防跨境潛逃，護照也已被標記，於十月三十日的凌晨十二點一分生效。預計會有反抗的大規模暴動，以及有其他人逃離美國。」文章剛發表時並未引發軒然大波，因為人們會假裝自己早已知道內部消息，大家也很常利用4chan看板的匿名性，假裝成資深的軍方或情報人士，有點像是心照不宣的「角色扮演」遊戲。發表那則貼文的"Q"甚至不是唯一這麼做的人。不過，這位發文者很堅持，繼續隱藏身分，並在接下來數週陸續丟出誘人的祕密線索。

　　當然，幾天之內，大家就會知道「希拉蕊・柯林頓在十月三十日遭到逮捕」的預告並沒有實現，這只是Q第一個未能成真的預告，之後還有很多。可是，每當預言落空，那些人就會開始辯解，說背後的計畫已經演變得更為複雜。新的敵人會出現，新的資訊也將揭露，而這證明了陰謀的規模超乎先前預期。為了支持自己的說法，只要理論無法符合現實的時候，他們就必須加入新的要素。

　　這表示，如果把情況反過來看，匿名者Q就是一種尋找陰謀的理論。川普正在對抗一個邪惡陰謀，這一點很明顯；至於確切的陰謀到底是什麼，就有很大的彈性了。因此，匿名者Q變成了一個貪婪的消費者與同化者，幾乎利用了每一個已經存

在的陰謀論。只要能夠解釋清算的時刻為何還沒到來，以及總統為何要假裝成無能的樣子，任何理念都能派上用場，大家也都會欣然接受。

神祕的 Q [4] 在幕後推動這一切時，根本不必親自想出理論。或許是因為先前的預言一再落空，所以貼文就變得愈來愈晦澀難解了。這些內容會由跟著此帳號一起成長的社群「解讀」，追隨者也會競相在無意義的文字中詮釋出涵義。如果某個解釋在社群裡流傳開來，它就會被收錄到作品集裡，也可以在後續的 Qdrop 貼文裡提及；如果該解釋無法造成流行，那麼大家就會直接略過。2000 年代多次發行的《Loose Change》，從與觀眾的回饋循環中獲得許多素材，而這種回饋循環一直在加速，規模也愈來愈大；當時這種過程可能需要幾個月，再往前甚至要花上幾年，現在則只要幾天或幾個小時就行了。

不僅如此，那些回饋循環之中也包含了陰謀論的題材。川普就是從醞釀出這些陰謀論的溫床與媒體獲得資訊，然後直接轉述給他的支持者，這些人則藉此確認自己想的沒錯。正如我們先前所見，縱觀歷史，政治菁英往往會把不利於自己的事解釋成陰謀的證據。現在，介於菁英意見與邊緣理論之間那些鬆散的界限，就因為一位總統完全瓦解了，而這個總統的世界觀是由有線電視新聞和推特所塑造，他很習慣在自己的地盤上擁有絕對統治權，也根本不知道如何治理美國，於是就把「權力分立」或「自由選舉」這種基本的東西，視為專門對付他的深

層政府陰謀。

這一切表示匿名者Q成了首度真正藉由群眾外包所產生的陰謀論，而當擁護者想要解釋最新的情節轉折和高深莫測的聲明時，就可以利用已經累積了數個世紀的陰謀傳說。

因此，披薩門從先前的撒旦恐慌與兒童虐待理論吸收了更多元素，再拌進光明會儀式，以及菁英人物沉迷於恐懼荷爾蒙「腎上腺毒」的迷思（「腎上腺毒」這個詞的拼法，在此變成了 "adrenochrome"，雖然不太一樣，但仍然是大衛‧艾克在幾年前一直推動的同一個理論）。新世界秩序與深層政府融合起來，提供了一個包羅萬象的架構，可以用於理解陰謀。關於替代醫學的新時代理論，也跟相信大取代的白人至上主義理論站在同一陣線上。每當新事件發生時，這些理論就可以輕易整合到匿名者Q的萬神殿裡，例如：新冠肺炎讓反疫苗觀念與5G陰謀論加入行列；2020年大選則使已經煽動許久的共和黨理論（非法選民）與布希時代的民主黨信念（投票機被動手腳）合而為一。從講述的方式來看，這不算是平鋪直敘的故事，比較像是漫威電影宇宙。

在外界看來，其結果就像毫無條理的一團混亂。如果你到網路上搜尋，就會找到信徒為了闡明匿名者Q世界觀所製作的「地圖」。這些愈看愈糊塗的超密集網絡圖中，充滿了互有聯繫的人物、機構、事件與信念系統，它們構成了許多巨大的不規則圖像，只要把位於其中的任一網絡節點放大，就能看到另

一個陰謀論。戴安娜王妃支持北美自由貿易協定（North American Free Trade Agreement）；三邊委員會（Trilateral Commission，註：宗旨為建立美洲、歐洲和日本緊密合作關係的國際性非政府組織）與地球能量線有關；「黑人的命也是命」運動、水中加氟、牲畜肢解，以及 1973 年石油危機，全都隸屬於同一個大陰謀之下。想必你會覺得要安排這樣的陰謀，簡直是一場惡夢。後勤方面一定相當強大，才能在做出任何決定前得到所有利害關係人的批准，包括了油田服務公司哈利伯頓（Halliburton）、歐洲核子研究組織（CERN）、喬治‧索羅斯、教宗方濟各（Pope Francis）、火星奴隸殖民地、天龍星座爬蟲人，以及建造出金字塔的祕密種族。

雖然這一切根據傳統的理解方式都說不通，但超陰謀裡包含的所有解釋，確實能夠說服某些人，除了在情感上滿足他們，也讓他們的恐懼變得更理所當然。超陰謀的內容或許並不一致，但每一個層面都經過驗證，而且是透過只有網路能夠達到的規模。因此，它提供了終極的「應有盡有」陰謀體驗，具備許多進入點，誘使心懷疑問與關切的人參與群體。

追隨者在慫恿其他人改變信念時，就會刻意利用這一點：遇到有可能相信的人，他們不會從頭開始講述整個故事，而是把焦點集中在某個層面上，例如對於兒童虐待的恐懼就是很常見的觀點，如此一來就有可能吸引到新的追隨者。這讓匿名者Q的影響力，遠遠擴及到其起源的川普粉絲圈之外，也幾乎跟

促使它產生的美國國內政治完全脫節，得以傳播至其他國家，並與其既有的文化焦慮和陰謀信念緊密結合。在匿名者Q傳入英國的幾年前，英國才剛揭發了一連串受人矚目的戀童癖者（其中很多是真的，有些則不是），正好是特別適合它發展的溫床。其結果引發了一波關於兒童虐待的陰謀信念，並整合在一句「救助兒童」（Save The Children）[5]的口號之下，而許多參與者似乎根本不曉得自己推廣的主張，其實隸屬於一個巨大陰謀論，還跟一位運氣衰落的美國總統有所關聯。

匿名者Q的長期發展如何，還有待觀察。這是否取決於川普的政治命運？它將隨著時間消退嗎？它會分裂成不同派系，還是突變成新的變種？我們是不是正在目睹一個新宗教的早期階段？無論匿名者Q如何演變，未來都有可能跟其他陰謀論一樣，愈來愈去中心化，成為由群眾創造的陰謀宇宙，貪婪地吞噬並反芻前幾個世紀的理論，好用新的轉折來吸引人們。

2017年3月，《衛報》刊出了一篇文章，標題為「我們進入陰謀論的黃金時代了嗎？」2020年6月，政客（Politico）新聞媒體回答了這個問題，告訴我們：「你正活在陰謀論的黃金時代。」四個月後，輪到英國廣播公司了：「疫情與政治如何創造出陰謀論的黃金時代。」㉓在YouTube、新冠肺炎和唐納‧川普的影響下，全球媒體似乎一致認為這世界所處的狀態或許可稱為——你一定猜到了——陰謀論的黃金時代。

不過，如果一定要說你從本書學到了什麼，那應該就是懂得質疑這種假設。沒錯，陰謀主義很流行，但這不是第一次。美國在1960年代晚期與1970年代發生了戰爭、刺殺和水門案，使得民眾對於政府的信任降至冰點，對於陰謀論的興趣則是大爆發。其實，情況早在1950年代就因為紅色恐慌達到更高峰；而在更早的1890年代，種族緊張局勢以及過度強大的公司所造成的恐懼，也是煽動因素。[24]陰謀主義就跟經濟、政治極端主義和潮汐一樣，總是有起有落，儘管我們老是會在週期重複時被嚇到（除了潮汐以外）。

　　所以，這波陰謀主義有什麼特別不一樣的地方嗎？過去幾年裡，唐納・川普或波索納洛這類政客，會為了自身政治利益而推動陰謀論，而許多政治論述（各種政治層面都有）也很明顯都帶著一點陰謀色彩。在路易斯維爾大學（University of Louisville）研究陰謀論如何影響政治的助理教授亞當・安德斯（Adam Enders）向「政客」新聞媒體表示：「企業政治家發現他們可以利用這些關於陰謀、民粹的情緒……『我知道你們會這麼覺得。讓我提醒一下，你們確實會這麼覺得。接著讓我把這種感受連結到正在發生的大事，例如即將到來的這次大選，或是這項政策。』。」[25]

　　然而，我們要再次強調，這種情況並不是沒發生過。在〈美國政治中的偏執風格〉這篇1964年的論文裡，理查・霍夫施塔特就曾拿貝利・高華德（Barry Goldwater）競選總統時的

陰謀思維當成例子。再往前十年左右，約瑟夫・麥卡錫也曾企圖把對手斥為共產主義者；還有1890年代的民粹主義，以及1850年代的反天主教情緒。在美國之外，有人主張犯下1933年德國國會縱火案（Reichstag Fire）的是該國境內某個祕密共產主義團體（但事實上應該只是一個憤怒的荷蘭人），而這被希特勒拿來當成了他必須建立納粹帝國的藉口。這個事件重要到讓歷史學家理查・埃文斯（Richard Evans）認為，德國第三帝國（Third Reich）其實是「根據陰謀論所建立」。㉖

　　因此，即使我們正處於陰謀論的黃金時代，這並不能算是第一次，很遺憾地也不太可能會是最後一次。我們大概只能希望最近這些事件已經是真正的高峰，可別只是冰山一角，隱藏著後面一連串的高峰。

　　但就算這個情況並非前所未有，我們還是會覺得這跟以前不一樣。雖然我們這個時代的超陰謀可能會利用過去數個世紀的陰謀論，但它們的規模、形式以及脫離現實的程度都截然不同了。

　　這幾十年的政治發展可能是其中一個原因，先是911恐怖攻擊事件、反恐戰爭（War on Terror）造成的衝擊，後來金融危機又導致了局勢不穩定、對立化，以及似乎永無止境的恐慌。不僅如此，大家也因此更意識到有一股人們無法掌控的力量在形塑這個世界。例如，在冰島首都雷克雅維克（Reykjavik）的一家銀行裡，有某個人對佛羅里達州的房地產市場下錯賭

注，結果你突然就丟了工作，住家附近的圖書館也關閉了，所以你會有這種感覺是可以理解的。

於此同時，經濟的變化也迫使人們加入小團體，因此加深了對立。轉型成服務經濟，代表著愈來愈多「好」工作會聚集在愈來愈少的地方，亦即人們會因為地理形勢變得更加分化，從前的工業中心變得更老邁也更極端保守；大城市與大學城則變得更年輕、更多樣化，也更自由。

不過，最大的改變當然還是網際網路。這是史上第一次大多數人都能隨身攜帶行動裝置，透過它跟其他人說話、發表偏激的政治意見或是欣賞貓咪的照片，而這一切都能在家中、超市結帳隊伍或是我們所在的任何地方輕鬆做到。

網路生活的興起，讓我們的集體心理產生無數錯亂。至於它為何會將我們推向陰謀主義，在此列出幾個主要原因：

它給了我們一種製造陰謀論者的機器

社群媒體會利用演算法，決定讓你看哪些內容，而這種演算法是由矽谷最厲害、最聰明的人設計，目的就是為了讓我們觀看或點閱得愈久愈好。但事實證明，要讓你投入的最好方式，通常就是宣傳會引發爭議或使你覺得事態緊急的內容，同時還要引誘你掉進兔子洞，讓你在網站花上大筆時間。你一定想不到，達成這兩個目標的最佳題材都是陰謀論（再搭配一堆其他的廢話）。

結果呢？YouTube這類網站變成了輸送帶，把只是對911事件稍微好奇的人，轉變成整天坐在臉書前的偏激分子，堅稱著「航空燃油無法融化鋼梁」。

許多人把目前的混亂情況歸咎於這些演算法，而他們的理由很充分。然而，這並不是網際網路強烈推動陰謀世界的唯一理由。不可能的，就拿WhatsApp為例，新冠疫情證明了它可能是傳播錯誤資訊的有力媒介，而它完全沒有推薦內容的演算法。你看到的只是朋友、家人和同事傳來的內容。唯一的演算法就是我們；我們自己就是兔子洞。

它會強化我們現有的信念

如果在推文中發表對於爭議話題的意見，你可能會得到認同的人按讚並轉推，或是被不認同的人辱罵，畢竟推特就是這樣。這兩種反應都可能會讓你加倍投入；你也不太可能因為這兩種反應而在接下來的推文中說：「嘿各位，這件事真的有可能是我錯了嗎？」

社群媒體的「社交」宗旨，大概就是為了讓你更加確定自己原來就有的觀點。雖然這麼說很抱歉，但你的某些觀點可能不太正常，有時甚至會被當成陰謀論。

它將網路引戰的行為工業化

總是會有人故意編造故事，想知道其他人有多容易上

當——還記得第十一章的腦殘行動嗎？——而網際網路大幅擴張了其規模。結果，某些陰謀論一開始只是造假的影片或故意釣魚的貼文，想看看有誰蠢到會相信，最後卻變成了活生生的理論。

除此之外，有些最適合培養此類理論的平台（例如4chan，和原本稱為8chan的8kun）都是匿名使用的網站，在上面發表的文章經過一段時間後就會消失，這些現象產生了一種文化，會讓人們為了證明自己是小團體的一分子，而在網路上做出極其挑釁的行為。匿名者Q出現在這裡絕非巧合。

總之，**人們不一定會相信他自己在網路上說的話，但重點是，其他人會不會開始相信。**

它打破了媒體

從前，平面新聞報導大多會以所謂「報紙」的形式成套出現，也就是把國內新聞、國外新聞、運動等其他消息全都綁在一起，讓你付一筆費用就全部帶走。可是，網際網路來臨之後，那種運作模式就無法符合人們的期望了。同時，要以接近專業水準的方式製作並傳播內容，也變得比以往更加簡單。

因此，在廣告收入大幅下滑，以及目光之爭愈來愈激烈的情況下，很多新聞組織都捨棄了既昂貴又不受歡迎的作法，例如「海外報導」或「事實查核」。它們轉而選擇了廉價但受歡迎的熱門題材，以及能夠讓觀眾持續點閱的文化戰爭內容。新

的媒體管道紛紛崛起，它們以特定團體為目標，也發現了一種成功的作法：讓觀眾看到他們想要的東西。

當然，這並不是指以前的媒體從未推動過陰謀論。如果媒體真的有黃金時代（嚴謹誠實、無黨無派，還會認真檢視自己的偏見），那想必也是——該怎麼說呢——一段非常短暫的黃金時期。但話說回來，最近的改變對媒體並無幫助。

它什麼都找得到

以前，如果你想要復興某個舊陰謀論，就得讓特定的法西斯主義者偶然發現特定的法國牧師在幾百年前所寫下的特定著作。可是現在，只要用上網搜尋一下，基本上就能找到所有曾經存在過的陰謀論。那些想要解釋這個世界出了什麼差錯的人，都能輕易找到最符合自己需求的故事，這個過程比以往更加簡單。

它能幫助陰謀論者互相聯繫

這牽涉到網路與社群媒體中最基本的一項要素：建立人脈。陰謀再也不必侷限於小眾次文化裡，它們可以更容易地跨越領域，跟其他理論混合，並且滲透那些不具陰謀思維的空間。就像反疫苗和反 5G 陰謀，以及新世界秩序與新時代生活方式的社群開始融合那樣。在網際網路之前的時代，幽浮學要跟光明會信念跨界合作，就花了好幾十年的時間；如果是以現

代通訊技術的效率，只要幾週就能達到了。

它能給我們有價值的回饋

迅速的線上出版，也代表了陰謀論可以迅速獲得回饋並反覆修改，也就是飛快地採納陰謀社群所提出的建議。《Loose Change》的發行就是如此，而匿名者 Q 的速度甚至更快。這種過程就像物競天擇，不流行的理論會慢慢消失；吸引注意力的理論則會茁壯與繁殖。現代的陰謀論者不必像蒙茅斯的托馬斯那樣，花了二十年辛苦寫一本書，只能希望有人會喜歡。現在的陰謀論者可以即時得知大家喜歡理論的哪些部分，然後把焦點放在那些地方。你甚至不必當唯一的作者，因為群眾自己就會創造出各種說法。

把這一切結合起來，你就能大幅加速過去製造陰謀論的流程。舊的模式是：某人想出一個陰謀論，寫一本關於它的書，看看能否引起人們的共鳴。謠言可能在城鎮之間傳播，然後慢慢消失，甚至未能留下任何紀錄。某種信念或許會被一個群體接受，但到了圈子之外就沒有任何人聽聞過。

然而，在我們的美麗新世界中，陰謀論可以透過大規模的群眾外包、重新混合以及 A／B 測試，加入最流行的元素，捨棄無法引起共鳴的內容。一切都搜尋得到，一切都能在社群之間輕易流傳，而且一切都能夠加油添醋，無論是藉由強化用戶

參與感的平台，或是我們發揮最糟糕一面的傾向。只要維持得夠久，就能產生匿名者Q，這個超陰謀論或許看似雜亂無章又條理不清，但其實經過微調後，可以吸引更多的陰謀論者，也會吸收其他所有理論。

結果就是我們沉浮在陰謀主義的海洋中，認為一切都不是表面看上去那樣，而且每一件事都有關聯。就算你很確定自己頭腦清醒又明白事理，這輩子絕對不會相信陰謀論，你認識的某個人也一定會上當。某個跟你支持相同黨派的人（你出於本能以為跟自己站在同一邊的人），想必也有可能相信這一章所提到的某個理論。

這些一再重複的過程，肯定也在某個地方打造出了恰好適合你的陰謀，它並非由任何人策畫，就只是人性中某種傾向所造成的結果。我們現在全都是陰謀論者了。

[1] 這裡要提一個我們稱之為「弱」版的理論：美國政府未能針對「有人策畫攻擊」的情報採取行動，至少有一部分是因為政府裡有些比較好戰的人覺得「讓事情發生也沒關係」。在陰謀世界裡，這就是所謂的「故意使它發生」（Made It Happen On Purpose, MIHOP）和「故意讓它發生」（Let It Happen On Purpose, LIHOP）。雖然「故意讓它發生」的主張沒那麼難以置信，但還是純屬臆測。

[2] 我們沒試吃過。說不定很美味？可是生命太短暫了。

[3] 結果被推上火線的是川普的前競選總幹事保羅．馬納福特（Paul Manafort）。

[4] 控制"Q"帳號的人，事實上可能在某個時間點換過了，也許是某些人發現它擁有大量追隨者，所以搶走了帳號。

[5] 它跟同名的慈善組織「救助兒童會」毫無關係，不過這件事肯定讓該組織氣炸了。

結論

　　如果陰謀論充斥在我們周圍，而我們都無法不受影響；如果陰謀有時候是真的，而現實可能真的就如YouTube評論者瘋狂的幻想，你要如何知道眼前是編造的陰謀論，或是真正的陰謀？

　　我們無法確切地告訴你。（就算可以，我們顯然也不會這麼做，因為我們大概也參與了陰謀。）不過，我們可以提出一些或許對你有用的問題。這些不是萬無一失的規則，可以讓你輕易分辨出什麼是胡扯，但應該算是方便的參考，能讓你審視一下自己的思維，也希望你能避免掉進兔子洞。

可以證明它是錯的嗎？

　　科學探究的方式是驗證概念，看它們是不是錯了。所以，什麼能夠證明這是個虛假的陰謀論呢？哪些事實會讓你覺得：「哎呀，這不符合那個陰謀論嗎？」該陰謀論預測接下來會發生什麼事？

　　如果那些事確實存在，我們就來檢查陰謀論是否經得起新的事實考驗，或者情況是否未如預測發展。但要是真的沒有可

以證明的資訊，例如光明會跟這件事沒關係，那麼我們就只能依靠自己的信念了。

同理如下。

它如何處理矛盾的證據？

任何上得了檯面的理論（無論是否爲陰謀論）都必須面對一個事實：並非所有證據都會支持它。現實既混亂又複雜，而很久以前我們要處理的一些問題都還算簡單，像是重力、寶寶從哪裡來的、世界的形狀。[1]那些想要找出眞相的人，都會接受不利於自己主張的事實，並且試圖解釋清楚，不會隨便地說：「哎呀，他們就是會那麼說，對吧？」如果你眼前的理論一直忽視反證，或者把它們全都視爲陰謀的一部分，那就是一種警示了。

當你牽涉其中，記得確認人們引用的證據符合其主張。許多陰謀論者的「研究」，都利用了貨物崇拜（cargo cult，註：把外來的先進科技物品當作神祇崇拜）的概念：這種研究看起來就像扎實的科學或歷史，有堆積如山的證據、參考資料和補充說明。不過，正如我們經常提到的，只要你稍微認眞檢視一下，那些個別的證據往往都會站不住腳。如果磚牆塌了，房子當然也會倒。①

你在讀到那一堆奇怪又不相關的補充說明時，應該問問自己以下的問題。

它是否存在於小圈子裡？

針對特定主題，在無數相關的YouTube影片以及內容跟論文一樣長的網頁中，如果你看到大量補充說明引用了其他無數相關的YouTube影片，以及內容跟論文一樣長的網頁……這個嘛，你大概就心裡有數了。一小群人只會在一個封閉的迴路裡一再引用彼此的資料，但這並不是健全的作法。（這種判斷方式也適用於陰謀次文化、媒體管道和大學科系。）

你會以看待官方說法的標準，來看待陰謀論嗎？

我們提過，許多陰謀論都會在事件的主流或官方解釋中挑漏洞。這樣很好，因為我們本來就該挑出官方說法的漏洞。不過，這裡要注意兩件事。

第一點我們先前提過，就是要避免後見之明偏誤，別過度解讀矛盾之處，堅持一切都要有意義，認為事情不會隨機發生。另一點是，如果你非得用如此仔細嚴格的方式檢視主流說法，你也必須以相同標準來對待自己所主張的理論。沒錯，也許你認為官方報告難以置信，但是陰謀的內容會更可信嗎？

有鑑於此，我們也可以針對陰謀提出一些實際的問題。

這個陰謀必須牽涉多少人？以及是什麼在約束他們？

我們知道團體成員能夠以協調一致的方式保守祕密，甚至說謊，例如警方內部爆出醜聞後的行動。不過，我們也知道要

這麼做很困難。事情就是會洩露。人們會揭發真相。他們會告訴另一半，今天工作很辛苦。有時候，他們會詳細寫下自己做的壞事，或是拍下罪行的照片寄給所有好朋友。在現今的世界裡，健身App會透露祕密軍事基地的布局，Instagram會上傳祕密入侵活動，所以要真正做到保密，比以往更加困難。②

所以，我們一定要問執行這個陰謀必須牽涉多少人。每個人要知道多少？只有少數人完全知情，這樣真的合理嗎？在他們的圈子外都沒有人會懷疑嗎？

還有，是什麼能讓他們安分待在裡頭？大家一開始都是自願參加的嗎？或者每個Omnicorp（註：電影《機器戰警》〔RoboCop〕裡打造機器人的公司）的新員工都在就職訓練時得知自己來到了一個邪惡組織，結果卻沒有人辭職？[2]

而且，你能保證大家都不會背叛嗎？例如，全世界的大製藥公司都參與了在疫苗中加入微晶片的陰謀，為什麼沒有哪家公司會想出賣大家，揭發一切，把競爭者全都搞到破產入獄，由自己壟斷全球生意？

它是不是把陰謀者的能力形容得太誇張了？

我們有很多證據可以證明政府、公司和權威人士真正的能力，而其答案是「不太行」。所以，為什麼他們一投入陰謀，就突然變得厲害無比？

同理，如果你說的陰謀者真的是天才，為什麼他們不把才

能用在一般正常的地方，發揮更大的價值。以5G技術為例，你又不需要邪惡動機才能解釋人們為何採用極為流行的消費者技術。如果所有行動網路都把5G技術當成行銷重點，或許它就不是祕密陰謀。

這個計畫指望一切都順利進行嗎？

陰謀論經常是倒著運作的，它們會鎖定一連串事件，然後發展出一套說法來解釋。但如果將其順序反過來從頭開始也可以嗎？如果你是陰謀者，想要達成一個特定的目標，你真的會想採用這種方式嗎？或是你的作法不允許任何人搞砸，而且必須發生一大堆無法預測的事？

如果某個計畫是讓事件A產生政策B，導致民眾強烈反應C，因而促成權力真空D，那麼一定會有比較簡單、比較可靠，也比較不會讓你坐牢的替代方案。這種情節在電影裡比較可能順利發展，或許還可以加上一些很酷的爆炸場景，但如果是想解釋世界如何運作，就沒那麼有用了。

陰謀是否完全保密，除了陰謀者會故意把有如密碼的線索安排於顯眼之處，例如印在鈔票上之類的，彷彿是嘲弄警察大人的連環殺手？

沒人會幹這種事。下一題。

陰謀背後的動機合理嗎？

911 事件陰謀論最令人難以置信的部分，是透過前所未見的暴行，讓西方國家有充分的藉口在中東採取軍事行動。老實說，「干預中東事務又保持沉默」在歷史上從來就不是西方外交政策的主要特徵。[3]至少，你不會覺得這麼做……太多此一舉了嗎？你就不能只刺殺個大使之類的嗎？很多發動戰爭的理由都比這件事輕微多了。

換句話說，在考量陰謀者的動機時，你可以自問這是不是他們要的，以及此陰謀是不是實現目標的必要或合理計畫。

從類似的觀點來看，「誰能從中得利？」是陰謀思維中很常見的問題，依照其邏輯，任何事件的受益人都是主嫌。問題是，世界的運作沒那麼簡單。隨機的事隨時都在發生，偶爾就是會有人幸運得到好處。就像疫情並不是由物流公司、視訊會議平台、戶外暖爐製造商和酒精凝膠供應商聯合造成的。

這些人真的有可能合作嗎？

我們從一開始就提過，陰謀論者傾向假設他們討厭的每個人都暗中勾結。此外，許多陰謀思維採用的模式都可稱之為「公共論述的職業摔角模型」——一切都是表演，而所謂的敵人只是在跟著劇本走。在大庭廣眾之下，你會看見人們拿著椅子砸彼此的頭，但其實這一切都事先規畫好了，而演出結束後，他們就會互相稱讚對方做得好。

很明顯，這種情況肯定會發生在世界摔角娛樂（WWE）以外的領域。互相競爭的企業可能組成聯盟。獨裁領袖可能會創造出傀儡反對黨，藉由可控的管道來吸取不滿情緒。而許多媒體和政治人物確實就像在辦同樂會，權威人士在鏡頭前演出激烈爭論的模樣，後來在「演員」休息室裡又一起開懷大笑。

不過，這裡還是有個經驗法則可以參考：大家通常沒有表面上那麼團結。如果要說漫長的人類歷史教了我們什麼，那就是你很難集合所有人到同一個房間裡擠出笑容拍照，更別提還要讓他們為了共同目標努力，拋下短暫的私利、意識型態差異或個人恩怨。記者會上的那些政治人物，也許真的達成了共識，即將展開一段和諧與合作的新時代；但更可能的是他們之中有些人已經在密謀要怎麼從背後捅別人一刀。

構成真實世界巨大陰謀的，可能就是這些微小的計謀：微不足道、心胸狹窄、被私人野心驅使，而且依據的往往是誰又背叛了誰或遭誰背叛。

它讓你有什麼感覺？

這是經濟學家提姆・哈福德（Tim Harford）建議你在新聞中看到統計數字時，可以先思索的問題。④在這裡也適用。閱讀某些內容是否會激起你的情緒反應——恐懼、憤怒、厭惡？這時你就應該要小心了。原因不在於它並非事實，而是它卸下了你的防備。當我們被某件事擾亂情緒時，就比較難以判

斷它的眞僞，更不可能以批判的方式思考。（所有領域的詐騙分子都很清楚這一點，也會利用它來要我們。）

此時，或許你應該休息一下，先去散步，然後帶著清醒的頭腦回來重新檢視這件事。你也應該問自己：「它的說法令人滿意嗎？」再次強調，你必須保持謹慎，因爲現實往往無法令人滿意。

我們在問問題時，應該思考一下：「這眞的很重要嗎？」你有個朋友認爲中情局殺了甘迺迪，或者有個怪胎親戚認爲大地是平的。他們眞的有造成什麼傷害嗎？

也許沒有。不過，正如我們一再看到的，陰謀論通常都會愈演愈烈。只要你往兔子洞瞄一眼，就表示有可能會被拉進去，而一旦你進去之後，就很難再找到出來的路了。近年來就有無數令人心碎的相關故事：關係被破壞、家人被拆散、生活被毀掉。

除了個人的悲劇之外，有些陰謀論眞的能對社會造成傷害。例如，人們相信新冠肺炎疫苗是人口控制的工具，而非公共衛生措拖；例如，人們認爲少數團體是暗中損害社會的陰謀手段；例如，人們以爲自由公正的選舉被竊走了，而採取行動阻止總統就職。

然而，陰謀論會變成眞正的事業，還有另一個理由：它們能讓我們分心不去想實際的問題。現今世界上的許多麻煩，並

不是因為某個小團體在操控事件發生（講得好像真的有這種小團體似的）。這些麻煩牽涉的範圍更廣，影響也更深刻：這些是「我們」造成的麻煩，不是「它們」造成的麻煩。

以氣候變遷為例。全世界幾乎每個有聲響的科學組織都一致認同，這顆星球變得愈來愈熱，而且是人類活動造成的。截至2021年7月，有三分之一的美國人不覺得氣候變遷是人為導致，⑤雖然相信「氣候並未變遷」或認為「人類並非肇因」，不能算是陰謀思維，但你還是得解釋為什麼有97%的氣候科學家要掩蓋這件事。[3] 不過，就算是相信的人，也傾向認為這屬於少數邪惡公司的行為，而不是「全球經濟需求」這種非個人的力量。[4]

如果我們欺騙自己，認為只要找到那一小群壞蛋並繩之以法，就能解決複雜的社會問題，我們一定會大吃一驚。就這方面而言，如果你在乎導致陰謀論產生的那些問題，就應該仔細去了解真正的情況到底是什麼，以及我們該如何改善。

倫敦蘇活區（Soho）於1854年爆發嚴重霍亂疫情時，約翰‧史諾醫師看出了跟過去數十年一樣的模式：貧窮和疾病一直在為陰謀論與暴動火上加油。他勤奮工作，確認了每位犧牲者的位置，檢視他們如何聚集在同一地點，並且找出傳染來源就是一座太靠近糞坑的水泵，而他這麼做不只幫助阻止了疫情，還幫助了全世界開始反擊這種疾病，徹底改革公共衛生，也協助創立了流行病學。

由於人們往往不願放棄自己喜愛的信念，所以這種改變並非一夕之間發生，但病菌的理論還是逐漸爲大眾接受。相關當局理解了公共衛生的重要性；現代化的下水道系統開始在倫敦建設，後來也傳到其他城市。最後，這個在全球肆虐將近一個世紀的疾病開始慢慢減少。雖然我們還是沒能眞正解決霍亂，每年世界上還是會有數萬人死於這個能夠治療及預防的疾病，不過現在我們知道該怎麼做，而且也不會再責怪醫師了，至少在霍亂傳播這方面不會。

　　所以，我們應該要認眞看待陰謀論，也必須看清與反駁它們，不讓他人和自己上當。因爲要是被簡單的說法吸引，被誘導看見了錯誤的模式，或者相信每個災難背後都有邪惡大壞蛋主使，那麼我們就無法像約翰・史諾一樣，在形塑生活的無形力量中仔細發掘眞正的模式。如果我們不這麼做，就無法改善情況。

　　假如我們可以理解陰謀論，也許——只是也許——我們就能夠爬出兔子洞了。

附註 ————

[1] 很多物理學家大概都會異口同聲喊著:「重力才不簡單!」這種反應很正常。我們在此處指的比較偏向「蘋果往下掉」,而非「重力時間膨脹」或「三體問題」這些層面。

[2] 老實說,Omnicorp公司的員工福利真的很棒。他們在週五便服日有免費的披薩可以吃!

[3] 我們也不太清楚科學家為何要這麼做,畢竟那些願意揭發騙局的氣候學家,原本可以從石油公司那裡賺進一大筆錢。

[4] 有一份經常被引用的報告:2017年的碳巨頭報告(Carbon Majors Report)當中,指出過去三十年間,光是一百家公司的碳排放量就超過了全球總量的七成。在某種程度上,這是事實,不過,你必須稍微知道背景資料:那些都是提煉而非使用石化燃料的公司。

致謝

即使在最好的情況下，寫書也是一件孤獨的事。在該死的疫情期間寫書，孤獨感更要乘上好幾倍——就算這本書的作者不只有你一個人，但實際上你在寫書的時候還是一個人。感謝許多人或多或少的幫助，讓這個過程沒那麼孤獨；要感激的人太多，無法在此全部列出。

我們要感謝 Headline 出版的野火（Wildfire）全體團隊，包括艾利克斯·克拉克（Alex Clarke）、瑟琳娜·亞瑟（Serena Arthur）、塔拉·奧沙利文（Tara O'Sullivan）迅速而深入的編審，最重要的是艾拉·高登（Ella Gordon）在帶領這本書問世期間所展現的熱情、投入與幽默。要是少了我們的經紀人安東尼·塔平（Antony Topping），這一切就無法成真，一開始就是他提議我們可以合寫這本書，所以我們非常感激。

本書引用了許多學者和新聞工作者的原創著作，我們要深切感激他們的勤奮研究與真知灼見。文章中，有些地方只提到這些人的姓名，無法完整介紹他們在內容上給予本書莫大幫助的著作，因此我們十分鼓勵讀者進一步閱讀本書最後列出的書

籍與文章。當然，因為這些著作所產生的任何錯誤、曲解或過度熱心的推斷，都是出於我們之手。

強恩要感謝：他的媽媽金（Kim）和她的另一半艾倫（Alan）；許多朋友與同事，包括史科特（Scot）、馬努（Manu）、雷切爾（Rachel）、布拉德（Brad）、詹姆斯（James）、賈斯伯（Jasper）、湯姆（不是另一個作者）、吉姆（Jim，跟詹姆斯是不同人）、馬特（Matt）、蘭斯（Lance）；強恩在《新政治家》（*New Statesman*）的編輯；強恩想要大吵一架來讓頭腦清醒時，在推特上好心幫忙的所有人，但要特別註明除了反疫苗人士以外；亨利・史坎皮（Henry Scampi），牠是全世界最棒的狗狗，沒錯，沒錯，沒錯；還有艾格尼絲，本來就是最棒的了。

湯姆要感謝：他的家人——唐、科萊特、班（Ben）、艾莉（Ellie）——謝謝他們的支持與容忍；提供鼓勵與建設性對話（無論切題或離題）的朋友，特別是詹姆斯、馬哈（Maha）、克里斯（Chris）、達米安（Damian）、荷莉（Holly）、西安（Sian）、艾格尼絲，以及最重要的救命恩人凱特（Kate）；在Full Fact事實查核組織的前同事，他們都是很棒的人，還幫助湯姆構思了這些主題。考量到本書的寫作環境，湯姆也要感謝他的室內盆栽：肯（Ken）、莉莉（Lily）、蜘蛛俠（Spidey）、蜘蛛俠二代、小伯蒂（Lil' Bertie），以及死去的加雷斯（Gareth）。加雷斯，我真的很抱歉。

我們想要感謝白熊（White Bear）、逃亡者汽車旅館（Fugitive Motel）和狗屋（Dog House）的工作人員，他們幫了很多忙（至少是在我們能合法出門去那裡工作的期間）。

　　最後，強恩和湯姆要感謝對方：感謝對方的包容與打氣，感謝對方一起度過辛苦工作和拖稿的時刻，更要感謝這段無價的友誼。雖然有些人這麼預言，但我們並未謀殺對方，這一點我們兩人都感激不盡。

關於作者

湯姆‧菲利普斯是Full Fact慈善機構的前編輯，這是英國頂尖的獨立事實查核組織。先前他也擔任過BuzzFeed UK的編輯總監。湯姆的第一本書《人類很有事：草包伴裝英雄，犯蠢牽拖水逆，跨越萬年的暗黑愚行史》出版於2018年，後來被翻譯超過三十種語言。湯姆的第二本書《真相：屁話簡史》在2019年出版，並已在二十個國家／地區上市。

強恩‧艾立奇經常替《大誌》（*Big Issue*）雜誌和《新政治家》撰稿，但沒那麼常替《衛報》和《連線》（*Wired*）雜誌寫文章，另外也幾乎是《Newsletter of (Not Quite) Everything》每週電子報的固定撰稿者。他先前擔任過《新政治家》的助理編輯，負責發表和編輯都市主義網站CityMetric的內容、主持Skylines播客，以及撰寫許多關於住宅危機的憤怒專欄文章。目前住在倫敦東區（East End）。約翰的第一本書《（不完整的）一切之概要》（The Compendium of (Not Quite) Everything）已於2021年出版。

註釋

前言：為什麼人們會相信陰謀論？

① 唐納・J・川普2020年11月4日推特推文（已刪除）；由Aaron Ruparq引
   用，'Trump signals he's counting on the Supreme Court to help him steal the
   election', *Vox*, 4 November 2020

② Li Cohen, '6 conspiracy theories about the 2020 election – debunked',
   CBS News, 15 January 2021; Sam Levine, 'Arizona Republicans hunt for
   bamboo-laced China ballots in 2020 "audit" effort', *Guardian*, 6 May 2021.

③ Marshall Cohen, '"Things could get very ugly": Experts fear post-election
   crisis as Trump sets the stage to dispute the results in November', CNN, 21
   July 2020; David A. Graham, 'The "Blue Shift" Will Decide the Election',
   The Atlantic, 10 August 2020.

④ Ipsos, 'Over half of Republicans believe Donald Trump is the actual President
   of the United States', ipsos.com, 21 May 2021.

⑤ Jonathan Swan, 'Scoop: Trump's plan to declare premature victory', Axios, 1
   November 2020.

⑥ Amy Sherman and Miriam Valverde, 'Joe Biden is right that more than 60 of
   Trump's election lawsuits lacked merit', Politifact, 8 January 2021; Michael
   D. Shear and Stephanie Saul, 'Trump, in Taped Call, Pressured Georgia Official
   to "Find" Votes to Overturn Election', *New York Times*, 3 January 2021.

⑦ Joseph Roisman, *The Rhetoric of Conspiracy in Ancient Athens*, University
   of California Press, 2006; Victoria Emma Pagán, 'Conspiracy Theories in the
   Roman Empire', *Routledge Handbook of Conspiracy Theories*, Routledge,
   2020.

⑧ Greg Miller, 'The enduring allure of conspiracies', *Knowable Magazine*, 14 January 2021; NPR, 'American Shadows', *Throughline*, 7 March 2019; Joseph E. Uscinski and Joseph M. Parent, *American Conspiracy Theories*, Oxford University Press, 2014, pp. 1–3.

⑨ Adam Smith, *The Wealth of Nations: Books 1–3*, Penguin Books, 1999, p. 12.

Chapter 1　什麼是陰謀論？

① 關於威廉的謀殺案及後續的描述，有許多都來自 E・M・蘿絲的著作，*The Murder of William of Norwich: The Origins of the Blood Libel in Medieval Europe*, Oxford University Press, 2015.

② Michael Butter, 'There's a conspiracy theory that the CIA invented the term "conspiracy theory" – here's why', *The Conversation*, 16 March 2020.

③ Andrew McKenzie-McHarg, 'Conceptual History and Conspiracy Theory', *Routledge Handbook of Conspiracy Theories*, Routledge, 2020, p. 23.

④ Thomas of Monmouth, *The Life and Passion of William of Norwich,* Penguin Classics (Kindle edition), 2014.

⑤ Gavin I. Langmuir, 'Thomas of Monmouth: Detector of Ritual Murder', *Speculum*, Vol. 59, No. 4, October 1984, pp. 820–46.

⑥ Richard Hofstadter, 'The Paranoid Style in American Politics', Knopf Doubleday Publishing Group, 2008, p. 29.

⑦ Hofstadter, 'The Paranoid Style in American Politics', p. 36.

⑧ Rose, *The Murder of William of Norwich*, p. 206.

Chapter 2　嚇唬你的！

① Mimi Swartz, 'The Witness', *Texas Monthly*, November 2003.

② Arthur Goldwag, *Cults, Conspiracies & Secret Societies*, Vintage Books, 2009.

③ 'What Aren't They Telling Us? Chapman University Survey of American Fears', blogs.chapman.edu, 11 October 2016.

④ 'Democrats and Republicans differ on conspiracy theory beliefs', publicpolicypolling.com, 2 April 2013.

⑤ Art Swift, 'Majority in U.S. Still Believe JFK Killed in a Conspiracy', news. gallup. com, 15 November 2013.

⑥ Joel Rogers de Waal, 'Brexit and Trump voters are more likely to believe in conspiracy theories', YouGov.co.uk, 14 December 2018.

⑦ Joseph E. Uscinski and Joseph M. Parent, *American Conspiracy Theories*, Oxford University Press, 2014.

⑧ Mick West, *Escaping the Rabbit Hole*, Skyhorse, August 2020; Michael Shermer, *Conspiracies & Conspiracy Theories*, Audible, September 2019; David Robson 'Why smart people are more likely to believe fake news', *Guardian*, 1 April 2019.

⑨ Joseph E. Uscinski, 'How playing on conspiracy theories can be key to electoral success', blogs.lse.ac.uk, 7 June 2016.

⑩ Sharon Parsons, William Simmons, Frankie Shinhoster and John Kilburn, 'A Test Of The Grapevine: An Empirical Examination Of Conspiracy Theories Among African Americans', *Sociological Spectrum*, Vol. 19, No. 2, 1999, pp. 201–22.

⑪ Sam Jackson, *Conspiracy Theories in the Patriot/Militia Movement*, extremism.gwu.edu, May 2017.

⑫ Michael Shermer, 'Why Do People Believe in Conspiracy Theories?', scientificamerican.com, 1 December 2014.

⑬ Uscinski and Parent, *American Conspiracy Theories*; Shermer, 'Why Do People Believe in Conspiracy Theories?'; Michail Zontos, 'Book Review: *American Conspiracy Theories* by Joseph E. Uscinski and Joseph M. Parent', blogs.lse.ac.uk, 25 February 2015.

⑭ Jan-Willem van Prooijen, 'Voters on the extreme left and right are far more likely to believe in conspiracy theories', blogs.lse. ac.uk, 24 February 2015.

⑮ 'What Aren't They Telling Us?', blogs.chapman.edu.

⑯ Robert Brotherton, Christopher C. French and Alan D. Pickering, Goldsmiths University of London, 'Measuring belief in conspiracy theories: the generic conspiracist beliefs scale', *Frontiers in Psychology*, Vol. 4, 2013.

⑰ 許多認知偏誤及其與陰謀論之關聯的討論都來自：Shermer, *Conspiracies & Conspiracy Theories*.

⑱ 這段釋義經常在此文獻主旨中重複：Michael Barkun, *A Culture of Conspiracy*, *(Comparative Studies in Religion and Society)*, University of California Press, 2013.

⑲ Goldwag, *Cults, Conspiracies, & Secret Societies*.

⑳ Shermer, *Conspiracies & Conspiracy Theories*.

㉑ Tamotsu Shibutani, *Improvised News: A Sociological Study of Rumor*, The Bobbs-Merrill Company, 1966, p. 57.

㉒ Felix Light, 'Coronavirus Conspiracy Theories Flourish in Russia's Republic of North Ossetia', *Moscow Times*, 22 May 2020.

㉓ Joseph Melnyk, Sophia Pink, James Druckman and Robb Willer, 'Correcting Inaccurate Metaperceptions Reduces Americans' Support for Partisan Violence', OSF Preprints, 20 September 2021.

㉔ West, *Escaping the Rabbit Hole*.

㉕ David Robarge, 'DCI John McCone and the Assassination of President John F. Kennedy', *Studies In Intelligence,* Vol. 51, No. 3, September 2013, p. 13.

Chapter 3　散布陰謀流言

① Jérôme Jamin, 'Cultural Marxism: A survey', *Religion Compass*, Vol. 12, January–February 2018.

② Leopold Engel, *Geschichte des Illuminatenordens*, 1906, p. 102, quoted in Klaus Epstein, *The Genesis of German Conservatism*, Princeton University Press, 1966, p. 91.

③ '*Einmal gefalt mir sein Gang nicht: seine Manieren sind roh un ungesh-liffen ...*' from Reinhard Markner, Monika Neugebauer-Wölk and Hermann Schüttler, *Die Korrespondenz des Illuminatenordens, Band I: 1776-1781*, De Gruyter, 2011, p. 8.

④ Adam Weishaupt, *A Brief Justification of My Intentions*, Justice Publications, 2014. Kindle edition.

⑤ Weishaupt, *A Brief Justification*.

⑥ Sisko Haikala, 'Denouncing the Enlightenment by Means of a Conspiracy Thesis: Göchhausen's *Enthullung der Weltburgerrepublik'*, *Finnish Yearbook of Political Thought,* Vol. 4, No. 1, 2000, pp. 96–125.

⑦ Epstein, *The Genesis of German Conservatism*, p. 521.

⑧ Epstein, *The Genesis of German Conservatism*, p. 526.

⑨ Epstein, *The Genesis of German Conservatism,* p. 537.

⑩ Amos Hofman, 'The Origins of the Theory of the Philosophe Conspiracy', *French History*, Vol. 2, No. 2, 1988, pp. 152–172.

⑪ Amos Hofman, 'Opinion, Illusion, and the Illusion of Opinion: Barruel's Theory of Conspiracy', *Eighteenth-Century Studies*, Vol. 27, No. 1, Autumn 1993, pp. 27–60.

⑫ Augustin Barruel, *Memoirs Illustrating the History of Jacobinism,* Real View Books, 1995, p. 410, p. 68, p. 72.

⑬ John Playfair, 'Biographical Account of the Late John Robison, LL.D', *The Works of John Playfair, Vol IV*, A. Constable & Co, 1822, p. 163.

⑭ Elizabeth Wynne Fremantle, *The Wynne Diaries, 1789–1820*, (ed. Anne Freemantle), Oxford University Press, 1952, p. 168; Mark Dilworth, 'Horn, Alexander [name in religion Maurus] (1762– 1820), Benedictine monk and political agent', *Oxford Dictionary of National Biography*, 23 September 2004.

⑮ Playfair, *The Works of John Playfair*, p. 161.

⑯ Kim A. Wagner, *The Great Fear of 1857: Rumours, Conspiracies and the Making of the Indian Uprising*, Peter Lang, 2010.

⑰ Aisha K. Finch, *Rethinking Slave Rebellion in Cuba*, University of North Carolina Press, 2015.

⑱ Tom Zoellner, 'How a wild conspiracy theory hastened the end of Texas independence', *Washington Post*, 14 May 2020.

⑲ Michael Taylor, 'British Conservatism, the Illuminati, and the Conspiracy Theory of the French Revolution, 1797–1802', *Eighteenth-Century Studies*, Vol. 47, No. 3, Spring 2014, pp. 293–312.

⑳ Edmund Burke, in Barbara Lowe, P. J. Marshall & John A. Woods (eds),

The Correspondence of Edmund Burke, Vol. X, Cambridge University Press, 1978, pp. 38–39.

㉑ J. M. Roberts, *The Mythology of the Secret Societies*, 3rd ed., Watkins, 2008, p. 207.

㉒ Hofman, 'Opinion, Illusion, and the Illusion of Opinion: Barruel's Theory of Conspiracy'.

㉓ Jean Joseph Mournier, *On the Influence Attributed to Philosophers, Freemasons, and to the Illuminati, on the Revolution of France*, W. and C. Spilsbury, 1801, p. v.

㉔ Andrew McKenzie-McHarg, 'How to Sabotage a Secret Society: The Demise of Carl Friedrich Bahrdt's German Union In 1789', *The Historical Journal*, Vol. 61, No. 2, 2018, pp. 379–402.

㉕ Thomas Jefferson, 'From Thomas Jefferson to Bishop James Madison, 31 January 1800', *Founders Online*, National Archives (Original source: *The Papers of Thomas Jefferson*, Vol. 31, 1 February 1799–31 May 1800, ed. Barbara B. Oberg, Princeton University Press, 2004, pp. 349–352).

㉖ Vernon Stauffer, *New England and the Bavarian Illuminati*, Good Press, 2019.

Chapter 4　都是明星惹的禍

① Matt Thompson, 'Paul is Dead', BBC Radio 4, first broadcast October 2014; Rob Sheffield, '"Paul Is Dead": The Bizarre Story of Music's Most Notorious Conspiracy Theory', *Rolling Stone*, 11 October 2019; Dorothy Bacon, 'Paul Is Still With Us', *Life,* 7 November 1969 (available online via the Paul McCartney Project: the-paulmccartney-project.com/interview/the-case-of-the-missing-beatles-paul-is-still-with-us/); Avery Gregurich, 'Pop star's death rumor begins at Drake', *Times-Delphic*, April 2013.

② Dorothy Bacon, 'Paul Is Still With Us'.

③ Rob Sheffield, '"Paul Is Dead"'.

④ Marina Hyde, 'Whoever hacked Rebekah Vardy's Insta was obviously never at Baden-Baden', *Guardian*, 10 October 2019.

⑤ Ovid, *Metamorphoses XV*, 840.

⑥ Greg Jenner, *Dead Famous: An Unexpected History of Celebrity from Bronze Age to Silver Screen*, Weidenfeld & Nicolson, 2020.

⑦ Michelle Ruiz, 'A Deep Dive Into Brad Pitt and Jennifer Aniston's Relationship – and Our Obsession With It', *Vogue*, 21 January 2020.

⑧ 'Paul is Dead,' BBC Radio 4.

⑨ 'Celebrity Doppelgangers', doppels.proboards.com.

⑩ Larry Bartleet, 'Imposter alert! Nine ridiculous conspiracy theories about celebrity changelings', *NME*, May 2017.

⑪ Ryan Broderick, 'Here's How I Accidentally Made an Old Avril Lavigne Death Hoax Go Viral', buzzfeed.com, 2 October 2015.

⑫ 'Avril Lavigne morreu e foi substituída por uma sósia?', Avril Esta Morta: A Teoria Da Conspiracao, avrilestamorta-blogspot-com, May 2011.

⑬ Ashley Feinberg, 'Did Avril Lavigne Die in 2003?: An Internet Conspiracy, Explained', blackbag.gawker.com, 2 October 2015; Ryan Bassil, 'Investigating the Conspiracy that Says Avril Lavigne was Killed Off and Replaced with an Actress', *Vice*, 1 October 2015.

⑭ Kenneth Partridge, 'Suspicious Minds: The Bizarre, 40-year History of Elvis Presley Sightings', mentalfloss.com, 14 August 2017; Patrick Lacy, '1977 International Flight of Fancy', elvisde- coded.blogspot.com, 26 February 2012.

⑮ BuzzFeed Unsolved Network, 'The Mysterious Death of Tupac Shakur: Part 1', youtube.com.

⑯ 這段的原始資料包括：Arit John, 'All the Illuminati References in Katy Perry's Dark Horse Video', *The Atlantic*, 20 February 2014; 'Katy Perry: I Want to Join the Illuminati!', *Rolling Stone*, August 2014.

⑰ Lindsay Grace, 'Games blamed for moral decline and addiction throughout history', theconversation.com, 9 October 2019.

⑱ Tess Barker and Barbara Gray, '"Me Time" :)', *Britney's Gram,* 4 April 2019.

⑲ 'Britney Spears Checks in to Mental Health Facility … Distraught Over Dad's Illness', TMZ, 3 April 2019.

⑳ Tess Barker and Barbara Gray, '#FREEBRITNEY', *Britney's Gram,* 16 April 2019.

㉑ *When Louis Met ... Jimmy*, director Will Yapp, writer Louis Theroux, BBC Two, 13 April 2000.

Chapter 5 　刺客「叫」條

① William Hanchett, *The Lincoln Murder Conspiracies*, University of Illinois Press, 1986, p. 234.

② Charles Chiniquy, *Fifty Years in the Church of Rome*, Craig & Barlow, 1885, p. 5, p. 668-669.

③ Hanchett, *The Lincoln Murder Conspiracies*, p. 164.

④ Jonn Elledge, 'The most dangerous job in America? US presidents have a fatality rate roughly 27 times that of lumberjacks', *New Statesman*, 25 October 2016.

⑤ John Smith Dye, *The Adder's Den, or, Secrets of the Great Conspiracy to Overthrow Liberty in America*, 1864, p. 91.

⑥ Manuel Eisner, 'Killing Kings: Patterns of Regicide in Europe, AD 600–1800', *The British Journal of Criminology*, Vol. 51, No. 3, 2011, pp. 556–577.

⑦ R. G. Hoffman, 'The Age of Assassination: Monarchy and Nation in Nineteenth-century Europe' in J. Rüger & N. Wachsmann (eds), *Rewriting German History*, Palgrave Macmillan, 2015.

⑧ Emma Graham-Harrison, Andreas Rocksen and Mads Brügger, 'Man accused of shooting down UN chief: "Sometimes you have to do things you don't want to ..."', *Guardian*, 12 January, 2019

⑨ 'Excerpts: Israeli security cabinet statement', news.bbc.co.uk, 11 September 2003.

⑩ Harry Enten, 'Most People Believe In JFK Conspiracy Theories', fivethirtyeight.com, 23 October 2017.

⑪ Bertrand Russell, *The Autobiography of Bertrand Russell*, Taylor and Francis, 2000, Kindle edition, pp. 663 and 699.

⑫ Karen Barlow, 'Holt disappearance theories resurrected online', abc.net.au, 25 September 2007.

⑬ Bridget Judd, 'Inside the disappearance of Harold Holt – one of the largest search operations in Australian history', abc.net.au, 31 October 2020.

⑭ Tom Frame, *The Life and Death of Harold Holt*, Allen and Unwin, 2005, p. 273.

⑮ I. R. Hancock, 'Holt, Harold Edward (1908–1967)', *Australian Dictionary of Biography*, National Centre of Biography, Australian National University, first published 1996, accessed online 2 March 2021.

Chapter 6　不明「流」行物體

① John Winthrop, *The Journal of John Winthrop, 1630–1649,* Laetitia Yeandle and Richard Dunn (eds), Belknap Press of Harvard University Press, 2009, p. 284.

② Michael Barkun, *A Culture of Conspiracy (Comparative Studies in Religion and Society)*, University of California Press, 2013, p. 81; and Lydia Saad, 'Do Americans Believe in UFOs?', gallup. com, 20 May 2021

③ Barkun, *A Culture of Conspiracy*, 2013, p. 81; and Lydia Saad, 'Americans Skeptical of UFOs, but Say Government Knows More', gallup. com, 6 September 2019

④ For example: Helene Cooper, Ralph Blumenthal and Leslie Kean, '"Wow, What Is That?" Navy Pilots Report Unexplained Flying Objects', *New York Times*, 26 May 2019.

⑤ Daniel Drezner, 'UFOs exist and everyone needs to adjust to that fact', *The Washington Post*, 28 May 2019.

⑥ 'Preliminary Assessment: Unidentified Aerial Phenomena', Office of the Director of National Intelligence, dni.gov, 25 June 2021.

⑦ John Winthrop, *The Journal of John Winthrop, 1630–1649,* p. 493.

⑧ Cotton Mather, *Magnalia Christi Americana*, Thomas Parkhurst, 1702, p. 25–26.

⑨ Jason Colavito, 'The UFO Battle over Nuremberg', jasoncolavito. com, 12 December 2012.

⑩ William J. Birnes, *The Everything UFO Book*, Everything, 2011, pp. 21–2.

⑪ Han Dae-gwang, 'UFO incident in the Joseon Dynasty', khan. co.kr, 18 July 2016.

⑫ Tomas Blahuta, 'Ufologist: Slovak fighters have already chased UFOs, the inter-dimensional gate is not far from the nuclear powerplant in Jaslovské Bohunice (Interview), refresher.sk, 15 February 2019.

⑬ Richard Stothers, 'Unidentified Flying Objects in Classical Antiquity', *The Classical Journal*, Vol. 103, No. 1, Oct–Nov 2007.

⑭ Stothers, 'Unidentified Flying Objects in Classical Antiquity'.

⑮ Donald R. Prothero and Timothy D. Callahan, *UFOs, Chemtrails, and Aliens: What Science Says*, Indiana University Press, 2017, p. xii.

⑯ Gregory L. Reece, *UFO Religion: Inside Flying Saucer Cults and Culture*, Bloomsbury, 2007, p. 213

⑰ 'Science: Martians over France', *Time*, 25 October, 1954.

⑱ Megan Garber, 'The Man Who Introduced the World to Flying Saucers', *The Atlantic*, 15 June 2014; Quotation from the *Spokane Daily Chronicle*, 27 June 1947.

⑲ 故事來自：Goldwag, *Cults, Conspiracies, & Secret Societies*.

⑳ Pew Research Centre, 'Beyond Distrust: How Americans View Their Government', pewresearch.org, 23 November 2015.

㉑ Lily Rothman, 'How the Roswell UFO Theory Got Started' *Time*, 7 July 2015.

㉒ 'Top 10 literary hoaxes', *Guardian*, 15 November 2001.

㉓ Goldwag, *Cults, Conspiracies, & Secret Societies*.

㉔ Gideon Lewis-Kraus, 'How The Pentagon Started Taking UFOs Seriously', *New Yorker*, 30 April 2021.

㉕ Helene Cooper, Ralph Blumenthal and Leslie Kean, 'Glowing Auras and "Black Money"', *New York Times*, 16 December 2017.

㉖ Timothy Egan, 'Terror In Oklahoma, In Congress: Trying to Explain Contacts With Paramilitary Groups', *New York Times*, 2 May 1995.

㉗ Patricia Sullivan, 'Militia-friendly Idaho Rep. Helen Chenoweth- Hage (Obituary), *Washington Post*, 4 October 2006.

㉘ Rose Eveleth, 'Even Astronauts Have Accidents', *Smithsonian Magazine*, 11 June 2013.

㉙ James Ball, 'Alex Gibney on Kubrick and the Moon Landing', *The New*

Conspiracist, season 2, episode 1, 23 April 2021.

㉚ Richard Godwin, 'One giant ... lie? Why so many people still think the moon landings were faked', *Guardian*, 10 July 2019.

㉛ David Crookes, 'Yuri Gagarin: How the first man in space sparked a conspiracy theory', *All About Space* magazine/livescience. com, 12 April 2021.

㉜ Available via Wikimedia Commons (en.wikipedia.org/wiki/ Mowing-Devil#/ media/File:Diablefaucheur.jpg)

㉝ Jeremy Northcote, *Spatial distribution of England's crop circles: Using GIS to investigate a geo-spatial mystery*, Edith Cowan University Australia, sieu.edu.

㉞ William Tuohoy, '"Crop Circles" Their Prank, 2 Britons Say', *Los Angeles Times*, 10 September 1991; Leon Jaroff, 'It Happens in the Best Circles', *Time*, 23 September 1991.

㉟ This section draws heavily on an article Jonn wrote for the *New Statesman* in 2018 (he was going through a very difficult period personally at the time): Jonn Elledge, 'What if the same force that created civilisation is the thing most likely to destroy it?', *New Statesman*, 3 August 2018.

Chapter 7　假新聞在瘟疫蔓延時

① Richard J. Evans, 'Epidemics And Revolutions: Cholera In Nineteenth-Century Europe', *Past & Present*, Vol. 120, No. 1, 1988, p. 129.

② Heinrich Heine, *French Affairs: Letters from Paris (Vol. I)*, W. Heinemann, 1893, p. 169.

③ Alexandre Dumas, *My Memoirs (Vol. VI)*, trans. E. M. Waller, Methuen, 1907, p. 119.

④ Alexandre Boumard, 'Du choléra-morbus, ou De l'asthénie des organes gastriques', 1832, quoted in François Delaporte, *Disease and Civilization: The Cholera in Paris, 1832*, trans. Arthur Goldhammer, MIT Press, 1986, p. 48.

⑤ Dumas, *My Memoirs*, p. 119; Heine, *French Affairs*, p. 171.

⑥ Delaporte, *Disease and Civilization*, p. 56.

⑦ Quoted in Delaporte, *Disease and Civilization*, p. 53.

⑧ Heine, *French Affairs*, p. 170.

⑨ Samuel K. Cohn Jr, 'Cholera revolts: a class struggle we may not like', *Social History*, Vol. 42, No. 2, 2017, pp. 162–180.

⑩ Cohn, 'Cholera revolts'.

⑪ Samuel K. Cohn, Jr., *Epidemics: Hate and Compassion from the Plague of Athens to AIDS*, Oxford University Press, 2018, pp. 169 and 172; John Puntis, '1832 Cholera Riots' (letter), *Lancet*, Vol. 358, Issue 9288, 6 October 2001.

⑫ Cohn, *Epidemics*, p. 166.

⑬ Sean Burrell and Geoffrey Gill, 'The Liverpool Cholera Epidemic of 1832 and Anatomical Dissection – Medical Mistrust and Civil Unrest', *Journal of the History of Medicine and Allied Sciences*, Vol. 60, No. 4, October 2005, pp. 478–98; Geoffrey Gill, Sean Burrell and Jody Brown, 'Fear and frustration: the Liverpool cholera riots of 1832', *Lancet*, Vol. 358, Issue 2001, pp. 233–7.

⑭ Cohn, *Epidemics*, p. 172.

⑮ R. J. Morris, *Cholera 1832 – The Social Response to an Epidemic*, Holm & Meier, 1976, quoted in Burrell and Gill, 'The Liverpool Cholera Epidemic'; C. R. Goring, M.D., 'Cholera or No Cholera – Tricks of Some Governments' (letter), *Lancet*, Vol. 17, Issue 432, 10 December 1831, p. 377.

⑯ Alessandro Manzoni, *I Promessi Sposi*, Cosimo Inc, 2010, p. 534.

⑰ *The New York Herald*, European edition, 31 January 1890.

⑱ See, for example, *Richmond Palladium*, Vol. 43, No. 284, 11 October 1918, p. 2.

⑲ *New York Times*, 19 September 1918, p. 11.

⑳ Cohn, *Epidemics*, p. 546.

㉑ Pam Belluck, 'Red Cross Faces Attacks at Ebola Victims' Funerals', *New York Times*, 12 February 2015; Cohn, *Epidemics*, p. 261.

㉒ 'The Epidemic of Plague in Hong Kong', *British Medical Journal*, Vol. 1, No. 1326, 16 June 1894.

㉓ E. Pryor, 'The Great Plague of Hong Kong', *Journal of the Hong Kong Branch of the Royal Asiatic Society*, Vol. 15, 1975, pp. 61–70.

㉔ Srilata Chatterjee, 'Plague and Politics in Bengal 1896 to 1898', *Proceedings of the Indian History Congress*, Vol. 66, 2005–2006, pp. 1194–1201; Natasha Sarkar, 'Plague in Bombay: Response of Britain's Indian Subjects to Colonial Intervention', *Proceedings of the Indian History Congress*, Vol. 62, 2001, pp. 442–9; Anita Prakash, 'Plague Riot In Kanpur – Perspectives on Colonial Public Health Policy', *Proceedings of the Indian History Congress*, Vol. 69, 2008, pp. 839–846; Ira Klein, 'Plague, Policy and Popular Unrest in British India', *Modern Asian Studies*, Vol. 22, No. 4, 1988, pp. 723–755

㉕ Margot Minardi, 'The Boston Inoculation Controversy of 1721–1722: An Incident in the History of Race', *William and Mary Quarterly*, Third Series, Vol. 61, No. 1, January 2004, pp. 47–76.

㉖ Mark Best, Duncan Neuhauser and L. Slavin, '"Cotton Mather, you dog, dam you! I'l inoculate you with this; with a pox to you": smallpox inoculation, Boston, 1721', *Quality & Safety In Health Care*, Vol. 13, No. 1, 2004, pp. 82–83; Matthew Niederhuber, 'The Fight Over Inoculation During the 1721 Boston Smallpox Epidemic', *Science in the News (Harvard University)*, 31 December 2014.

㉗ John B. Blake, 'The Inoculation Controversy in Boston: 1721– 1722', *New England Quarterly*, Vol. 25, No. 4, December 1952, pp. 489–506; Amalie M. Kass, 'Boston's Historic Smallpox Epidemic', *Massachusetts Historical Review*, Vol. 14, 2012, pp. 1–51.

㉘ Robert M. Wolfe and Lisa K. Sharp, 'Anti-Vaccinationists Past And Present', *British Medical Journal*, Vol. 325, No. 7361, 24 August 2002, pp. 430–2; Aaron Rothstein, 'Vaccines and their Critics, Then and Now', *New Atlantis*, No. 44, Winter 2015, pp. 3–27.

㉙ Dale L. Ross, 'Leicester and the anti-vaccination movement, 1853–1889', *Transactions – The Leicestershire Archaeological and Historical Society*, Vol. 43, 1967, pp. 35–44; S. C. McFarland, 'The vaccination controversy at Leicester'/'The vaccination controversy at Leicester – Continued', *Public Health Reports (1896–1970)*, Vol. 15, No. 10, 9 March 1900, pp. 551–5.

㉚ Robert Bartholomew and Hilary Evans, *Panic Attacks: Media Manipulation and Mass Delusion*, The History Press, 2013.

㉛ Jesse Hicks, 'Pipe Dreams: America's Fluoride Controversy', *Distillations (Science History Institute)*, 24 June 2011.

㉜ A. R. Mushegian, 'Are There 1031 Virus Particles on Earth, or More, or Fewer?', *Journal of Bacteriology*, Vol. 202, No. 9, 9 April 2020.

Chapter 8　對2020年的後見之明

① Katie Shepherd, 'A man thought aquarium cleaner with the same name as the anti-viral drug chloroquine would prevent coronavirus. It killed him', *Washington Post*, 24 March 2020; Mohammad Delirrad and Ali Banagozar Mohammadi, 'New Methanol Poisoning Outbreaks in Iran Following Covid-19 Pandemic', *Alcohol and Alcoholism*, Vol. 55, Issue 4, July 2020, pp. 347–8; Dickens Olewe, 'John Magufuli: The cautionary tale of the president who denied coronavirus', news.bbc.co.uk, 18 March 2021.

② Leo Benedictus, 'There is no plan to combat the new coronavirus with helicopters spraying disinfectant', fullfact.org, 1 April 2020.

③ Jim Waterson and Alex Hern, 'At least 20 UK phone masts vandalised over false 5G coronavirus claims', *Guardian*, 6 April 2020; James Vincent, '5G coronavirus conspiracy theorists are endangering the workers who keep networks running', *The Verge*, 3 June 2020.

④ 臉書貼文後來刪除了；Victoria Bell有圖片存檔，'Facebook brands post linking Wuhan coronavirus to 5G "false information"', Yahoo! News, 31 January 2020.

⑤ Quinn T. Ostrom, Stephen S. Francis and Jill S. Barnholtz-Sloan, 'Epidemiology of Brain and Other CNS Tumors', *Current Neurology and Neuroscience Reports*, Vol. 21, Article 68, 24 November 2021; SSM's Scientific Council on Electromagnetic Fields, 'Recent Research on EMF and Health Risk: Fifteenth report from SSM's Scientific Council on Electromagnetic Fields, 2020', *Strålsäkerhetsmyndigheten* (Swedish Radiation Safety Authority), ssm.se, 25 April 2021.

⑥ Grace Rahman, 'Here's where those 5G and coronavirus conspiracy theories came from', fullfact.org, 9 April 2020.

⑦ Graeme Wearden, '3G rollout threatened by mast protests', ZDNet, 19 April 2002; 'Mast pulled down by vandals', news.bbc. co.uk, 17 March 2003; 'Mobile mast protest in second week', news.bbc.co.uk, 14 November 2003; 'Controversial village mast hit in £40,000 vandal attack', yorkpress.co.uk, 22 November 2007.

⑧ Frances Drake, 'Mobile phone masts: protesting the scientific evidence', *Public Understanding of Science*, Vol. 15, No. 4, 2006, pp. 387–410.

⑨ Dennis K. Flaherty, 'The vaccine–autism connection: a public health crisis caused by unethical medical practices and fraudulent science', *The Annals of Pharmacotherapy*, Vol. 45, Issue 10, 2011, pp. 1302–4; Luke E. Taylor, Amy L. Swerdfeger and Guy D. Eslick, 'Vaccines are not associated with autism: an evidence- based meta-analysis of case-control and cohort studies', *Vaccine*, Vol. 32, Issue 29, 2014, pp. 3623–9.

⑩ Maddy Savage, 'Thousands of Swedes are Inserting Microchips Under Their Skin', *All Things Considered*, NPR, 22 October 2018.

⑪ Lauren Chadwick and Ric Wasserman, 'Will microchip implants be the next big thing in Europe?', euronews.com, 1 June 2021.

⑫ Deloitte, 'Mobile Consumer Survey 2019: UK', deloitte.com, 2019

⑬ Edward C. Holmes, Stephen A. Goldstein, Angela L. Rasmussen, David L. Robertson, Alexander Crits-Christoph, Joel O. Wertheim, Simon J. Anthony, Wendy S. Barclay, Maciej F. Boni, Peter C. Doherty, Jeremy Farrar, Jemma L. Geoghegan, Xiaowei Jiang, Julian L. Leibowitz, Stuart J. D. Neil, Tim Skern, Susan R. Weiss, Michael Worobey, Kristian G. Andersen, Robert F. Garry and Andrew Rambaut, 'The origins of SARS-CoV-2: A critical review', *Cell*, Vol. 184, Issue 19, 2021, pp. 4848–56.

⑭ Kangpeng Xiao, Junqiong Zhai, Yaoyu Feng, Niu Zhou, Xu Zhang, Jie-Jian Zou, Na Li, Yaqiong Guo, Xiaobing Li, Xuejuan Shen, Zhipeng Zhang, Fanfan Shu, Wanyi Huang, Yu Li, Ziding Zhang, Rui-Ai Chen, Ya-Jiang Wu, Shi-Ming Peng, Mian Huang, Wei-Jun Xie, Qin-Hui Cai, Fang-Hui Hou, Wu Chen, Lihua Xiao and Yongyi Shen, 'Isolation of SARS-CoV-2-related coronavirus from Malayan pangolins', *Nature*, Vol. 583, 2020, pp. 286–9.

⑮ Kristian G. Andersen, Andrew Rambaut, W. Ian Lipkin, Edward C. Holmes and Robert F. Garry, 'The proximal origin of SARS-CoV-2', *Nature Medicine*, Vol. 26, 2020, pp. 450–452.

⑯ Kate E. Jones, Nikkita G. Patel, Marc A. Levy, Adam Storeygard, Deborah Balk, John L. Gittleman and Peter Daszak, 'Global trends in emerging infectious diseases', *Nature*, Vol. 451, 2008, pp. 990–993; D. Grace, F. Mutua, P. Ochungo, R. Kruska, K. Jones, L. Brierley, L. Lapar, M. Said, M. Herrero, P. M. Phuc, N. B. Thao, I. Akuku and F. Ogutu, 'Mapping of poverty and likely zoonoses hotspots (Zoonoses Project 4, Report to the UK Department for International Development)', International Livestock Research Institute, 2012.

⑰ Rachael Krishna, 'This is not a vaccine for the 2019 coronavirus', fullfact. org, 10 March 2020; Grace Rahman, 'The makers of Dettol did not know about the new Wuhan coronavirus before the rest of us', fullfact.org, 30 January 2020.

⑱ David Quammen, *Spillover*, Vintage, 2012, p. 512.

Chapter 9　地平說重生記

① Christine Garwood, *Flat Earth: The History of an Infamous Idea*, Pan, 2007; Donald R. Prothero, *Weird Earth: Debunking Strange Ideas About Our Planet*, Red Lightning Books, 2020; Bob Schadewald, *The Plane Truth*, 2015, 不完整的原稿可參閱 www. cantab.net/users/michael.behrend/ebooks/ PlaneTruth/pages/index.html

② Stephanie Pappas, '7 Ways to Prove the Earth Is Round (Without Launching a Satellite)', livescience.com, 28 September 2017.

③ Alfred Russel Wallace, *My Life: A Record of Events and Opinions,* Vol. 2, Chapman & Hall, 1905, p. 370.

④ Garwood, *Flat Earth*, p. 112.

⑤ Tony Reichhardt, 'The First Photo From Space', airspacemag. com, 24 October 2006.

⑥ Al Reinert, 'The Blue Marble Shot: Our First Complete Photograph of

Earth', *The Atlantic*, 12 April 2011.

⑦ 例如可參閱：Prothero, *Weird Earth.*

⑧ David Yanofsky, 'The guy who created the iPhone's Earth image explains why he needed to fake it', qz.com, 27 March 2014.

⑨ Interview with Jonn Elledge, February 2021.

⑩ Rob Picheta, 'The flat-Earth conspiracy is spreading around the globe. Does it hide a darker core?', edition.cnn.com, 18 November 2019.

⑪ Richard Sprenger, James Bullock, Alex Healey, Tom Silverstone and Katie Lamborn, 'Flat Earth rising: meet the people casting aside 2,500 years of science' (video), *Guardian*, 5 February 2019.

⑫ SciJinks, 'Why Does the Atmosphere Not Drift off Into Space?', scijinks.gov. （光看我們提的是美國政府專爲孩子設計的科學網站，就知道這種科學知識有多基本了。）

⑬ Michael Vollmer, 'Below the horizon – the physics of extreme visual ranges', *Applied Optics,* Vol. 59, Issue 21, July 2020.

⑭ NASA, 'The Deadly Van Allen Belts?', nasa.gov.

⑮ Mack Lamoureux, 'This Dude Accidentally Convinced the Internet That Finland Doesn't Exist', *Vice*, 12 August 2016.

⑯ [u/Raregan], 'What did your parents show you to do that you assumed was completely normal, only to discover later that it was not normal at all?' [online forum post], reddit.com.

⑰ [u/PM_ME_NICE_MESSAGES], 'The Finland Conspiracy and all you need to know about it.' [online forum post], reddit.com.

⑱ Jack May, 'The city that doesn't exist, and when Angela Merkel made a joke – the story of Bielefeld', Jack May, citymonitor.ai, 9 January 2017.

⑲ Kate Connolly, 'German city offers €1m for proof it doesn't exist', *Guardian*, 5 September 2019.

⑳ '"Bielefeld exists!": How a German city debunked an old conspiracy', thelocal.de, 18 September 2019.

㉑ Brad Esposito, 'Everything You Need to Know about the Conspiracy Theory that Australia Does Not Exist, buzzfeed.com, 23 March 2017.

㉒ Tom Smith, 'Some People Think Australia Doesn't Exist — Here's Why', theculturetrip. com, 19 April 2018.

㉓ [Masterchef], 'Australia doesn't exist' [online forum post], theflatearthsociety. org, 10 November 2006.

㉔ Quoted in Lamoureux, 'This Dude Accidentally Convinced the Internet That Finland Doesn't Exist'.

㉕ E. G. R. Taylor and Mercator, 'A Letter Dated 1577 from Mercator to John Dee', *Imago Mundi*, vol. 13, 1956, p. 60.

㉖ John Dunmore, *Chasing a Dream: The Exploration of the Imaginary Pacific*, Upstart Press, 2016.

㉗ 'The Phantom Isles of the Pacific; Cruiser Tacoma is Looking for Mysterious "Dangers to Navigation" – Hundreds of Illusions Charted as Land', *New York Times,* May 1904.

㉘ 這個故事出現於：Malachy Tallack, *The Un-Discovered Islands: An Archipelago of Myths and Mysteries, Phantoms and Fakes*, Polygon, 2016.

Chapter 10　追憶似水年華

① 這裡參考了許多資料，包括：Katie Serena, 'Bizarre Phantom Time Hypothesis Theory Says it's Actually the Year 1720 Because the Early Middle Ages were Faked', allthat'sinteresting.com, 6 October 2017; 'Martin Belam, 'J.K. Rowling doesn't exist: conspiracy theories the internet can't resist', *Guardian*, 27 October 2017; James Felton, 'The "Historians" that Believe We're Currently Living in the Year 1724', iflscience.com, 27 January 2021.

② Dr. Hans-Ulrich Niemitz, 'Did the Early Middle Ages Really Exist?', 10 February 1995.

③ Brian Koberlein, 'Astronomy, Charlemagne and the Mystery of Phantom Time', *Forbes*, 12 December 2016.

④ Anatoly Fomenko, *History: Fiction or Science? Chronology 1: Introducing the Problem,* Mithec, 2006.

⑤ Anthoney T. Grafton, 'Joseph Scaliger and Historical Chronology: The Rise and Fall of a Discipline', *History and Theory*, Vol. 14, No. 2, May 1975.

⑥ Isaac Newton, *The Chronology of Ancient Kingdoms Amended*, 1728 (available at gutenberg.org).

⑦ *Encyclopedia Britannica*, 'Jean Hardouin, French scholar', britannica. com.

⑧ Stephen Sorenson, 'Nikolai Alexandrovich Morozov', ctruth. today, 4 April 2019.

⑨ Fomenko, *History: Fiction or Science? Chronology 1,* p. 16.

⑩ Jason Colavito, 'Who Lost the Middle Ages?', jcolavito.tripod. com/ *Skeptic* magazine, Vol. 11, Issue 2, summer 2004, pp. 66–70.

⑪ Franck Tamdu, 'Publisher announces 10,000 USD cash reward for the solid scientific refutation of the New Chronology. Have a look at the advertising spot that History Channel TV refused to air', prweb.com, 14 January 2004.

⑫ Marlene Laruelle, 'Conspiracy and Alternate History in Russia: A Nationalist Equation for Success?', *The Russian Review*, Vol. 71, No. 4, October 2012, pp. 565–80.

⑬ 許多資料都提到了加里‧卡斯帕洛夫的支持,包括:Telegraph的莫斯科通訊記者Marcus Warren於2001年寫的數份報導;Anatoly Fomenko and Gleb. V Nosovsky, 'History of New Chronology' introductory essay to Fomenko, *History: Fiction or Science?* Vol. 1, 2003; Edward Winter, 'Garry Kasparov and New Chronology', chesshistory. com, 2014. Garry Kasparov [u/Kasparov63], 'Hello Reddit, I'm Garry Kasparov, former world chess champion, tech optimist, and an advocate both of AI and digital human rights. AMA!' [online forum thread], reddit.com, 18 May 2021.

⑭ Zach Mortice, 'Inside the "Tartarian Empire", the QAnon of Architecture', bloomberg.com, Bloomberg CityLab, 27 April 2021.

⑮ 這個理論在許多地方提過,包括:Gorgi Shepentulevski, 'Part 14: Tartaria was One Nation, One Country, One Race, One Language!', Tartaria Facebook group, facebook. com, 20 June 2021.

⑯ 'National Cultural Development Under Communism', General CIA Records, June 1957 (available at cia.gov.uk).

Chapter 11 誰主宰世界？（外星蜥蜴人）

① Nesta Webster, *Spacious Days*, Hutchinson, 1950, quoted in Martha F. Lee, 'Nesta Webster: The Voice of Conspiracy', *Journal of Women's History*, Vol. 17, No. 3, Fall 2005, p. 85.

② Paul Hanebrink, *A Specter Haunting Europe: The Myth of Judeo- Bolshevism*, Harvard University Press, 2018, p. 15.

③ Claus Oberhauser, 'Simonini's letter: the 19th century text that influenced antisemitic conspiracy theories about the Illuminati', *The Conversation*, 31 March 2020.

④ Fred Morrow Fling, 'The French Revolution: A Study in Democracy by Nesta H. Webster', *The American Historical Review*, Vol. 25, No. 4, July 1920, pp. 714–715.

⑤ Rt. Hon. Winston S. Churchill, 'ZIONISM versus BOLSHEVISM: A STRUGGLE FOR THE SOUL OF THE JEWISH PEOPLE', *Illustrated Sunday Herald* (London), 8 February 1920, p. 5.

⑥ Gerald Burton Winrod, *Adam Weishaupt: A Human Devil*, Defender Publishers, 1935.

⑦ Robert Welch, *The Blue Book of The John Birch Society*, The John Birch Society, 2017, Kindle edition.

⑧ 'Every Illuminati conspiracy theory is based on a hippie prank from the 1960s', wearethemighty.com, 9 February 2021.

⑨ Sophia Smith Galer, 'The accidental invention of the Illuminati conspiracy', BBC Future, 11 July 2020.

⑩ Robert Anton Wilson, 'The Illuminatus Saga stumbles along', first published in *Mystery Scene Magazine*, No. 27, October 1990, reprinted in *Prometheus: The Journal of the Libertarian Futurist Society*, Vol. 13, No. 2, Spring 1995.

⑪ James H. Billington, *Fire in the Minds of Men: Origins of the Revolutionary Faith*, Basic Books Inc., 1980, pp. 94–5, quoted in Terry Melanson, *Perfectibilists: The 18th Century Bavarian Order of the Illuminati*, Trine Day, 2008, Kindle edition.

⑫ John G. Schmitz, Introduction to Gary Allen and Larry Abraham, *None Dare Call It Conspiracy*, Dauphin Publications, 1971, p. 3.

⑬ Associated Press, 'Gary Allen, 50, Dies in West; Spread Conservatives' View', *New York Times*, 2 December 1986.

⑭ Mark Jacobson, *Pale Horse Rider: William Cooper, the Rise of Conspiracy, and the Fall of Trust in America*, Penguin Publishing Group, 2018, p. 164.

⑮ David Icke, *The Robots' Rebellion – The Story of Spiritual Renaissance*, Gill & Macmillan, 2013, p. 176.

⑯ Icke, *The Robots' Rebellion,* p. 175.

⑰ David Icke, *The Biggest Secret: The Book that will Change the World*, Ickonic Enterprises, 1999, Kindle edition.

Chapter 12　陰謀論的黃金時代

① Anthony Summers and Robbyn Swan, *The Eleventh Day*, Transworld, 2011, p. 113.

② David Dunbar and Brad Reagan (eds), *Debunking 9/11 Myths: Why Conspiracy Theories Can't Stand Up to the Facts (USA Edition),* Hearst, 2011.

③ Former MI5 officer David Shayler, quoted in Brendan O'Neill, 'Meet the No Planers', *New Statesman*, 11 September 2006.

④ David Rostcheck, 'WTC bombing', USAttacked@topica.com [online forum], 11 September 2001, reproduced at serendipity.li/ wot/davidr.html, retrieved on 16 December 2021.

⑤ Liz Foreman, 'WCPO.com's Flight 93 Story', Inside WCPO Blog, 8 February 2006, archived at Internet Archive Wayback Machine, bit. ly/3KUidKp.

⑥ James B. Meigs, in Dunbar and Reagan (eds), *Debunking 9/11 Myths,* 2011.

⑦ Quoted in Barkun, *A Culture of Conspiracy,* p. 165.

⑧ Texe Marrs, 'The Mysterious Riddle of Chandra Levy', texe- marrs.com, 29 January 2002.

⑨ David Icke, 'An Other-Dimensional View of the American Catastrophe from a Source They Cannot Silence', davidicke.com, 8 March 2002, archived at

Internet Archive Wayback Machine, bit.ly/3KPmHlj.

⑩ John McDermott, 'A Comprehensive History of "Loose Change" – and the Seeds it Planted in Our Politics', *Esquire*, 10 September 2020.

⑪ Joanna Weiss, 'What Happened to the Democrats Who Never Accepted Bush's Election?', politico.com, 19 December 2020.

⑫ Harry Davies, 'Ted Cruz using firm that harvested data on millions of unwitting Facebook users', *Guardian*, 11 December 2015.

⑬ Carole Cadwalladr, 'The great British Brexit robbery: how our democracy was hijacked', *Observer*, 7 May 2017.

⑭ Andy Kroll, 'Cloak and Data: The Real Story Behind Cambridge Analytica's Rise and Fall', *Mother Jones,* May/June 2018.

⑮ Paul Lewis and Paul Hilder, 'Leaked: Cambridge Analytica's blueprint for Trump victory', *Guardian*, 23 March 2018.

⑯ Dov H. Levin, 'Partisan electoral interventions by the great powers: Introducing the PEIG Dataset', *Conflict Management and Peace Science*, Vol. 36, Issue 1, 1 January 2019, pp. 88–106.

⑰ J. J. Patrick, 'We need to talk about identifying trolls …', byline. com, 13 November 2017; 'I'm not a Russian troll – I'm a security guard from Glasgow', *Scotsman*, 15 November 2017.

⑱ Marco T. Bastos and Dan Mercea, 'The Brexit Botnet and User-Generated Hyperpartisan News', *Social Science Computer Review*, Vol. 37, Issue 1, 1 February 2019, pp. 38–54; '13,500-strong Twitter bot army disappeared shortly after EU referendum, research reveals' (press release), city.ac.uk, 20 October 2017.

⑲ 'Man Convicted of Crimes at Bohemian Grove', *Los Angeles Times*, 18 April 2002.

⑳ Tucker Higgins, 'Alex Jones' 5 most disturbing and ridiculous conspiracy theories', cnbc.com, 14 September 2018.

㉑ Elizabeth Williamson and Emily Steel, 'Conspiracy Theories Made Alex Jones Very Rich. They May Bring Him Down.' *New York Times*, 7 September 2018.

㉒ Higgins, 'Alex Jones' 5 most disturbing and ridiculous conspiracy theories'.

㉓ Daniel Freeman and Jason Freeman, 'Are we entering a golden age of the conspiracy theory?', *Guardian*, 28 March 2017; Zack Stanton, 'You're Living in the Golden Age of Conspiracy Theories', politico.com, 17 June 2020; A. J. Willingham, 'How the pandemic and politics gave us a golden age of conspiracy theories', edition.cnn.com, 3 October 2020.

㉔ Uscinski and Parent, *American Conspiracy Theories*.

㉕ Quoted in Stanton, 'You're Living in the Golden Age of Conspiracy Theories'.

㉖ Richard J. Evans, 'The Conspiracists', *London Review of Books*, Vol. 36, No. 9, 8 May 2014.

結論

① 這個最後的註釋只是想看看有沒有人聽了建議去查閱我們的參考資料。做得好！你應該去查閱其他內容，有些寫得很棒。

② Alex Hern, 'Fitness tracking app Strava gives away location of secret US army bases', *Guardian*, 28 January 2018; Max Seddon, 'Does This Soldier's Instagram Account Prove Russia is Covertly Operating in Ukraine?', buzzfeednews.com, 30 July 2014.

③ 'Iraq War (disambiguation)', en.wikipedia.org, retrieved 15 December 2021.

④ Tim Harford, *How to Make the World Add Up: Ten Rules for Thinking Differently About Numbers*, Bridge Street Press, 2020, chapter 1.

⑤ 'A third of Americans deny human-caused climate change exists', *Economist*, 8 July 2021.

陰謀論——
謠言、八卦、帶風向、轉移焦點，我們的恐懼焦慮如何成為影響社會的武器？！

作　　者──湯姆・菲利普斯（Tom Phillips）&　　發 行 人──蘇拾平
　　　　　　強恩・艾立奇（Jonn Elledge）　　　　總 編 輯──蘇拾平
譯　　者──彭臨桂　　　　　　　　　　　　　　編 輯 部──王曉瑩
特約編輯──洪禎璐　　　　　　　　　　　　　　行 銷 部──陳詩婷、曾志傑、蔡佳妘、廖倚萱
　　　　　　　　　　　　　　　　　　　　　　　業 務 部──王綬晨、邱紹溢、劉文雅

出 版 社──本事出版
　　　　　　台北市松山區復興北路333號11樓之4
　　　　　　電話：(02) 2718-2001　傳眞：(02)2718-1258
　　　　　　E-mail：andbooks@andbooks.com.tw
發　　　行──大雁文化事業股份有限公司
　　　　　　地址：台北市松山區復興北路333號11樓之4
　　　　　　電話：(02)2718-2001
　　　　　　傳眞：(02)2718-1258
美術設計── COPY
內頁排版──陳瑜安工作室
印　　刷──上晴彩色印刷製版有限公司
2023 年 03 月初版
定價　520 元

Conspiracy：A History of B*llocks Theories and How Not to Fall for Them
Tom Phillips and Jonn Elledge © 2022.
First published by Headline Publishing Group in 2022.
through Peony Literary Agency.
traditional Chinese edition copyright © 2023 Motifpress Publishing, a division of And Publishing Ltd.
All rights reserved.

國家圖書館出版品預行編目資料

陰謀論──謠言、八卦、帶風向、轉移焦點，我們的恐懼焦慮如何成為影響社會的武器？！
湯姆・菲利普斯（Tom Phillips）&強恩・艾立奇（Jonn Elledge）/ 著　彭臨桂 / 譯
----初版.─ 臺北市；本事出版　：大雁文化發行，2023 年 03 月
　　面　；　　公分 .─
譯自：Conspiracy：A History of B*llocks Theories and How Not to Fall for Them
ISBN 978-626-7074-33-6（平裝）
1. CST:欺騙　2. CST:社會史

548.89　　　　　　　　　　　　　　　111021457